CHINA'S TRANSITION TO
A NEW PHASE OF
# DEVELOPMENT

中国经济前沿 丛书
CHINA UPDATE BOOK SERIES

宋立刚　周伊晓

主编

# 中国经济发展的新阶段

## 机会与选择

社会科学文献出版社
SOCIAL SCIENCES ACADEMIC PRESS (CHINA)

ANU
PRESS

# 本书作者

宋立刚：澳大利亚国立大学

周伊晓：澳大利亚国立大学

林毅夫：北京大学

张晓晶：中国社会科学院

李　成：中国社会科学院

黄益平：北京大学

徐奇渊：中国社会科学院

王　微：国务院发展研究中心

张坤领：北京师范大学

李　实：浙江大学

詹　鹏：浙江大学

张丹丹：北京大学

张永生：中国社会科学院

禹　湘：中国社会科学院

尚昊成：国家开发银行

唐方方：北京大学

彭秀健：澳大利亚维多利亚大学

施训鹏：悉尼科技大学

冯胜昊：对外经济贸易大学

James Lawrence：悉尼科技大学

Vishesh Agarwal：世界银行

Jane Golley：澳大利亚国立大学

仇曒晔：澳大利亚国立大学

胡永泰：联合国可持续发展解决方案网络

# 目 录
## CONTENTS

# 第1章
# 中国经济增长和发展新阶段的转型管理

宋立刚　周伊晓

## 一　引言

中国经济正在经历一场转向经济增长和发展新阶段的根本性变化。这种转变是在更加可持续的经济增长模式和快速变化的环境中将生活水平提高到新水平所需要的，而这种快速变化的环境同时也增加了实施新型改革举措的复杂性。

这种转型是以中国政府的愿景为指导的，即通过经济增长和社会发展，到 2035 年将中国建设成为社会主义现代化国家，到 21 世纪中叶建成高度开放和更加强大的现代经济体，并建成一个更加富裕的社会。

中国的战略目标包括：通过供给侧结构性改革建立统一的国内市场体系；加强制度建设和发扬企业家精神；建设以数字化转型为核心的创新经济；通过使用新能源和可再生能源实现能源转型，到 2030 年实现碳达峰，到 2060 年实现碳中和；强调共同富裕，实现更加公平的发展；通过巩固中国全球价值链和全球供应链的枢纽地位、实施双循环战略，强化全球和区域经济一体化；通过资本项目自由化和加强国内银行体系建设，实现人民币可自由兑换，以加快金融开放步伐；发展以新型工业化、城市化和数字化为核心的现代经济。

然而在实现这些目标时中国面临着一些严重的阻力，包括：全球金融危机和新冠疫情以来不利的全球宏观经济环境和金融状况；家庭、企业和地方政府高杠杆所带来的不断增加的金融风险；房地产部门的再调整；正在加速的人口老龄化步伐和极低生育率；去全球化和不断抬头的贸易保护主义倾向；经济和技术脱钩，阻碍了全球和区域一体化的各种努力，加剧了多边贸易体系（如世界贸易组织）的进一步衰弱；采用低碳发展战略的巨大调整成本；不断加剧的地缘政治紧张局势破坏了全球贸易流动、金融一体化、国际结算支付、跨境资本流动和技术转让体系，并进一步扰乱全球供应链；日益加剧的全球粮食危机和能源危机等，阻碍了全球实现减贫和更公平、可持续的增长与发展。

这些不利因素迫使中国转变经济增长模式，调整政策和对外经济活动，如国际贸易和投资、资源和技术等长期战略。我们可以从改革开放历程中汲取重要经验，在应对这些挑战的过程中创造新的机遇。如何充分利用这些机遇是成功的关键。下面将阐述中国在向新的经济增长和发展阶段转型过程中必须解决的一些关键问题。

## 二 增长动力的根本性变化：必要性及意义

2012~2022年，中国年均GDP增长率达到6.6%，在世界主要经济体中是最高的，也高于同期全球平均水平的2.6%和发展中国家平均水平的3.7%。中国对全球经济增长的平均贡献率达到38%，贡献超过了七国集团在此期间的总和。中国GDP占全球GDP的比重从2012年的11.3%增长到2021年的18.5%。2021年中国对外贸易总额达6.9万亿美元，比10年前增长了56.8%。中国仍然是世界第二大经济体和最大贸易国。

然而，中国的经济增速一直呈下降趋势，特别是2008年全球金融危机以来（见图1-1）。中国政府为2022年设定了5.5%的经济增长目标，但疫情（不会对经济增长产生长期影响）、房地产市场调整和全球衰退风险，对中国促进经济增长的努力构成了挑战。在包括货币政策、财政政策和稳定房地产市场措施等恢复经济活力的政策帮助下，中国 2022 年第 3 季度 GDP 同比增长 3.9%，高于第 2 季度的 0.4%。尽管对基础设施和制造业的投资在不断增加，但消费端仍然疲软，出口持续增长但增长速度一直在放缓。

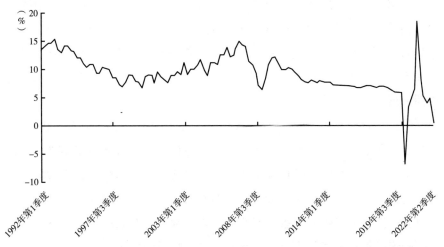

**图 1-1　中国真实 GDP 的同比季度增长率（1992 年第 1 季度~2022 年第 2 季度）**

数据来源：作者根据 CEIC 数据计算。

　　随着 2011 年劳动年龄人口达到峰值，中国的劳动力成本、养老照护成本和对医疗资源的需求将持续增加，加剧了经济运行成本的上升。

　　由疫情造成的供应链中断、由地缘政治局势紧张导致的能源和食品成本上升，以及全球金融市场脆弱性的不断加剧，都是 2022 年及以后全球经济增长放缓的原因。国际货币基金组织（IMF）下调了对全球经济增速的预期，并强化了 2023 年全球经济衰退的展望。世界贸易组织（WTO）预测，2022 年下半年，全球贸易将进一步疲软。经合组织（OECD）也预测，2023 年欧盟和美国的经济增长率将显著下降。鉴于中国在过去十年中对全球经济增长的贡献，保持相对较高的经济增长不仅对中国自身，而且对全球经济也至关重要。

这种变化的环境凸显了中国加快自身经济增长动力变革的重要性和紧迫性。过去发展获得的一个关键经验是，通过有效的资源配置和结构变革寻找提升劳动生产率的方法。对此，我们根据增长的四个贡献因素进行了详细探讨。

第一，正如增长理论明确表示的那样，全要素生产率（TFP）增长是长期经济增长的最终驱动力。因此，在经济结构演变的过程中调整政策和制度以培育TFP的增长，消除导致TFP增长放缓的政策选择，包括深化供给侧结构性改革，聚焦国有企业、创造性破坏的过程、金融部门、要素市场和企业家精神等，就显得至关重要。政府部门应继续发挥关键作用，使国家变得更加具有创新能力，尤其在那些不确定性可能阻碍私人部门投资的领域更是如此。

第二，近年来中国的生育率持续下降。目前中国已经进入老龄化社会，因为中国老年（65岁及以上）人口占总人口的比重已经超过了14%。老龄化的快速发展，促使中国政府出台了包括二孩政策在内的一系列政策，希望提高长期生育率和劳动力供给，以期恢复长期人口结构的平衡。然而，仅仅放松计划生育政策可能还不够，还需要对多子女家庭实施经济补贴等其他政策以实现更高的生育率。然而，对这些激励措施的一个担忧是，即使有这些补贴，年轻一代也已经表现出如同日本和韩国那样的低生育意愿。

第三，尽管中国在提高教育普及率和提升教育质量方面已经取得了重大成就，但要追赶发达经济体的教育水平，仍有巨大空间。2012年以来，中国劳动年龄人口下降（2023年的总人口下降），在此背景下，劳动力政策必须更加注重质量而非数量。这将需要政府追加在教育和培训方面的支出和改革教育体系，包括各级教育课程，以及促进职业教育的发展。前两项改革将通过解决大、中、小学所学知识与工作场所所需知识的错配问题来提高毕业生的就业能力。最后一项可填补教育供给的空白，使年轻人具备更有就业竞争力的技能。

教育政策有两个重要的发力领域。一是中国拥有庞大的劳动力队伍——总共约8亿人。提高现有劳动力的技能对于提高劳动生产率、实现数字化转型和绿色增长至关重要。企业必须承担更多责任，为培训做出贡献，并且会随着劳动力质量的提高而获益。二是通过向农村和内陆地区分配更多资金，解决教育供给和教育质量方面的城乡、区域差距。改革中国的财政制度是确保从地方公共财政获得投入资金的关键。私人部门参与教育投资也是填补中国教育供给投资缺口的一项选择。

第四，全球金融危机以来，中国经济增长的主要驱动力一直是资本深化，正如图 1-2 所示，中国工业机器人年装机量居世界前列，这是典型的资本深化，对实际 GDP 增长的贡献很大。因为新投资中包含新技术，所以资本深化提高了劳动生产率，促进了科技进步，但当 TFP 增长放缓和劳动力增加受到限制时，持续的资本深化将遭遇收益递减，在维持和促进经济增长方面将变得不再那么有效。

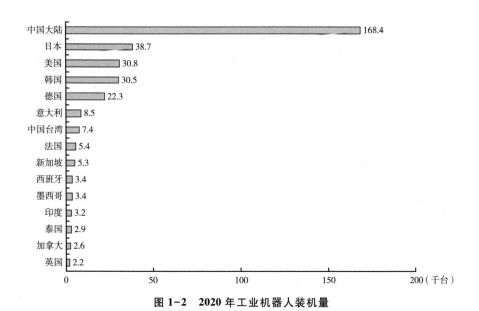

**图 1-2　2020 年工业机器人装机量**

数据来源：国际机器人联合会。

另一个主要问题是，资源是否被分配到最有效的地方并产生最大回报。在中国背景下，比较国有部门和私人部门的投资回报率是重要的。虽然国有部门承担着维持就业稳定、降低收入不平等水平、投资于基础设施和研发等重要职能，且这些职能具有很强的正向溢出效应，但国有部门与私人部门的相对生产率也是两个部门之间优化资源配置的重要考虑因素。因此，为了推动和维持经济增长，资本深化必须与促进全要素生产率增长和改善资源配置效率齐头并进。随着劳动力持续减少和人口老龄化导致储蓄减少，这将变得尤为必要。

中国在创新投入（见图1-3）和创新绩效（见图1-4，以独角兽企业数衡量）方面都取得了重大进展。然而，中国与发达经济体在创新绩效的关键决定因素方面，仍存在显著差距。缩小这些差距将进一步促进中国的创新活动、提高长期 TFP 和促进经济增长。随着中国走向世界技术的前沿，需要更多的基础研究（研究活动可分为三类：基础研究、应用研究和实验开发）来维持创新和技术进步；在国有企业和私人企业之间，以及在企业、高等教育机构和研究机构之间，需要更有效地分配创新投入资金。需要通过供给侧结构性改革进一步提高制度质量，以拉动研发投资和促进创新活动。需要加强知识产权保护、改善商业环境和竞争环境，所有这些都有助于强化企业家精神和市场驱动的创新活动。另外，改善国家创新体系的设计——通过激励和增加科技工作者工资等措施——将激励进一步的创新。

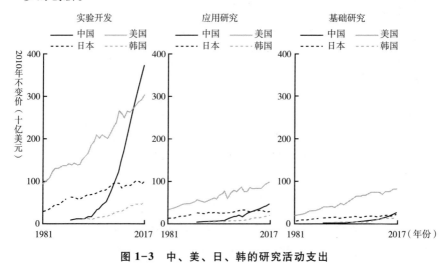

图 1-3　中、美、日、韩的研究活动支出

数据来源：美国国家科学基金会基于经合组织数据的统计，www.nsf.gov/statistics/2020/nsf20304/overview.htm。

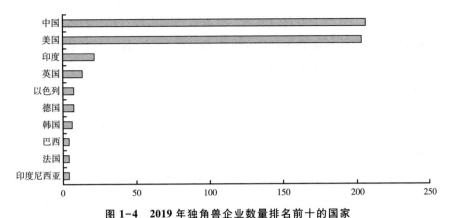

**图 1-4 2019 年独角兽企业数量排名前十的国家**

注：独角兽企业指的是市场估值超过 10 亿美元的企业。截至 2020 年 8 月，全世界范围内有超过 400 家独角兽企业。

数据来源：胡润研究院。

中国承诺到 2030 年实现碳达峰，到 2060 年实现碳中和。这需要在产出结构、能源结构、产业布局和生产技术等方面进行重大变革。走向脱碳社会，标志着中国高投资、高资源和能源消耗强度以及高污染的传统工业化阶段的结束。这也为中国经济实现向更高效和可持续发展的历史性转变提供了机会。通过结构性改革、能源转型、新技术、新的国际贸易模式以及包括更广泛合作在内的各种措施的结合，经济增长将更可持续（Song，2022）。

## 三 下一阶段增长中需要解决的结构性问题

降低增长风险必须解决三个结构性问题：高债务及相关的金融风险、收入不平等和国际市场融合深化的障碍。中国国家金融与发展实验室（NIFD）估计，中国非金融部门债务与 GDP 之比在 2020 年底达到270.1%，高于 2019 年底的 246.5%（见图 1-5）。尽管中国的总债务与GDP 之比低于美国，但在全球金融危机后的十年中将近翻了一番。根据NIFD 的数据，目前的去杠杆化主要集中在非金融企业部门，预计该部门的杠杆率将下降 6.5 个百分点。减少存量债务只是创造一个更可持续债务模式的第一步。另一个重要措施是，取消对大型机构的隐性政府担保，允许创造性破坏使资源从非生产性企业重新分配到生产性企业，从而提升投资回报率、经济增长率和偿债能力。这一变化可以从始于 2021 年的恒大事件中看出。

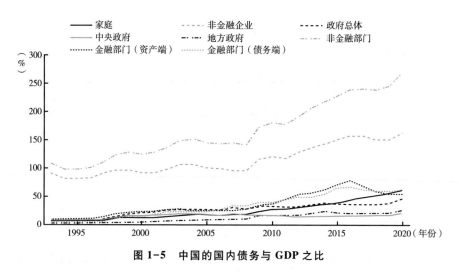

图 1-5　中国的国内债务与 GDP 之比

数据来源：NIFD。

收入不平等也是结构性问题之一（见图 1-6）。Piketty 等（2019）发现，在 20 世纪 70 年代末，中国的收入不平等程度低于欧洲，接近最平等的北欧国家，而现在正接近美国的水平。收入不平等程度的迅速增加使中国的基尼系数位居世界各国的前 25%。中国的基尼系数为 0.47，与几个南美洲国家一样（Sicular，2013），并接近美国（Piketty et al.，2019）。收入不平等是中国面临的一个经济、政治和社会问题。

收入不平等程度随着人均收入的增加而增加，而一旦一国人均收入达到一定水平，收入不平等程度又会下降。这种模式通常被称为库兹涅茨倒 U 形曲线（Kuznets，1955）。这表明经济或收入增长与收入不平等存在因果关系。然而，收入不平等的潜在原因可能非常复杂，涉及技术和结构变化、政治与经济制度、社会规范、文化和地理等因素。对中国来说，情况更加复杂，因为中国不仅是一个发展中经济体，也是一个转型经济体。转

图1-6　中国的基尼系数（1981~2018）

数据来源：Zhou 和 Song（2016）。1981~2001 年的基尼系数数据来自 Ravallion 和 Chen（2007）；2002 年数据来自 WIND 数据库；2003~2018 年数据来自中国国家统计局。

型经济强调经济激励，且仍在发展完善配置资源的市场化方式，以及政府政策的再分配功能。

正如 Piketty（2014：85）引用的查尔斯·杜诺耶 1845 年所说的话那样："把一切都平等化，你就会让一切都停滞不前。"但有证据表明，过分强调收入平等而牺牲激励和效率会损害增长。因此，在效率和公平之间找到适当平衡是中国经济改革和公共政策最具挑战的任务之一。

为了制定健全的政策以缓解收入不平等，重要的是要确定各种驱动因素的作用和演变趋势，例如：城乡收入差距；城市内部和农村内部的收入差距；由于经济改革不完善导致的收入差距，如垄断行业与竞争性行业从业人员之间的收入差距；由于不同贸易自由化水平导致的地区不平等；中国各地区的财政分权和市场化程度不同带来的区域差距；以及不同技能和受教育水平导致的收入差距。

除了收入不平等加剧，中国财富集中度在过去几十年中也急剧上升。前 10% 的居民的财富占比从 1995 年的 40% 上升到 2015 年的 67%，而中间 40% 和后 50% 居民的财富占比大幅减少。因此，尽管中国在 20 世纪 90 年代中期的财富不平等程度远低于发达国家，但现在处于与欧洲和美国相同的水平。中国财富前 10% 的居民（2015 年占比为 67%）的财富占比接近美国（72%），远高于法国（50%）等国家。后50%居民的财富占比现在仅略高于富裕国家，这些国家的这一比重通常在5%左右。根据Piketty等（2019）的研究，储蓄流量解释了1978年以来财富占比变化的50%~60%，而相对资产价格的上涨则解释了其余的40%~50%。这就是说，证券和房产价值的上涨超过了消费品价格的上涨。这些导致财富不平等加剧的因素，对中国追求共同富裕以实现更加平等的增长和发展目标提出了巨大挑战。

另一个结构性问题是，中国如何进一步融入国际市场。中国已经发展成为世界制造业强国，这要得益于国际贸易制度壁垒的降低和技术变革使得运输和通信成本下降，并促进了全球价值链的发展。未来，中国还可以从制造业大国转变为金融大国。经济基本面表明，这一变化将有利于中国的长期增长，但制度挑战是巨大的。

经济基本面有利于中国市场投资组合的调整。由于保护主义抬头导致贸易冲突，中国的出口变得更加不确定，因此中国必须更多地依靠国内投资和消费来推动经济增长。然而，GDP构成的这种转变面临包含人口老龄化在内的众多阻力。人口老龄化导致中国国内储蓄率从2010年50%的峰值持续下降到2019年的45%。这一下降导致全球金融危机后中国净出口占GDP比重的下降、投资资金可得性的下降和国内投资率的下降。为了化解这些投资下行压力，一种可能的办法是以改革来提高资金分配效率，从而增加投资回报率。这些改革将超越众多金融市场改革，并涉及加强竞争中性、平衡市场力量，以及增强投资决策中的政府干预。另一种可能办法是，进一步开放金融市场并与世界资本市场融合，这可能使得全球投资组合向中国金融市场倾斜，吸引更多资本流入，为中国投资提供资金。

这可能是中国将金融一体化纳入长期增长战略的时机。由于中国债券被纳入全球基准指数和中国债券通计划的实施（允许外国基金经理在没有境内交易实体的情况下，在该国债券市场交易中国债券），外国资本购买中国债券的数量大幅增加，最近几个月中国的债务敞口增加。2020年，外国投资者的购买量占中国政府和政策性银行债券总购买量的12%左右。

中国的境内固定收益市场是世界第二大市场。截至 2019 年 12 月，中国的未偿债券总额为 13.9 万亿美元（见图 1-7）。政府是中国主要的债券发行人（见图 1-8）。

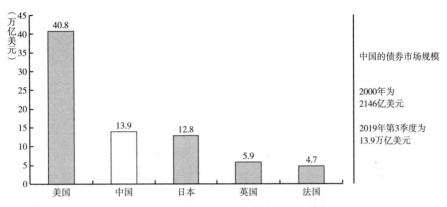

**图 1-7　2019 年世界前五大债券市场规模（未偿债券总额）**

数据来源：JP 摩根。

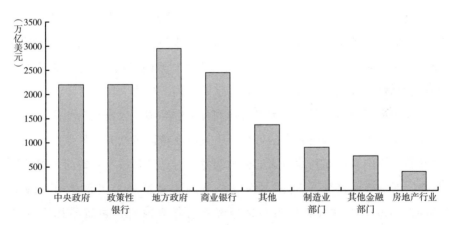

**图 1-8　2020 年中国在岸债券市场各类发行主体的债券发行规模**

数据来源：JP 摩根。

尽管中国债券市场仍在发展，但外国投资者面临诸多挑战。首先，在岸债券市场交易缺乏做市商来撮合买卖交易，债券在银行间市场上直接交易。尽管这有助于保持比吸引外国投资者的传统安全资产更低的波动性，但也意味着与美国国债相比流动性更低，投资者快速进出市场的难度更大。其次，有猜测认为，中国金融开放加速在一定程度上也是在预先防范美国可能的金融脱钩。随着中国与全球金融市场的进一步融合，金融脱钩可能更加困难，金融脱钩的可能性也会降低。

统一的中国金融市场对全球经济意味着什么？Tyers 和 Zhou（2020）的研究表明，以跨境流动和资产所有权来测度，中国的金融开放程度在21世纪初的经济高速增长期达到了顶峰，此时还伴随全球利率和物价水平的下行压力。在全球范围内，中国的经济增长提高了资产价格，降低了资产收益率，增强了通缩压力，同时改善了全球总体经济福利。因此，加强中国与世界的金融一体化，将扩大中国经济增长对全球经济的影响。

中国融入全球金融体系要求进一步的金融改革开放，包括资本账户自由化和人民币完全可兑换。与此同时，金融开放涉及诸多风险。中国可以通过更加灵活的人民币汇率，建立更加稳健的银行体系和更严格的审慎监管制度，建立更加严格的财政纪律以减少各级政府债务，以及保持国际收支平衡来降低潜在风险。鉴于人口老龄化导致国内储蓄率下降，最后一项任务可能会被证明是困难的。预测中国何时成为资本净流入国可能为时过早，但考虑到储蓄和投资的关系（从而全球利率的确定），这一前景将对中国长期增长和发展以及全球宏观经济的平衡产生重大影响。

随着中国成为世界第二大经济体和最大贸易国，以及在一些国家采取自给自足战略保障供应安全的背景下，继续支持区域性和世界性的经济一体化符合中国自身和其他国家的根本利益。对经济和技术脱钩的企图进行抵制，对世界经济复苏过程中恢复全球的贸易秩序至关重要（Song & Zhou，2020）。中国应积极参与区域经济合作来改善多边贸易体系（如WTO），最大限度减少去全球化带来的损害，并最大限度地增加国际贸易继续作为全球经济增长引擎的可能性。

## 四 本书的结构

本书探讨了中国向经济增长和发展新阶段过渡的关键特征，涵盖了一系列不同的主题，反映了经济的复杂性和不断变化的特质。本书探讨了"中国为什么需要一种新的发展模式以及如何最好地实现这一模式"这一关键问题。面对全球价值链的重组，中国有什么选择？在中国下一个发展阶段，国内消费将扮演什么角色？数字化转型对中国经济意味着什么？新冠疫情对国内收入不平等产生了什么影响？中国实现碳中和的道路有哪些？中国的碳排放交易市场与欧洲相比如何？中国的碳中和战略将对澳大利亚经济产生什么影响？影响中国与贸易伙伴双边贸易的政治因素是什么？

在第 2 章，林毅夫阐述了中国为什么需要一个新的发展模式——以国内大循环为主体、国内国际双循环相互促进的双循环战略。事实上，2019年中国 GDP 的 82.6% 来自国内消费和投资，表明内循环已经主导中国经济。林毅夫指出，由于经济规模和人均收入的大幅增加以及服务业的快速扩张，中国出口占 GDP 的比重从 2006 年的 35.4% 下降到 2019 年的 17.4%。

即使中国将内循环作为主体，也必须是国内国际双循环。这是因为，从新结构经济学的角度来看，具有比较优势产业的产品不仅应在国内市场流通，还应进入国际市场以实现规模经济并加速经济增长和资本积累。这意味着，为了降低经济发展成本，中国应尽可能多地利用国际市场上以低于国内生产成本提供的各种商品，包括自然资源、资本和技术等。

关于中国未来增长和发展的潜力，林毅夫认为，未来发展潜力不取决于当前的收入水平，而是取决于中国与美国等发达国家之间的差距。尽管中国人口老龄化加剧，但人均 GDP 仅为美国的 22.6%。技术创新和产业升级可以利用后发优势，将劳动力从低附加值行业重新配置到高附加值行业，以提高劳动生产率。这样的调整空间仍然很大。因此，中国有可能在2021~2035 年实现 6% 左右的年均增长率。最重要的是，中国要认识到自己的潜力，做好自己的事情，深化改革开放。

在第 3 章，张晓晶和李成运用国民资产负债表方法，从财富积累、结构分配和宏观金融风险等角度来理解中国经济发展。他们的研究结果表明，在改革期间，中国在积累财富和发挥世界其他地区储蓄净提供者的作用方面继续取得显著进展。中国的财富增长总体上超过了 GDP 的增长。

他们的研究结果还表明，中国强烈的储蓄倾向和向上的资产重估有助于国民财富的扩张。高储蓄率对应于快速的固定资本形成，从而导致非金融资产的持续增长。除了储蓄，包括土地和住房在内的资产重估也是中国总财富快速增长的另一个重要驱动力。

国际比较研究显示，2018 年，中国 GDP 达到美国的 65%，财富水平达到美国的 80%。中国的财富超过了日本、德国、法国和英国的总和，而 GDP 略低于这四个国家的总和。这表明，从存量角度来看，中国在经济追赶方面取得了比从流量角度来看更大的进步。这表明，以财富衡量，中国的综合国力仅次于美国，位居世界第二，两国之间的差距甚至比 GDP 所显示的还要小。

然而，正如作者所说，由于所谓的僵尸企业和隐性地方政府债务、财富不平等和财富积累效率等问题，中国的财富数据远没有总体指标所显示的那么乐观。与此同时，中国的财富分配向政府部门倾斜。他们的数据显示，自 2013 年以来，由于中国直接融资市场不发达，家庭部门持有的股票价值和所占份额下降，家庭金融资产的积累一直在放缓。作者从资产负债表的角度看待金融风险，并得出结论：尽管在降低金融风险方面取得了成功，但中国的总体宏观经济风险仍然很高，并倾向于集中于政府和其他公共机构。

为了降低金融风险，第 3 章认为中国应该做到：建立运转良好的自然资源的有偿获取和使用产权制度；完善国有经济退出机制；优化国有资产/资本的关联布局，以提高市场效率；改革总财富/收入的分配，使之有利于家庭，特别是中低收入家庭，以提高经济资源的配置效率和促进私人消费。作者最后指出，重要的是要消除隐性政府担保，支持以市场风险定价为特征的"可持续"债务积累路径。这也需要一系列旨在重组破产国有企业、强化和执行地方政府预算纪律的政策。

中国在应用数字技术方面发生了一些根本性的变化。在第 4 章中，黄益平讨论了平台经济，平台经济是指依靠云计算、互联网和移动技术等网络基础设施，利用人工智能、大数据分析和区块链等数字技术来匹配交易、传输内容和管理流程的新经济模式。作者表明，中国平台经济的发展不仅是数字技术进步的产物，也是市场化改革的产物，因为所有大型平台企业都是私有的。

以 2019 年全球领先平台企业的数量来衡量，每个平台企业的市场估值都超过 100 亿美元，中国的平台经济规模目前居世界第二，仅次于美国。

本章强调了中国成功发展平台经济的主要原因。第一是良好的数字基础设施，这为数字平台随时随地与大量用户连接提供了技术基础。第二是庞大的人口规模，这使得一些数字经济创新更加可行和高效。第三是对个人权利的保护相对薄弱。这种保护不力的缺点是广泛的非法收集和分析个人数据以及侵犯个人隐私。第四是与国际市场的隔离，这保护了国内平台免受国际竞争，并为其创新和发展提供了空间。在所有这些因素中，第三个因素已经在改变，第四个因素最终必将改变。因此，保持平台企业的创新能力、确保平台经济在中国的可持续增长，是企业和政府面临的重要挑战。

本章认为，平台企业已经给中国经济带来了一些根本性的变化，包括它们在支持创新、促进增长、提高效率和提供就业方面的作用。与此同时，新兴平台企业也面临一些新的挑战，包括损害消费者的不正当竞争。一些平台利用其巨大的市场力量，通过"杀手级"并购来排挤竞争对手或扼杀创新。

本章得出以下结论。第一，中国在较短的时间内发展了平台经济，但国内大多数平台企业并不具备技术优势。第二，平台经济的一些关键特征对经济运行产生了混合影响。第三，中国强监管的初衷是实现有序健康发展，但"运动式"的监管和监管竞争已经造成了许多问题。第四，在各种治理结构中，经济监管和反垄断政策应该分离，前者保持有效的市场功能，后者修复市场功能。第五，本章认为，中国必须建立平台经济的综合治理体系，并建议积极参与包括数字税和贸易在内的国际规则的制定，为中国平台企业未来的国际竞争创造条件。

在第 5 章中，徐奇渊提出了中国在全球产业链中面临的两个重要挑战：产业链升级和产业链安全。产业链升级必须满足中国当前发展阶段的要求，而数字技术和绿色经济提供了通往未来的道路。产业链安全更多地与正在进行的中美贸易摩擦和发展数字技术、创建绿色经济的必要性有关。

本章指出，贸易和生产一体化是在数字时代发展起来的，因为全球化除了产生传统的商品销售和资本流动外，还产生了跨境信息流动。大规模的跨境信息流动对国家安全有影响，特别是在军民两用技术方面，而全球治理机制仍处于前数字全球化时代。这就是本章讨论中美经济关系的背景。中美经济关系是独特的复杂关系，因为信息部门直接影响到国家安全，而技术的国际竞争将变得越来越突出。

然后，本章讨论了全球产业链重组的三个基本趋势：多元化、数字化和低碳化。关于多元化，本章认为，新冠疫情在不同程度上影响了不同国家的工业产业链，全球产业链面临着巨大的不确定性。药品、计算机芯片和其他关键行业的产业链结构发生了改变，各国建立了国内应急备用产业链，重点行业回流，恢复了区域化，产业链缩短。关于数字化，本章认为，中国拥有强大的制造能力和完整的支撑网络，这为数字技术在制造业的应用提供了良好的基础。中国产业链的数字化发展也面临挑战，包括建立网络安全的治理规则和网络治理体系。应对气候变化增加了发展中经济体增长潜力的制约因素，在低碳化趋势下，碳关税将使出口导向型发展模式更难复制。

在这种背景下，本章认为中国的产业链在全球范围内既有影响力，也很脆弱。虽然中国在高中心性中间产品方面具有显著的出口优势，但本章确定了中国最脆弱的几类中间产品产业链，包括电机和音像设备。因此，中国必须特别关注这些行业的产业链安全。随后，本章提出了工业产业链中的一个悖论：一个国家不可能在工业产业链上具有全球影响力和竞争力，同时对该产业链拥有完全的自主权和控制权。本章提供了 9 个主要经济体的案例，为这一悖论提供了有力的证据，表明中国必须与主要国家建立积极的关系，以确保其产业在改善产业链安全方面的竞争力和效率。这一章还论述了中美技术竞争的新趋势，以及中国产业链的外向型与内向型战略和国际区域重组战略。

中国新的战略重点是有效扩大内需，推动经济增长。在第 6 章中，王微认为，必须构建一个以消费为主导的国内需求综合体系，并引入一种新的增长机制，以实现高效调整、强劲刺激、加速创新和有序转型。

本章认为，需要采取更有力的改革措施，以释放潜在的国内需求，并以更稳定和可持续的方式推动中国的经济增长。这些措施包括深化供给侧结构性改革以确保有效的市场供应，加快收入分配改革和优化社会政策以提高家庭负担能力和消费水平，完善消费增长政策以巩固扩大内需的制度基础，改造和升级制造业以创造投资和消费之间的良性循环，扩大服务业的开放以促进国内国际循环的相互加强，修复薄弱的基础设施环节以更好地释放国内需求潜力，加强绿色消费体系建设以培育绿色健康的消费文化。

户籍制度改革在中国仍然是一项未完成的任务。在第 7 章中，张坤领利用中国户籍制度的演变来说明制度变迁及其与经济动态的相互作用。本章认为，户籍制度深刻地影响着中国的经济发展，而户籍制度的演变又深刻地影响了中国经济的转型。

本章建立了内生制度变迁的理论框架，分析了户籍制度的演变过程。这一框架有助于提高对一般制度变迁的理解，并使决策者更好地了解动态背景下的决策过程。在这个框架的基础上，本章运用适应效率的概念来评价中国户籍制度的演变。这为制度效率评估提供了一种替代方法，并将内生制度变迁和适应效率理论联系起来。

本章发现，刚性户籍制度的制度化主要是自上而下实施的外生性变革过程，中央政府执法在其中发挥主导作用，个人和地方政府的作用在很大程度上被忽视；僵化的户籍制度最终阻碍了经济转型，从而引发了自身的改革。改革从根本上说是一个内生的变革过程，在这个过程中，自发的市场力量和地方政府的作用通过国家和市场以及中央和地方政府之间的权力再平衡而发挥出来。

研究结果表明，户籍制度改革明确了劳动力和农村土地的产权，促进了分散决策机制的形成，加强了劳动力和产品市场的竞争作用，降低了劳动力流动的交易成本，并保持了一定程度的制度灵活性，以奖励制度中的成功，消除制度中的弊端。

本章的结论是，为了进一步改革户籍制度、提高其适应效率，决策者应该尊重制度变迁中的内生性力量和适应逻辑。必须降低人口流动的交易成本，不仅是迁徙活动本身，还有户口所附"福利"的可得性。公平竞争是消除劳动力和土地市场上基于户籍的歧视的必要条件。

新冠疫情对人民福祉产生深远影响。在第8章中，李实和詹鹏使用多种数据来源评估了疫情对中国农村收入分配的影响。他们的目标是提供一种新的方法来研究疫情对不同收入人群的影响。

主要结果显示，疫情在2020年上半年的影响使农村居民的人均可支配收入全年减少约7%（基线模型），其中最低收入群体遭受的损失最大。如果2020年农村居民的实际收入增长率与2019年一样，疫情可能会抵消所有实际增长，使2020年的实际收入增幅约为0%。如果疫情导致工资率大幅下降，其对农村收入的影响将大大加强。新冠疫情使农村收入贫困的发生率增加了0.38个百分点。

本章还发现，疫情对农业生产和经营的影响并不明显，但如果没有及时控制，70%以上的农村家庭将受到更严重的打击，返贫问题可能会更加严重。2020年2月尽早强调农业复产，以及其他措施，在一定程度上保障了农村家庭的基本生活需求。研究结果的政策含义是，为了避免扩大疫情对居民收入和贫困的影响，应采取措施防止这种影响持续时间过长且深度增加。同时，应尽可能减少对关键经济活动正常运行的限制，以防止弱势群体的工资率受到重大影响。

在第9章，张丹丹利用2020年个体追踪数据研究了疫情对劳动力市场的影响，研究了2020年3月以来中国劳动力市场的复苏速度。在调查样本中，61%的人在2020年3月份恢复了工作；截至当年11月底，复工率已上升近30%，达到约90%。调查结果还表明，疫情防控措施取得了巨大成效，但同时也使复工的恢复有所放缓。研究指出，疫情防控措施只在短期内对失业率有影响，影响在11月底消。本章还研究了短期内就业情况对心理健康的影响，结果与主流文献结论一致。本章最后提出，了解不同的疫情防控措施对社会和健康的更广泛影响对于政策设计至关重要。

中国碳中和承诺为其新的发展阶段提供了战略机遇。张永生和禹湘在第 10 章中提出,碳中和不仅是一个巨大的挑战,而且为中国建设社会主义现代化强国提供了战略机遇。全球对碳中和的共识和行动标志着传统工业时代的结束和绿色发展新时代的开始。碳中和将给中国经济带来变革,有望在未来 40 年创造高质量发展的奇迹。然而,要实现这一目标取决于中国能否实现其发展模式的根本转变。

本章解释了中国提出双碳目标的原因,反映了从被要求采取行动到想要采取行动的转变。这主要是因为,面对日益严重的环境问题,中国政府已经意识到传统的发展模式是不可持续的,减少碳排放符合其自身利益。作者认为,碳中和可以被理解为发展范式的深刻转变,因为它将彻底重建传统工业时代的经济体系和空间格局。随着发展内容和方式的变化,传统经济体系将被重塑。

本章认为,碳中和可以促进经济跨越式发展,因为绿色转型将推动经济朝着更具竞争力的结构发展。然而,双碳目标给中国制造业转型带来了巨大挑战,其中最大的挑战是如何在实现碳达峰和碳中和的同时,保持制造业在经济中的份额。双碳目标预计将带来相对价格的大幅调整。绿色转型将意味着经济结构的大幅调整:高碳经济的比重将减少,低碳经济的比重将增加。

本章提出了两个主要的政策方向。一是推动低碳经济发展。二是解决公正转型问题。尽管从长远来看,绿色转型是一个战略机遇,但许多行业将受到严重影响。化石燃料行业将首当其冲地受到转型的影响,包括煤炭、石油和一些重化工行业,涉及特定的就业群体。中国必须采取强有力的措施帮助转型,提供职业培训和资金支持。

在第 11 章中,尚昊成和唐方方通过对欧盟和中国的比较,考察了碳排放交易市场的机制和发展。在提供了全球碳排放交易市场的简要历史之后,本章解释了市场如何被分为自愿碳市场或合规碳市场,这两种市场在法规、市场规模和其他因素方面存在显著差异。

就欧盟而言,其碳排放交易计划(ETS)是一种"总量管制和交易"

计划，对该计划所涵盖的实体每年可排放的温室气体总量设定绝对上限。随着时间的推移，这一上限会降低，从而使总排放量下降。自 2005 年推出该计划以来，所涵盖的主要部门的排放量已减少 42.8%。拍卖是向参与欧盟碳排放交易计划的公司分配碳配额的默认方法，该系统对违规行为有非常严格的处罚。与典型的金融市场相比，这是碳排放交易市场的一个明显特征，也符合管理温室气体排放的动机。

就中国而言，与欧盟一样，碳排放交易市场的发展是一个渐进的过程，2000~2020 年，中国取得了巨大的进步。2021 年 7 月 16 日，中国的全国性碳排放交易市场开始运行，逐步整合了国内的区域试点。中国的碳排放交易计划始于发电行业的 2162 家公司，该行业每年的温室气体排放量为 40 亿吨，这意味着中国的碳排放交易计划规模超过了欧盟，成为世界上最大的碳排放交易市场。碳配额以人民币计价。开盘当天，交易价格为每吨 48 元，收盘价为每吨 52.80 元，触及每日 10% 的价格变动上限。

本章指出了欧盟 ETS 和中国 ETS 的两个相似之处：两者都是大而统一的市场，都有强烈的发展政策动机。然而，如何对大型 ETS 进行监管是政策制定者面临的一个新课题。欧盟强烈希望成为气候变化问题的领导者，而中国的目标是发展生态文明。政策动机推动了碳排放交易市场的发展。鉴于气候危机，温室气体排放管理和相应的贸易计划将成为国际政治中越来越重要的议题。

在第 12 章中，彭秀健、施训鹏、冯胜昊和 James Lawrence 利用维多利亚大学区域模型（VURM）框架，研究了中国向碳中和转型对澳大利亚国家和州层面以及行业经济的影响。首先，澳大利亚作为液化天然气和煤炭主要出口国的地位正受到世界其他地区从化石燃料向可再生能源过渡的挑战，尤其是在其主要化石燃料出口市场：中国、日本和韩国。其次，了解这些影响可以为澳大利亚在国内实现公正能源转型提供信息。在澳大利亚的联邦制度下，公正的能源转型将涉及支持受到负面和不成比例影响的脆弱地区社区。

本章的模拟结果表明，尽管中国对澳大利亚化石燃料的进口将大幅下降，但这些变化对国民经济的影响微乎其微。然而，采矿业以及那些依赖化石燃料生产的州和地区将受到相对更大的影响。中国能源结构的巨大变化意味着其化石燃料进口将发生重大变化。中国对煤炭、原油和天然气的进口需求将大幅下降。到 2050 年，中国的煤炭进口将比基准情景减少近60%，天然气进口将减少47%以上，石油进口将减少近35%。到 2060 年，中国煤炭和天然气的进口将减少 60%以上，石油进口将减少近 50%。研究结果还表明，中国的碳中和导致对澳大利亚煤炭、液化天然气和铁矿石的需求下降，这将降低澳大利亚的贸易条件，从而对资本、投资和实际GDP 产生负面的结构性影响。

本章最后指出了中国双碳转型对澳大利亚工业的多种影响，化石燃料工业有所损失，而其他一些工业特别是出口导向型工业受益。煤炭和液化天然气行业高度集中的地区，如北领地和昆士兰，将受到不成比例的负向冲击。

在第 13 章中，Vishesh Agarwal、Jane Colley 和仇曒晔研究了 2001～2020 年中国与澳大利亚、印度、日本和美国四个主要贸易伙伴的政治经贸关系。

本章回顾了研究政治关系中的适度冲击对贸易结果的影响程度的文献。之前的研究假设：当"友谊纽带"（或政治合作）加强时，贸易就会加强，有时是短期的（偶然偏离了没有长期关系的帕累托最优平衡），有时有长期影响（政治对贸易有重大而持久的影响）；贸易在冲突时期（从短期和/或长期来看）会减弱。但是没有证据表明政治关系会以这两种方式影响贸易。

本章发现，在这一时期，政治冲击对四个国家中的任何一个的对华出口都没有显著的短期或长期影响。相比之下，在澳大利亚和美国的军事政治关系指数受到冲击后，发现了小而正向的短期影响，澳大利亚的对华出口也受到了长期的正向影响。对于日本和印度来说，政治关系指数都没有显著的短期或长期影响。

本章的关键结论是，贸易绝大多数由主要出于经济考虑（如利润、成本和质量）的公司进行。这些考虑反映了生产互补性和购买力的跨国差异。这些经济基本面在这些行为者和专注于地缘政治的政策制定者之间造成了分离，在政治关系弱化的情况下贸易联系也可能加强。

在第 14 章中，胡永泰分析了国家技术竞争的外溢风险。在考察大国双边关系时，本章指出，能够有效区分三种竞争类型的制度安排可以成为中美合作的基础，以协调全球公共品的供应，并确保实现联合国 17 个可持续发展目标和《巴黎气候协定》中将全球气温上升控制在 1.5 摄氏度以内的目标。本章提出，在大国竞争的背景下，需要更多的类似欧盟的深度区域经济一体化协调机制。这样的区域组织能够在国家之间存在技术、经济、地缘竞争的世界中，发挥更加主动的作用、发出更有说服力的声音，有助于各方管控分歧、克服零和博弈思维，有助于世界的繁荣与和平。

## 参考文献

Cai, F. 2018. 'How Has the Chinese Economy Capitalized on the Demographic Dividend during the Reform Period?' In R. Garnaut, L. Song and F. Cai (eds), *China's 40 Years of Reform and Development*: *1978 - 2018*, pp. 235 – 56. Canberra: ANU Press. doi. org/ 10. 22459/CYRD. 07. 2018. 13.

Kuznets, S. 1955. 'Economic Growth and Income Inequality. ' *American Economic Review* 65 (1): 1-28.

Piketty, T. 2014. *Capital in the Twenty-First Century*. Cambridge, MA: Belknap Press of Harvard University Press.

Piketty, T. , L. Yang and G. Zucman. 2019. 'Capital Accumulation, Private Property, and Rising Inequality in China, 1978-2015. ' *American Economic Review* 109 (7): 2469-96. doi. org/10. 1257/aer. 20170973.

Ravallion, M. and S. Chen. 2007. 'China's (Uneven) Progress against Poverty. ' *Journal of Development Economics* 82 (1): 1-42. doi. org/10. 1016/j. jdeveco. 2005. 07. 003.

Sicular, T. 2013. 'The Challenge of High Inequality in China. ' *Inequality in Focus* 2 (2): 1-5. doi. org/10. 1017/CBO9781139035057. 003.

Song, L. 2022. 'Decarbonizing China's Steel Industry. ' In R. Garnaut (ed. ), *The Superpower Transformation*: *Making Australia's Zero-Carbon Future*, pp. 219-39. Melbourne: La Trobe University Press.

Song, L. and Y. Zhou. 2020. 'The COVID - 19 Pandemic and Its Impact on the Global Economy: What Does It Take to Turn Crisis into Opportunity?' *China & World Economy* 28 (4): 1-25. doi. org/10. 1111/cwe. 12349.

Tyers, R. and Zhou, Y. 2020. 'US-China Trade Conflict: The Macro Policy

Choices,' *The World Economy* 43 （9）: 2286-2314.

United Nations （UN）. 2015. *The Millennium Development Goals Report 2015*. New York, NY: UN.

World Bank. 2009. *Innovative China: New Drivers of Growth*. Washington, DC: The World Bank. Available from: openknowledge. worldbank. org/handle/10986/32351.

Zhou, Y. and L. Song. 2016. 'Income Inequality in China: Causes and Policy Responses.' *China Economic Journal* 9 （2）: 186 - 208. doi. org/10. 1080/17538963. 2016. 1168203.

# 第 2 章
# 百年未有之大变局下的中国
# 新发展格局与未来经济发展的展望

林毅夫

2021 年中国完成第一个百年目标的时点①，也是"十四五"规划和 2035 年远景目标纲要开局之年，并开始迈向第二个百年目标。习近平总书记在 2018 年做出了"当今世界正经历百年未有之大变局"的论断，并在 2020 年提出新发展格局作为中国未来经济发展的政策导向。本章将探讨以下四个问题：第一，为何世界会出现百年未有之大变局，这个变局将会如何演变；第二，何谓新发展格局，我们该如何落实；第三，中国未来发展的潜力；第四，挖掘中国未来发展潜力的必要改革。

## 一 百年未有之大变局的由来与走向

"百年未有之大变局"是 2018 年 6 月习近平总书记在中央外事工作会议上做出的论断。为什么会出现这个变局？经济是基础，从世界经济格局的变化上可以看得很清楚。

---

① 第一个百年目标是 1997 年党的十五大提出的：在 2021 年建党 100 周年时，在中国实现全面建成小康社会的目标，其中一个目标是全面脱贫，已经在 2020 年完成。

1900 年八国联军攻打北京，英国、美国、法国、德国、意大利、俄国、日本、奥匈帝国这八个国家的 GDP 加起来占全世界的 50.4%[①]。奥匈帝国在一战之后垮台，分成两个国家，后来加拿大经济增长很快。到 2000 年时，由美国、英国、法国、德国、意大利、俄罗斯、日本、加拿大组成的八国集团，GDP 加起来占全世界的 47%。二战后，虽然亚非拉的发展中国家纷纷摆脱了殖民地半殖民地的地位，取得了政治独立，开始了工业化现代化的建设，但是，1900~2000 年，这 8 个国家 GDP 占全世界的比重只下降了 3.4 个百分点，也就是说，整个 20 世纪的国际政治经济主要由 8 个发达的工业化国家主导。

2017 年，八国集团的 GDP 在全世界的占比已经下降到 34.7%[②]，仅仅略高于 1/3，失去了主导世界政治经济格局的力量。最明显的就是在 2008 年国际金融危机爆发时，主导世界应对危机的国际治理机构由八国集团变成了二十国集团。

这种变化影响最大的有两个国家：一个是美国，一个是中国。这些事实说明，美国的影响力在下降，中国的影响力在上升。对此，美国的政府官员、政策研究者、学者都看在眼里。所以，为了维持美国的霸权地位，奥巴马当政时就提出了"重返亚太"的战略，特朗普上台以后更以似是而非甚至"莫须有"的理由发动了对中国的贸易争端和竞争、科技争端和竞争，将华为等中国的高科技企业列入出口管制实体清单，对其断供，企图联合其他国家和中国脱钩，以美国目前拥有的科技优势抑制中国的发展。这种抑制中国发展和国际影响的政策已经成为美国民主和共和两党的共识，拜登以及以后的总统执政，美国对华的政策估计也将是"换汤不换药"。中国现在是世界第一大贸易国，是 120 多个国家最大的贸易伙伴、其他 70 多个国家的第二大贸易伙伴，中美之间的争端，可能给世界带来很多挑战和不确定性，"百年未有之大变局"因之而起。

这个影响世界格局的大变局因中国在 1978 年开始改革开放后的快速

---

① 按照 Angus Maddison 的 *Historical Statistics of the World Economy，1-2008 AD* 中的数据计算。俄国的 GDP 假设为苏联的一半。

② 根据 Penn World Table 10.0 的数据计算。

发展和迅速崛起而逐渐形成，发展权是 1986 年联合国大会一致通过的《发展权利宣言》所规定的各个国家、各个民族的基本权利，在中国不可能主动削减收入、降低发展水平以使美国不感受到霸权地位受到威胁的前提之下，世界新的稳定的格局可能只有在中国继续保持发展、中国的人均 GDP 达到美国的一半、中国的经济规模达到美国的两倍时才能出现。

如果中国的人均 GDP 达到美国的一半，由于中国地区收入差距的存在，其中收入水平领先的北京、天津、上海三大城市和东部沿海发达的山东、江苏、浙江、福建、广东五省的人均 GDP 很有可能将会和美国处于同一水平，这三市五省的人口加起来将达到 4 亿多，这一部分地区的经济规模将和美国相当。人均 GDP 代表平均劳动生产率水平和平均科技产业水平，到那时，和这一部分经济体相比，美国不再具有科技优势，美国可以卡中国脖子的技术领域越来越少。同时，中国中西部还有 10 亿人口，人均 GDP 大约只有美国的 1/3，这一部分的经济规模也跟美国相当，仍处于追赶阶段，经济增长速度还会比美国快，也就是说，中国整体的经济增长速度会比美国高。

在这种状况下，中美之间的关系可能会从紧张趋向缓和，原因如下。第一，到那时，美国可以卡中国脖子的技术优势越来越小；第二，那时中国经济总量可能是美国的两倍，美国再不高兴也无法改变这个事实；第三，中国是全世界最大的市场，自 2008 年以来每年为世界经济的增长和市场的扩张贡献 30% 左右，这个贡献率未来可能只会更多，不会更少，两国经贸往来的一个基本规则是较小的经济体的获益会大于较大的经济体，美国为了自己的就业、发展和繁荣需要和中国维持良好的经济和贸易关系。

上述的判断有历史经验的支撑。1900 年，日本是八国联军中的一个，而 2000 年时日本是亚洲唯一进入八国集团的国家，日本是整个 20 世纪亚洲的领头羊。但到了 2010 年，中国经济规模超过了日本，影响力在上升，日本右派的失落感很大，所以就制造了钓鱼岛等问题出来，使中日关系变得紧张。最近中日关系有所缓和，原因是中国的经济规模已经是日本的 2.8 倍，日本再不高兴也改变不了这个事实，日本经济发展需要有中国的市场，中日之间的关系也就趋向于合作共赢。

总的来讲，百年未有之大变局起因于新兴市场经济体的崛起，尤其是中国的快速发展。随着世界格局的变化，一个新的、稳定的格局也终将由于中国的进一步发展而出现。

## 二　新发展格局的内涵

2020 年 4 月，习近平总书记在中央财经委员会会议上首次提出，中国要"构建以国内大循环为主体、国内国际双循环相互促进的新发展格局"。中国现在是世界第二大经济体、第一大贸易国，中国发展战略定位的任何变动将不只影响中国自身，也将影响全世界。过去中国发展的战略定位是"充分利用国内国际两个市场、两种资源"，在国内国外被普遍认为是推行出口导向的经济，新发展格局中首次提出"以国内大循环为主体"，广受国内国外各界的高度关注。以下就为何新发展格局要以国内大循环为主体，以及充分利用国内国际两个市场、两种资源在新发展格局中是否仍然重要进行一些分析。

### 1. 新发展格局以国内大循环为主体的原因

习近平总书记在新发展格局的战略定位中首次提出"以国内大循环为主体"，既有短期原因，也有深层考虑。

2020 年，新冠疫情在全球暴发，各国经济遭受巨大冲击。不少国际发展机构和学者认为，这次冲击是自 20 世纪 30 年代大萧条以来规模最大的一次，绝大多数国家经济负增长，居民收入减少，需求萎缩，投资锐减，国际贸易必然受到影响。

中国是出口大国，在产品出口受到抑制的情况下，需要更多地依靠国内循环来消化产品以维持经济的增长。另外，美国对中国出口设置层层障碍，对中国的高科技产业不断打压，比如对华为实施断供，把一些企业列入实体清单，也会影响相关企业的出口，这些企业要继续发展，产品就要更多地靠国内循环来消化。这是中国提出"以国内大循环为主体"新定位的短期原因。

从经济学角度来看，中国"以国内大循环为主体"则是由经济发展的基本规律所决定。虽然有不少学者把中国经济的发展模式称为出口导向型，但事实是，出口在中国经济总量中的占比最高时，也只有 2006 年的 35.4%，略高于 1/3。到 2019 年，这一占比下降到 17.4%。换言之，2019 年中国经济总量的 82.6% 已经是在国内循环消化，这意味着中国经济已经是以内循环为主体。

自 2006 年以来，出口在 GDP 中的比重不断下降，反映了两个基本经济规律。

第一个规律是：一国的经济体量越大，国内循环的占比就越高。现代制造业有很大的规模经济，一个小型经济体发展现代制造业，国内市场容量有限，本土可消化的比重偏小，生产出来的产品绝大多数只能出口。反之，经济体量大的国家发展现代制造业，国内市场能就地消费的就多，出口比重就低。以新加坡为例，2019 年的出口占 GDP 的比重高达 104.9%，超过 GDP 总量，原因是国内市场规模太小，同时出口中有些零部件是先从国外进口，成品出口之后又计算一次。中国出口占经济总量的比重最高的 2006 年也不过是 35.4%，这个占比之所以比新加坡低很多，就是因为中国是个大经济体。

第二个规律是：服务业中的很大一部分不可贸易，随着服务业在整个经济中的占比不断提高，国内循环的占比就会越高。同样是大经济体，美国和日本在 2019 年的出口占 GDP 的比重分别只有 7.6% 和 13.4%，原因在于服务业占美国、日本经济总量的比重分别达到 80% 和 70% 左右。所以一国服务业占经济总量的比重越高，出口占比也一定越低。服务业的发展水平则与一个国家的经济发展、收入水平正相关。

从上述两个角度分析，中国的出口占比从 2006 年的 35.4% 下降到 2019 年的 17.4%，是因为中国这些年经济总量和人均收入水平都得到极大提高，服务业得到良好的发展。2006 年中国人均 GDP 只有 2099 美元，2019 年提高到 10261 美元。2006 年中国经济规模占全世界的比重只有 5.3%，服务业在 GDP 中的占比只有 41.8%。到 2019 年，这两个数字分别上升到 16.4% 和 53.6%。中国经济在世界经济总量中的占比提高了 2

倍，服务业占比增加了 11.8 个百分点，这两点变化很好地解释了出口占比下降、国内循环占比提高的背后原因。

展望未来，中国经济会继续发展，收入水平会不断提高。随着收入水平的提高，中国经济占世界的比重会从现在的 16.4% 增加到 18%、20%，再向 25% 逼近。中国服务业占 GDP 的比重会从现在的 53.6% 逐渐向60%、70%、80% 逼近。在这两个因素的叠加之下，中国的出口占经济总量的比重会从现在的 17.4%，逐渐降到 15%、12%、10%。也就是说，国内循环占中国经济总量的比重会从现在的 82.6% 逐渐向 90% 逼近。所以，中国经济现在已经是、将来更会是以国内大循环为主体。

中国政府现在提出上述论断其实是澄清了一个事实：中国是一个大经济体，随着中国收入水平的提高，经济规模会越来越大，服务业在经济总量中的比重会越来越高，国内循环的比重会越来越大。

澄清这个事实很重要！此前，国际国内都有不少人宣称中国是出口导向型经济。2008 年国际金融危机爆发，国外很多学者归因于全球贸易不均衡，进而又归咎于中国推行了出口导向型的发展战略，美国也以同样的说法把自己的原因造成的不断扩大的贸易逆差归咎于中国。这些都是没有看到中国经济实际情况的以讹传讹。

同时，如果再错误地把中国看成出口导向型经济，当像中美贸易摩擦或新冠疫情等其他不可预期的原因影响出口时，各界就容易判定中国经济要出问题。现在澄清中国经济是以国内大循环为主体这一事实，非常有利于中国人民和世界认清发展的现实和规律，作为大经济体，中国只要能够把自己的事办好，依靠国内大循环，任凭国际风云如何变幻，都不会改变中国整体发展向好的格局。

**2. 国际循环跟过去一样重要**

新发展格局中明确提出中国经济以国内大循环为主体，是不是原先"充分利用国内国际两个市场、两种资源"的政策定位就不重要了？其实一样重要。

我倡导的新结构经济学强调，经济发展要实现高质量，必须充分利用各个国家、各个地区的比较优势。具有比较优势的产业，其产品不仅要在国内市场流通，也应该进入国际市场，才能实现规模经济，加快经济增长和资本积累。

中国是世界第二大经济体，2019年经济总量也只不过占世界的16.4%，这意味着国际上还有83.6%的市场，仍然需要更好地发展我国具有比较优势的产业。

按照比较优势发展，也意味着我国很多产业还不具备比较优势。中国许多自然资源短缺，一些资本、技术很密集的产业与发达国家比还有相当大的差距，也不具有比较优势。另外，随着经济发展、工资水平上升，我国过去很有比较优势的劳动密集型产业的比较优势也会不断消失。

在这种状况下，经济发展要降低成本、提高质量，就应该更多地利用国际市场所能够提供的比我国自己生产成本低的各种资源，包括自然资源、资本、技术和产品。我国没有比较优势的产业和产品，能进口的就要多进口，只有少数关系国家安全、经济安全又可能被"卡脖子"的高科技产品例外。

对于哪些国家会卡我国的脖子要仔细分析。欧洲国家、日本、韩国在高科技产业上有比较优势，但并没有维持世界霸权或争取世界霸权的野心。中国是全球最大的单一市场，上述国家要发展好经济，也和我国一样需要充分利用国内国际市场和资源，为了更好地发展它们具有比较优势的技术、产品，不太可能拿石头砸自己的脚来卡我国的脖子。仔细想来会有此积极性这样做的是作为当今世界霸主的美国，虽然卡中国脖子，美国需要牺牲掉利用中国市场来发展经济的机会，但是面对中国经济快速发展，体量和影响力越来越接近甚至即将超越美国，拜登和未来美国的其他总统很可能延续特朗普的政策，继续采取技术封锁、经济脱钩的措施。

那些我国没有比较优势的大多数高科技产品，并非仅仅美国有，欧洲、日本、韩国等也有。中国要如任正非先生所讲的那样，对各种高科技产品要有备胎，但是只要能买得到，而且比自己生产更合算，就要继续依靠国外来提供。这些国家为自身发展考虑，也乐意把这些产品卖给我们。只有美国独有，欧洲、日本、韩国都没有，中国实在买不到的极少数产品，才需要发挥新型举国体制优势自力更生。

从上述分析可见，中国以国内大循环为主体的同时，一定要坚持国内国际双循环相互促进。事实上，这也正是新发展格局的重要内涵，并且，中国的经济发展越好，收入水平越高，经济体量越大，国内循环的主体地位也就越高。

## 三　中国未来的发展潜力

中国要走出百年未有之大变局以及构建以国内大循环为主体的新发展格局，都有赖于中国经济的进一步发展。中国的发展能有多快既取决于中国未来经济增长的潜力，也取决于挖掘这个潜力所做的努力。

应该如何看中国未来的发展潜力？从 1978 年改革开放到 2020 年，中国经济年均增速为 9.2%，人类历史上从未有任何国家或地区以如此高的增长率持续这么长时间。各界都很关心中国的未来。目前国内外的学界和舆论界对中国未来发展的潜力普遍不看好，总结起来大致有两个原因。

一个原因是认为中国过去 42 年发展太快，是非常态，总是要向常态增长回归，根据国际著名经济学家、美国财政部前部长、哈佛大学校长萨默斯的看法，中国会回落到 3%～3.5% 的常态增长（Pritchet & Summers, 2014）。

另一个原因是中国已经开始出现人口老龄化趋势，其他国家出现人口老龄化之后，经济增长都放慢了，中国经济增速也难免会放缓。

上述研究似乎非常有说服力，但我个人不太同意。因为中国在过去这 40 多年里能够实现每年 9.2% 的增长有很多因素，但最重要的决定因素是在经济发展过程当中充分利用了跟发达国家的产业技术差距所蕴含的后来者优势。中国的后来者优势还很大。

对于一个国家或地区来说，经济要发展，生活水平要提高，就要靠劳动生产率水平不断提高，这就要求技术不断创新、产业不断升级。发达国家的技术与产业处于全世界最前沿，其技术创新和产业升级必须靠自己推动，投资非常大，风险非常高，进步速度非常有限。历史经验表明，发达国家过去 100 多年来的常态增长是人均收入年均增长 2%，加上人口增长的因素，总体的经济增长每年 3%~3.5%。然而，发展中国家可以利用与发达国家的产业与技术差距，引进成熟的技术作为自身技术创新和产业升级的来源。这种方式的成本和风险都比较小。懂得利用这种方式的发展中国家，其经济发展速度可以比发达国家更快。中国改革开放以后成为二战后懂得利用这个优势实现每年 7.0% 或更高增长、持续 25 年或更长时间的 13 个发展中经济体之一（World Bank，2008）。

因此，从这个角度来说，要看中国未来的发展潜力并不是看现在的收入水平，而是要看中国现在与以美国为代表的发达国家之间的差距还有多大。

以德国和日本为例，德国人均 GDP 达到 14120 美元左右是在 1971 年，那时已是美国人均 GDP 水平的 72.4%，无疑已经跻身全世界最发达的国家，已经用尽了后来者优势，要进行技术创新和产业升级都必须自己发明，经济增长速度自然慢下来。日本是在 1975 年人均 GDP 达到 14120 美元左右，人均 GDP 当时达到美国人均水平的 69.7%，也成了世界上最发达的国家之一，技术已经接近世界最前沿，经济增长绝大多数必须靠自己发明，发展速度自然会慢下来。

中国是在 2019 年人均 GDP 达到 14129 美元，但只有美国同期水平的 22.6%。相比之下，德国、日本、韩国等其他发展比较好的国家是在什么时候人均 GDP 达到美国的 22.6%？德国是在 1946 年，日本是在 1956 年，韩国是在 1985 年。从 1946 年到 1962 年，德国这 17 年平均经济增速达到 9.4%；日本从 1956 到 1972 年，17 年的平均经济增速达到 9.2%；韩国从 1985 年到 2001 年，在亚洲金融危机期间出现一年负增长的状况下，17 年平均增速仍高达 9.0%。

从这些数据来看，中国未来 16 年（从 2019 年算起）应该也有大约 9% 的增长潜力，因为德国、日本、韩国等国家都已经实现。

另外，面临人口老龄化的国家，经济增长速度确实都较慢。不过，发生人口老龄化的国家普遍是发达国家，老龄化到来时，其技术已经发展到世界最前沿，技术进步要靠自己发明，经济增长速度本来就只有 3% ~ 3.5%，其中如前所述，包含人均收入增长的 2% 和人口增长的 1% ~ 1.5%，当人口不增长时，经济增长速度自然会显著下降到 2% 左右。

虽然中国也正在发生人口老龄化，但中国人均 GDP 只有美国的 22.6%，技术创新和产业升级都可以利用后来者优势，还可以把劳动力从低附加值产业往高附加值产业配置来提高劳动生产率，这个空间仍然非常大。所以，如果中国能利用后来者优势，即使人口和劳动力不增长，也可以比发生老龄化的发达国家增长更快。

另外，中国的退休年龄很早，可以逐步延长退休年龄，这有利于增加劳动力供给。而且，劳动力最重要的不仅是数量，还有质量，中国还可以通过提高人均教育水平来提高劳动者的质量。

我们再对比一下德国、日本、韩国在人均 GDP 达到达到美国的 22.6% 左右以后 16 年的人口增长情况，看看人口因素在经济增长中的贡献。德国 1946 ~ 1962 年的年均人口增长率是 0.8%；日本 1956 ~ 1972 年的年均人口增长率是 1.0%；韩国 1985 ~ 2001 年的年均人口增长率是 0.9%。中国 2019 年的人口自然增长率是 0.3%，将来也许会降到 0%。因此，即使不考虑延长退休以及提高教育质量的可能，中国利用后来者优势来发展经济，和日本、德国、韩国的人口增长率因素相比，对经济增长的影响最多 1 个百分点。因此，中国若能利用好后来者优势，到 2035 年之前应该还有年均 8% 的增长潜力。

另外，和当年的德国、日本、韩国比，中国在未来发展上还有一个新经济所带来的优势。新经济包括互联网、移动通信、新能源等，这些产品和技术的研发周期特别短，而且以人力资本投入为主。中国跟发达国家比，发达国家从工业革命以后就开始发展经济，资本积累了一二百年以上，人均金融和物质资本远多于中国，在传统的资本密集型产业上具有比较优势。

对于研发周期短、以人力资本投入为主的新经济，金融资本使用相对少，这种产业上，中国和发达国家站在同一条起跑线上，而且中国和发达国家比，在人力资本方面具有优势。人力资本包括两个组成部分，一是先天的聪明才智，另外一个是后天的教育学习。后天的教育学习包括从幼儿园到大学、研究所，中国和发达国家的差距已经不大。先天的聪明才智在任何国家都是常态分布，人口当中天才的占比在任何国家都是一样的。就新技术研发而言，重要的不是天才的占比而是天才的绝对数量。中国是一个有 14 亿人口的大国，天才的数量多，所以，在以人力资本为主要投入的新经济上中国具有人才的优势。

同时，中国还有大的国内市场的优势。新的产品和技术研发出来以后，马上可以进入一个大的市场，使其生产迅速达到规模经济。如果新的产品和技术需要硬件，中国有全世界最完整的产业配套。所以，在新经济领域，中国和发达国家比至少可以并驾齐驱。这是德国、日本和韩国处于中国当前的发展水平时所不具备的优势。

中国在新经济领域的优势明显地表现在"独角兽"企业的数量上面。根据胡润"全球独角兽榜"，全世界那种创业不到 10 年、还没上市但市场估值已经超过 10 亿美元的独角兽，在 2019 年的时候有 484 家，其中中国 206 家，美国 203 家；2020 年的时候，全世界 586 家，美国 233 家，中国 227 家，中国与美国也是不相上下。

从上述的后来者优势和新经济的优势来看，在 2035 年之前，中国每年至少有 8% 增长的潜力。不过，增长潜力是从供给侧的技术创新的可能性来看未来增长的可能性，在现实中，增长则需要考虑需求侧和其他因素，就像一辆汽车能开多快，既取决于汽车生产设计时技术面的最高时速，也要看开车时的实际路况、气候等条件。中国在未来要实现的是高质量发展，必须解决好环境问题，碳达峰、碳中和、城乡差距、地区差距等问题，还有中美贸易摩擦带来的技术上的"卡脖子"问题，必须靠自己创新去克服，而不能依靠技术引进消化吸收再创新的后来者优势。综合考虑这些技术面之外的问题因素以及 8% 的增长潜力，中国未来 15 年（2021~2035 年）实现年均 6% 左右的增长应该是完全可能的。

《"十四五"规划和 2035 年远景目标纲要》提出，到 2035 年，中国GDP 规模或城乡居民收入争取在 2020 年基础上翻一番。中国要实现上述目标，2021~2035 年需要达到年均 4.7% 的经济增速。如果中国能够实现

6%左右的增长速度，到 2025 年人均 GDP 就会跨过 12535 美元的门槛，成为一个高收入国家，这也将是一个历史性的时刻。直到现在，全世界生活在高收入国家的人口只占总人口的 18%，如果中国变成高收入国家，这个数字就会翻一番。

同样道理，根据后来者优势和新经济创新的优势，中国在 2036~2050 年应该还有年均 6%的增长潜力，也同样考虑到中国要实现高质量增长，需要解决技术之外的其他社会经济问题，不能完全根据技术的可能性来发展，但是，实现 4%左右的年均增长率完全有可能。以此计算，中国到 2049 年人均 GDP 达到当时美国的一半应该完全有可能，这将是中华民族伟大复兴的一个重要指标，而且如前面第一部分所述，世界将会进入一个新的稳定的格局。

## 四 深化改革，扩大开放

如何实现 2021~2035 年年均 6%左右的增长和 2036~2050 年年均 4%左右的增长？最重要是中国需要认清自身的潜力，同时保持定力，做好自己的事情，深化改革，扩大开放。

根据新结构经济学，在经济发展过程中，一个非常重要的原则就是利用好比较优势，要把比较优势发挥出来，则需要有一个有效市场来调动企业家的积极性和配置资源，并需要有一个有为政府为企业家克服在技术创新和产业升级时必然会出现的市场失灵，这样市场才会有效。激励先行的企业家进行技术创新和产业升级，帮助先行的企业家克服一些软硬基础设施的不足。同时，中国是一个转型中国家，中国的转型采取的是"渐进双轨"的方式，转型前建立起来的违反比较优势的资本密集型产业中有些已经缺乏自生能力，但为国计民生和国防安全所必须保证的国有企业，继续给予转型期的保护补贴；同时，推行新人新办法，放开符合中国比较优势的劳动密集型产业准入，政府招商引资，设立工业园区，引导这些产业的发展。依靠这种办法，中国在过去 40 多年的转型中取得了经济稳定和快速发展，但是，也遗留了对市场的干预和扭曲。

经过 40 多年的快速发展和资本积累，绝大多数在改革开放初期违反比较优势的产业现在已经符合比较优势，缺乏自生能力的企业已经拥有自生能力，"双轨制"中的保护补贴的性质从雪中送炭变成锦上添花，因此，应该落实 2013 年党的十八届三中全会提出的全面深化改革的相关决定，把"双轨制"改革遗留下来的扭曲取消掉，让市场在资源配置上起决定性作用，政府的作用主要是帮助企业克服市场失灵。

现在产品市场在中国基本已经都放开，但要素市场还存在很多结构性的障碍。

在金融市场方面，实体经济中的农户和民营的中小微型企业，税收占全国的 50%，GDP 占 60%，就业占到 80% 以上。中国的金融以大银行、股票市场、公司债券、风险资本等为主，这样的金融体系以服务大企业为主。金融要实现服务实体经济的功能，在改革中除了要继续完善现有的各种金融制度安排以外，还需要发展能为农户、中小微企业更好地提供金融服务的地区性中小金融机构，补上金融结构的短板。

在劳动力市场方面，要推动户籍制度改革，解决高房价问题，让房价回归"房子是用来住的，不是用来炒的"的定位，以利于人才流动。

在土地市场方面，要落实农村集体土地入市的政策，增加工业用地、商业用地和住房用地的供给。

在产权方面，要落实"毫不动摇巩固和发展公有制经济，毫不动摇鼓励、支持、引导非公有制经济的发展"，让民营企业在市场上不受因为产权安排的不同而形成的准入或运营方面的阻碍。

同时，中国在开放上推行的也是"双轨制"。在转型初期，有比较优势的产业允许外商直接投资，外商投资不具备比较优势的产业受到许多限制。随着中国经济快速发展、资本不断积累，许多原来没有比较优势的产业已经变成具有比较优势，除了少数涉及国家安全和国计民生的产业外，现在应该扩大开放以更充分地利用国际资源。要扩大自由贸易试验区的范围，降低关税，缩小外国投资的负面清单，在自贸试验区试点成功的政策要向全国推行。

在国际上应该更积极地推动世贸组织的改革，参加一些区域性的经济合作协定，比如 RCEP（《区域全面经济伙伴关系协定》）。此外，中国已经表示有意愿加入 CPTPP（《全面与进步跨太平洋伙伴关系协定》），要争取早日实现这个目标。

中国深化开放有利于国际上其他国家更好地利用中国的市场和资源。中国作为世界上最大且发展最快的市场，能够给其他国家提供发展的机遇。所以，进一步扩大开放也有利于营造适合我国发展的国际局面。

# 五　结语

面对百年未有之大变局，中国要保持定力、认清形势，在新发展格局中，做好自己的事，继续深化改革，扩大开放，利用好中国的发展潜力，这样，不管国际上有多大的不确定性，中国都可以依靠自己国内的大循环保持稳定和发展，实现中华民族的伟大复兴，为其他国家带来发展的机遇，也可以推动新的、稳定的世界格局早日到来。

**参考文献**

Commission on Growth and Development. 2008. *The Growth Report: Strategies for Sustained Growth and Inclusive Development*. Washington, DC: International Bank for Reconstruction and Development & The World Bank On behalf of the Commission on Growth and Development. Available from: openknowledge. worldbank. org/bitstream/handle/ 10986/ 6507/449860PUB0Box3101OFFICIAL0USE0ONLY1. pdf.

Feenstra, Robert C., Robert Inklaar and MarcelP. Timmer. 2015. 'The Next Generation of the Penn World Table. ' *American Economic Review* 105（10）: 3150 – 82. Available from: www. ggdc. net/pwt. doi. org/10. 1257/aer. 20130954.

Hurun. 2021. *Global Unicorn Index 2021*. ［Online］. Available from: www. hurun. net/en-US/ Info/Detail? num = R18H7AJUWBIX.

Lin, Justin Yifu. 2013a. *Against the Consensus: Reflections on the Great Recession*. Cambridge, UK: Cambridge University Press. doi. org/10. 1017/CBO9781139855709.

Lin, Justin Yifu. 2013b. 'Demystifying the Chinese Economy. ' *The Australian Economic Review* 46（3）: 259–68. doi. org/10. 1111/j. 1467–8462. 2013. 12035. x.

Lin, Justin Yifu. 2013c. 'New Structural Economics: The Third Wave of Development Thinking. ' *Asia Pacific Economic Literature* 27（2）: 1–13. doi. org/10. 1111/

apel. 12044.

Liu, Shijin. 2020. *Understanding the 14th Five-Year Plan: Reform Agenda under the New Development Paradigm.* Beijing: CITIC Press.

Maddison, Angus. 2016. *Historical Statistics of the World Economy, 1–2008 AD.* [Online]. Groningen, Netherlands: Maddison Project. Available from: datasource. kapsarc. org/ explore/dataset/historical-statistics-of-the-world-economy-1-2008-ad/information/? disjunctive. country_name&disjunctive. indicator_name.

Pritchett, Lant and Lawrence H. Summers. 2014. *Asiaphoria meets regression to the mean.* NBER Working Paper Series No. 20573, October. Cambridge, MA: National Bureau of Economic Research. doi. org/10. 3386/w20573.

# 第3章
# 资产负债表视角下的中国经济

张晓晶　李　成

## 一　引言

在著名学者辜朝明（Koo，2009）对日本数十年经济停滞的开创性解释的启发下，宏观资产负债表已经越来越受到学术界和政策制定者的关注，尤其是在金融动荡时期。对中国而言，自市场化改革开始以来，由于高速增长、高储蓄和金融深化，国民经济各部门特别是居民，已经积累了相当的财富和债务。而在 1980 年代之前，情况并非如此（Chow，1993）。在这种新背景下，资产负债表成为一个重要视角，用以更好地刻画、考察过去40 多年来中国经济发展积累的成果。如果没有这种基于存量的视角，很难充分理解增长方式的结构性变化以及产业和金融结构转型等重大问题。

自 2008 年全球金融危机以来，关于编制和分析中国国家或部门资产负债表的学术文献逐渐涌现。除其他人如曹远征和马骏（Cao & Ma，2012）、马骏等（Ma et al.，2012）、杜金富（Du，2015）外，由中国社会科学院李扬教授带领的研究团队从 2011 年开始研究相关课题[1]，并编

---

[1]　此后，以这一研究团队为基础，中国社会科学院组建了中国社会科学院国家资产负债表研究中心（CNBS）。这也是目前国内唯一专门编制、研究国家资产负债表的研究机构。

制了 2000~2019 年的年度国家和部门账户。目前这些数据可以从 CEIC 数据库获得（www.ceicdata.com/en；见本章附表）。依据这些数据，CNBS 团队出版和发表了一系列学术书籍和文章（Li et al.，2012a，2012b，2013，2015，2018，2020；Li & Zhang，2013，2021；Li，2018）。这些成果得到了若干国际领先学者的引用（Sheng，2016；Frecaut，2017；Naughton，2017；Piketty et al.，2019）。此外，值得注意的是，在撰写本文时，中国官方的资产负债表统计数据尚未发布。

在本章中，我们首先介绍研究团队关于 2000~2019 年中国国家资产负债表的主要发现，包括财富积累、结构特征和宏观金融风险。接下来，我们将中国的情况与美国等主要经济体进行比较。在此过程中，我们强调了在存量视角下，中国经济发展的阶段性特征和结构特点。最后，基于对国家资产负债表的分析，我们就促进财富持续积累、防范化解金融风险提出了若干政策思路。

# 二　财富积累

21 世纪的前 20 年非常不平凡：经历了世纪初的互联网泡沫破灭、2008 年的国际金融危机、2018 年开始的中美贸易摩擦，以及 2020 年出现的新冠疫情。但这些并没有阻挡中国经济前进的步伐。实际上，得益于合理的政策以及 2001 年加入 WTO 等举措，中国经济继续保持快速增长并在上述冲击后率先实现复苏。与此同时，中国经济也在这 20 年间实现了令人瞩目的财富积累，而国家资产负债表为考察这一存量变化提供了难以取代的视角。

在概念上，社会净财富（或净值）由国内非金融资产和对外净资产构成。据我们估计，国内非金融资产由 2000 年的 38.4 万亿元，上升到 2019 年的 661.9 万亿元；国内非金融资产是社会净财富的主体，2019 年占比达到 98%。对外净资产由 2000 年的 0.48 万亿元，上升到 2019 年的 13.6 万亿元；对外净资产为正且具有一定的规模，意味着就全球而言，中国是净储蓄的提供者（见图 3-1）。

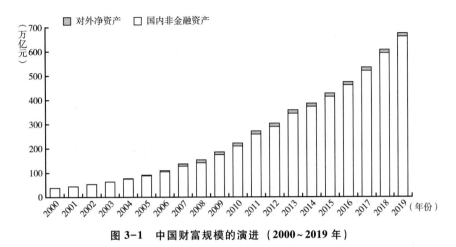

**图 3-1　中国财富规模的演进 （2000～2019 年）**

资料来源：CNBS。

再从动态看，中国 2000～2019 年的社会净财富复合年均增速 16.2%；2019 年是 2000 年的 17.2 倍；2000～2019 年名义 GDP 的复合年均增速为 12.8%，2019 年是 2000 年的 9.9 倍。中国近 20 年来社会净财富增速高于名义 GDP 增速。图 3-2 展示了各主要经济体财富增速与名义 GDP 增速的对比。我们有两点发现：其一，从基本趋势上看，财富增长的波动与 GDP 相似，体现出存流量的一致性，也从侧面反映出基于国家资产负债表的财富估算是比较可靠的；其二，如表 3-1 显示的，总体而言，财富增速高于 GDP 增速，而中国尤为明显。

**表 3-1　各国财富增速与 GDP 增速 （2001～2018 年平均值）**

单位：%

| 指标 | 中国 | 美国 | 英国 | 法国 | 日本 | 德国 |
|------|------|------|------|------|------|------|
| 财富增速 | 16.6 | 4.8 | 6.6 | 5.4 | -0.3 | 3.5 |
| GDP 增速 | 13.0 | 4.0 | 3.8 | 2.6 | 0.3 | 2.6 |

资料来源：中国数据来自 CNBS，其他国家数据来自各国官方统计。

中国社会净财富相对于 GDP 以更快的速度增长，主要来自两方面的贡献。一是较高的储蓄率和价值重估效应。较高的储蓄率直接对应较高

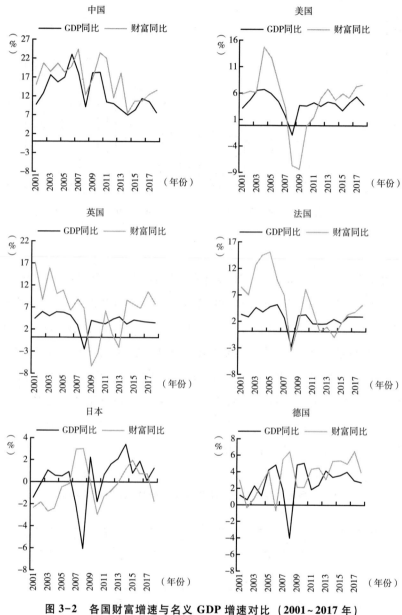

**图 3-2 各国财富增速与名义 GDP 增速对比（2001~2017 年）**

资料来源：中国数据来自 CNBS，其他国家数据来自各国官方统计。

的固定资本形成率，各部门的固定资本形成带来了非金融资产的每期增量。在每期的总产出中，消费占比相对较低，而投资占比相对较高，促进了我国财富总量的更快增长。财富总量上涨的另一个因素是价值重估过程——土地增值，股票、房地产价格上涨等因素均促进了存量资产的市场价值上升。

更具体地讲，首先，由于预防性储蓄等动机，中国的总储蓄率（gross saving）长期保持在 40%~50%，2018 年达 44.6%；而美国的总储蓄率不及中国的一半，2018 年仅为 18.6%。其余各主要经济体储蓄率大体处于 30% 以下水平（见图 3-3）。显然，储蓄率决定了中国与其他主要经济体之间资本积累速度的不同。近 20 年来，中国的资本形成率年均为 40% 左右，也就是说，总产出中有将约四成通过投资形成了财富积累——以工厂、设备、房屋等形式，而发达经济体的产出则大多用于消费，新增资本积累的比例较小。

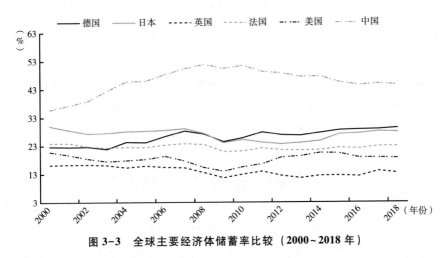

图 3-3　全球主要经济体储蓄率比较（2000~2018 年）

资料来源：世界银行 WDI 数据库。

其次，价值重估也对中国财富增长具有重要贡献，但如表 3-2 所示，其贡献率逐渐下降。

**表 3-2　各主要经济体财富积累的分解：资本形成与价值重估（2001~2018 年）**

单位：%

| 时期 | 指标 | 中国 | 美国 | 日本 | 德国 | 英国 | 法国 |
|---|---|---|---|---|---|---|---|
| 2001~<br>2006 年 | 财富平均增速 | 28.0 | 10.2 | -1.2 | 1.6 | 12.2 | 14.8 |
| | 其中：资本形成 | 16.4 | 4.6 | 3.7 | 1.0 | 6.9 | 3.8 |
| | 价值重估 | 11.6 | 5.6 | -4.9 | 0.6 | 5.3 | 11.0 |
| 2007~<br>2012 年 | 财富平均增速 | 25.3 | -0.6 | -0.3 | 3.7 | 0.5 | 1.7 |
| | 其中：资本形成 | 16.5 | 2.9 | 3.6 | 2.2 | 4.1 | 2.5 |
| | 价值重估 | 8.8 | -3.5 | -4.0 | 1.6 | -3.6 | -0.8 |
| 2013~<br>2018 年 | 财富平均增速 | 11.5 | 5.8 | 0.5 | 4.8 | 8.0 | 2.1 |
| | 其中：资本形成 | 9.2 | 3.9 | 4.0 | 2.2 | 4.9 | 2.4 |
| | 价值重估 | 2.7 | 1.9 | -3.4 | 2.7 | 3.0 | -0.2 |

资料来源：中国数据来自 CNBS，其他国家数据来自各国官方统计。

最后，根据定义，一国的社会总财富被居民、广义政府（或公共部门）①、对外部门持有，因此考察部门财富分配也是理解财富积累结构特征的重要视角。据我们估算，中国广义政府净资产由 2000 年的 8 万亿元，上升到 2009 年的 40 万亿元，2015 年刚刚超过 100 万亿元，到 2019 年达到 162.8 万亿元；居民部门净资产由 2000 年的 30.6 万亿元，上升到 2007 年的 100 万亿元，2011 年为 200 万亿元，2014 年近 300 万亿元，2017 年增加到 400 万亿元，直至 2019 年的 512.6 万亿元（见图 3-4、图 3-5）。

## 三　中国与主要经济体财富比较

在一定意义上，相比于 GDP 所反映的收入流量，财富存量在衡量一国综合实力方面更具有代表性。因此，越来越多的研究也将国际竞争置于财富比较之上。事实上，最初的财富估算和研究（如配第的"政治算术"）也主要出于国家间竞争（甚至战争）的需要。

鉴于数据的可获得性，我们比较了 2018 年包括中国在内的世界主要

---

① 广义政府包括中央政府、地方政府以及非营利性的公共部门（在中国即指事业单位）。

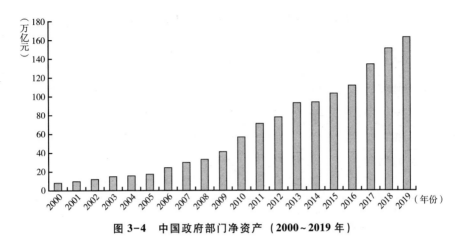

**图 3-4　中国政府部门净资产（2000~2019 年）**

资料来源：CNBS。

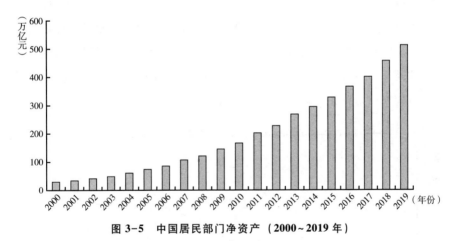

**图 3-5　中国居民部门净资产（2000~2019 年）**

资料来源：CNBS。

经济体的情况。如表 3-3 所示，社会净财富和 GDP 全球前四位的国家分别是美国、中国、日本和德国。其中，中国的 GDP 为美国的 65%，社会净财富为美国的 80%。并且，中国的社会净财富超过紧随其后的日、德、法、英四国之和，但中国的 GDP 则略低于四国之和。这表明中国经济在存量赶超方面更为突出。

表 3-3　2018 年社会净财富与 GDP 的国际比较

单位：亿美元

| 指标 | 美国 | 中国 | 日本 | 德国 |
|---|---|---|---|---|
| 社会净财富 | 1102087 | 885595 | 299074 | 230935 |
| GDP | 206119 | 133944 | 48442 | 38451 |
| 指标 | 法国 | 英国 | 加拿大 | 澳大利亚 |
| 社会净财富 | 178250 | 132878 | 86379 | 83759 |
| GDP | 27044 | 27323 | 16299 | 13392 |

注：各国汇率采用 2018 年期末汇率。
资料来源：中国数据来自 CNBS，其他国家数据来自各国官方统计。

　　更有意义的是，由图 3-6 可见，在 21 世纪的头 10 年，中国的 GDP 与美国之比往往高于中国财富与美国之比，显示出流量赶超早于存量赶超的态势。但在国际金融海啸之后，这一情况发生逆转，中国财富与美国之比持续高于 GDP 之比。这一现象可以归因于美国家庭在此轮危机中遭受了相对较大的财富损失。

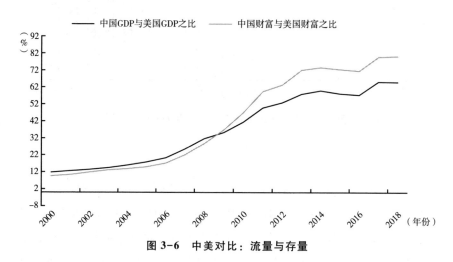

图 3-6　中美对比：流量与存量

资料来源：CNBS，BEA。

当然，中国相对于美国的存量追赶，除了经济快速增长加上高储蓄、高投资，也包含价值重估因素。后者除了一般资产价格波动，还有人民币汇率波动。特别是 2005 年 7 月汇改以来，直到 2015 年 7 月，人民币相对美元的较大幅度升值（美元兑人民币的汇率从 2005 年 6 月的 8.27，升值到 2015 年 7 月的 6.12），这也是造成中国财富与美国财富之比较快上升的重要因素。

此外，考虑到各国国家资产负债表统计口径不完全一致，在进行财富国际比较的时候要非常谨慎。仅就中美情况而言，两国间的财富比较就面临着非金融资产特别是土地资产处理方法不一致的问题。具体来说，美国在国家资产负债表估算当中，将居民及非营利性机构部门、非金融非公司企业部门和非金融公司企业部门持有的建筑物与土地价值合并计算未做拆分。但在处埋金融部门、联邦政府部门和州政府部门时，鉴于数据的可获得性，美国方面选择只计算地面建筑物价值而忽略了土地价值。[1] 也就是说，之前在我们的国际比较中，美国的社会净财富未包含政府部门的土地价值，而中国包含了土地价值（主要是国有建设用地价值）。从可比性角度，如果我们将国有建设用地价值扣除（2018 年为 31.5 万亿元人民币，约合 4.6 万亿美元），那么，2018 年中国的财富规模将缩减为 84 万亿美元，与美国财富之比由原来的 80% 下降为 76%。

作为一种参考比对，表 3-4 展示了皮凯蒂团队（Piketty et al.，2019）在 WID 数据库中估算的中美财富情况。按照这一数据，中国财富与美国之比在 2015 年就已经达到 76%，并且是从 2000 年的 1/4 左右上升到 2015 年的 3/4 左右。需要注意的是，皮凯蒂在估算了各国净财富的名义水平后又通过一个缩减指数将其还原为不变价格下的资产负债表，同时其估算范围也与 SNA2008 存在一定差距，这些都是造成 WID 数据与我们的估算结果存在差异的主要原因。

---

[1]  关于美国国家资产负债表估算范围和方法，可进一步参考 Wasshausen（2011）和 Bond 等（2007）。

表 3-4　皮凯蒂团队估算的中美净财富比较

单位：亿欧元

| | 2000 年 | 2005 年 | 2010 年 | 2015 年 |
|---|---|---|---|---|
| 中国 | 156619.6 | 255823.8 | 419399.1 | 655314.2 |
| 美国 | 618556.7 | 765674.6 | 667245.7 | 862640.8 |
| 中国与美国之比（%） | 25.3 | 33.4 | 62.9 | 76.0 |

资料来源：WID。

　　总之，关于财富的估算还没有一个统一的标准。尽管如此，以财富来衡量的中国综合国力处于世界第二，而且比 GDP 所显示的更接近美国的实力。不过，考虑到中国人口接近美国的 4.3 倍，因此，尽管从全社会角度看，中国财富是美国的 80%（扣除土地价值为 76%），但从人均角度看，中国财富与美国之比则不到 20%。进一步分析，特别是从资源配置效率与未来发展潜力角度看，中国的财富数据远不如总量指标显示的那样乐观。

　　首先是僵尸企业与地方隐性债务问题。由于数据的可获得性，这个问题还未能在资产负债表中得到充分反映。尽管部分地方隐性债务如融资平台债务已在企业部门中得到体现，但其他形式的地方隐性债务则没有纳入。僵尸企业并非中国独有（OECD 国家有专门对僵尸企业的估算），但这个问题在中国更为严重。因此，如果考虑僵尸企业与地方隐性债务，那么，我国的社会净财富将进一步缩水。

　　其次是财富质量问题。比较财富质量可以有多个维度。比如在中国 20 世纪 50 年代至 80 年代建造的住房，由于设施简陋和设计问题，可能只能正常使用 20 余年，而在发达经济体，住房寿命可能会是 50 年甚至上百年。因此，估算中国的住房价值，折旧就要比发达经济体高。基础设施存量价值或其他资本存量的估算也存在类似的问题。有人估算中国的住房存量价值非常高，一个重要的原因就是没有认真考虑折旧或选择的折旧率过低。还有就是财富的流动性和变现能力问题。由于我国金融市场发育程度低于美国，对各类商品及资产的国际定价权有限，在面临危机时，财富变现能力低于美国。例如，中国政府的大量对外净财富是以美国国债的形式持有，而这部分财富的最终变现尚依赖于美国政府和金融体系的配合。

最后是财富效率问题。财富存量是产生收入流量的基础。财富收入比越高，单位财富所产生的收入越低，产出效率相对越低。我国社会净财富与 GDP 之比自 2000 年的 350% 上升到 2018 年的 613%，反映出财富积累效率的较快下降。尽管发达经济体的财富收入比也呈上升态势，这反映出财富积累效率下降是普遍趋势，但中国财富收入比的增速是最快的，亦即效率下降最为明显（见图 3-7）。

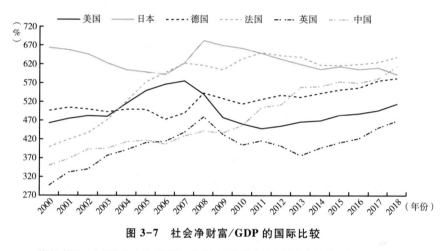

图 3-7　社会净财富/GDP 的国际比较

资料来源：中国数据来自 CNBS，其他国家数据来自各国官方统计。

## 四　政府与居民财富的部门分配

### 1. 政府部门的财富与债务

据我们估算，在 2019 年中国社会净财富总量达到 675.5 万亿元。其中，居民部门财富为 512.7 万亿元，占比 76%；政府部门财富为 162.8 万亿元，占比 24%。从动态视角来看，居民财富占比在 2000~2005 年呈上升态势，在 2005~2011 年呈下降态势，在 2011~2019 年又呈上升态势。如果进一步按时期平均值考察，在 21 世纪的前 10 年（2000~2009 年）

居民财富平均占比为 78.4%，而在第二个 10 年（2010～2019 年）平均占比降至 75.2%。

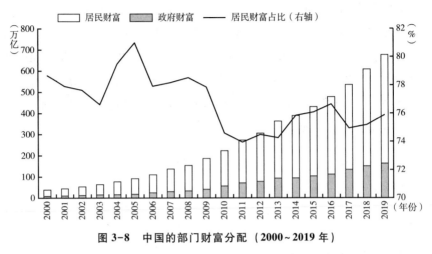

图 3-8 中国的部门财富分配（2000～2019 年）

资料来源：CNBS。

根据国民经济核算的相关国际标准和编制实践，社会净财富按一定比例分配到居民和政府手中；企业部门的净资产根据居民和政府的股权持有比例进行分割，最终也归于居民或政府所持有，企业部门净值为零。

如图 3-9 显示，以这样的视角对财富分配进行国际比较，可以发现以下几个现象。

第一，2008 年国际金融危机以来，发达经济体政府的资产净值呈下降趋势，英、美进入了负值区间；而中国相反，危机以后，政府财富占比还略有上升。

第二，中国政府净资产占比远远高于几个主要发达经济体。英、美政府净资产是负值，日本、法国和加拿大政府持有净资产占比在 0～5%；德国政府持有资产的比例略高，2018 年为 6%。而在 2008～2018 年，中国政府的净财富占比大体上超过 20%。

国际货币基金组织（IMF，2022）整理了 58 个经济体政府和公共部门资产负债表情况。不同于各国统计当局所公布的资产负债表，相关数据基于政府财务统计框架（Government Finance Statistics），且覆盖国家范围

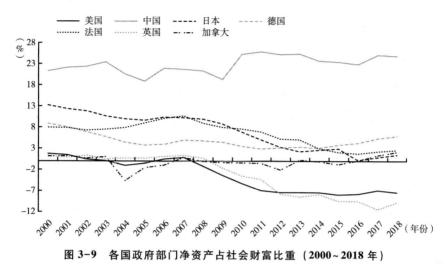

图 3-9 各国政府部门净资产占社会财富比重（2000~2018 年）

资料来源：中国数据来自 CNBS，其他国家数据来自各国官方统计。

更广，可用来对政府财富占比的国际比较做出补充。[①] 这 58 个经济体和中国政府部门持有的净资产占 GDP 的比重列示于图 3-10。其中，我们选取了净资产占比排名前 10 的经济体以及 G7 国家。

从图 3-10 中可以看出，中国政府持有净资产的占比排名非常靠前。这些国家政府持有净资产/GDP 高于中国的仅有 6 个，分别是挪威、乌兹别克斯坦、哈萨克斯坦、捷克、俄罗斯和澳大利亚。这些国家或者是典型的资源型国家，国内净资产中有很大部分是自然资源，且被政府所持有；或者是经济制度与中国较为类似的国家。在 G7 国家中，除加拿大外，其他国家的政府净资产均为负值。

需要指出的是，图 3-9 与图 3-10 呈现的国际比较有些许差异。特别是日本与德国政府净资产在图 3-9 中为正，在图 3-10 中为负。这是由于各国统计当局标准不同但 IMF 进行调整使其一致的结果。主要差别就在于养老金。日、德两国统计当局所公布的政府资产负债表中都没有养老金负债，而 IMF 考虑了此项，导致两国政府净资产下降较多，由正转负。

————————————

① 相关统计标准详见 IMF（2014）。

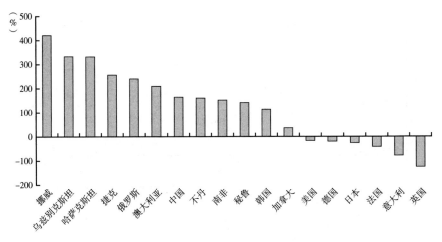

图 3-10　2016 年政府部门净资产占 GDP 比重

资料来源：CNBS、IMF Public Sector Balance Sheet。

就国际比较而言，我国财富分配结构偏重于政府部门有两个重要原因。

第一，国民收入初次分配结构中政府占比较大。生产税净额是国民收入初次分配中最具影响力的因素，是政府收入的主要来源。2018 年，我国政府部门初次分配总收入 11.7 万亿元，其中有 9.6 万亿元来自生产税净额。中国生产税净额占全部 GDP 的比重在 15%左右，而美国的这一比重仅为 7%左右，其余主要经济体也均处于 13%以下水平（见图 3-11）。由于生产税净额占比的较大差异，中国政府在初次分配中所占有的收入比重也较大，从而形成了长期的财富积累。与生产税占比较高形成对比的是，中国劳动者报酬（劳动者报酬包括工资、奖金以及雇主为员工缴纳的社保支出）在初次分配中占比相对较低。美国劳动者报酬在 GDP 中的占比长期保持在 60%~70%，其余主要经济体多数也在 55%以上水平，而中国的这一占比仅为 50%左右（见图 3-12）。

第二，中国政府部门的债务存量相对较低。国际货币基金组织最新估算的各国政府债务规模占 GDP 比重如图 3-13 所示。在可比较的 15 个国家中，只有俄罗斯和印度尼西亚政府杠杆率低于中国，而几个主要发达国家则远高于中国的水平。自 2008 年国际金融危机后，全球主要经济

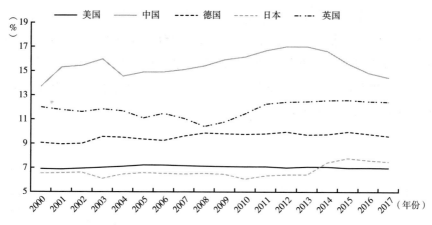

**图 3-11　初次分配中生产税净额占 GDP 的比重（2000～2017 年）**

资料来源：Wind。

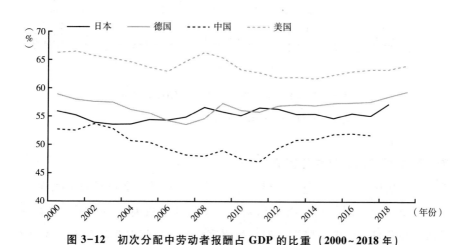

**图 3-12　初次分配中劳动者报酬占 GDP 的比重（2000～2018 年）**

资料来源：Wind。

体多数经历了政府部门加杠杆过程，政府部门债务规模大幅扩张，而我国政府债务的扩张速度有限，目前还保持着较低的政府杠杆率。但这一特征主要体现了我国特有的债务扩张模式，部分掩盖了地方政府的隐性债务。与各国不同的是，我国债务扩张过程由政府主导下的国有企业和地方政府融资平台等承担。根据我们的估算，地方政府融资平台所发行的城投债券余额从 2007 年的 3 亿元飙升至 2019 年末的 8.9 万亿元，在全部非金融企业债余额中的占比也从不到1%上升至38%。正是由于一方面政府财富积累（比如由地方政府融资平台债务所形成的基础设施存量）不断上升，另一方面，地方政府融资平台债务却归到企业部门，这就使得政府部门净资产上升更快。如果在政府资产中扣减掉隐性债务，政府净资产的上升速度将会下降。

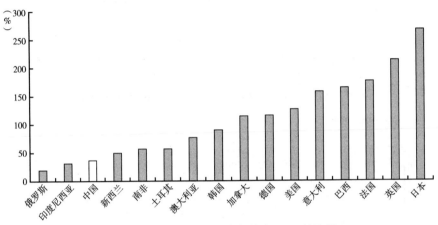

**图 3-13　2016 年各国政府负债占 GDP 的比重**

资料来源：CNBS、IMF Public Sector Balance Sheet。

### 2. 居民部门的财富与债务

针对居民部门，我们进一步拆分了不同因素对财富积累的贡献程度。如表 3-5 所示，居民部门财富积累的驱动力在危机前后出现了一次较大转折。在危机后，非金融资产对居民财富积累的贡献率普遍有所下滑，而金融资产特别是金融资产中净股权的贡献水平则有不同程度的上升。以美国为例，在危机前，非金融资产对居民财富积累的贡献率达到 2.9%，危机期间转负，危机后尽管反弹至 1.8%，但仍明显低于危机前水平。相应地，美国金融资产对财富积累的贡献率由 2.9% 上升为 3.9%。发生这一转变的主要原因在于两点：一是全球经济增速普遍下行，实物资产积累速度下降；二是全球金融市场特别是股票市场在危机后恢复速度较快，大部分发达国家的股票市场指数已经超过了危机前的水平。就全球整体而言，以金融为主导的财富积累模式本质上反映了全球整体财富创造乏力，而越发转向存量的分配博弈。这与金融危机后全球陷入"长期停滞"的典型事实是一致的（Summers, 2014）。

表 3-5　2018 年居民部门财富积累贡献率拆分及国际对比

单位：%

| 指标 | 美国 | | | 中国 | | |
|---|---|---|---|---|---|---|
| | 2001~2006 | 2007~2012 | 2013~2018 | 2001~2006 | 2007~2012 | 2013~2018 |
| 居民财富平均增速 | 5.8 | 0.4 | 5.7 | 10.7 | 10.4 | 8.4 |
| 非金融资产贡献增速 | 2.9 | -1.3 | 1.8 | 5.8 | 4.9 | 4.0 |
| 净金融资产贡献增速 | 2.9 | 1.7 | 3.9 | 4.9 | 5.5 | 4.3 |
| 其中:净股权 | 2.2 | 0.0 | 2.3 | 3.3 | 3.6 | 2.8 |
| 其他 | 0.7 | 1.7 | 1.6 | 1.6 | 1.9 | 1.5 |

| 指标 | 日本 | | | 德国 | | |
|---|---|---|---|---|---|---|
| | 2001~2006 | 2007~2012 | 2013~2018 | 2001~2006 | 2007~2012 | 2013~2018 |
| 居民财富平均增速 | -0.8 | -0.8 | 1.5 | 2.3 | 2.7 | 3.7 |
| 非金融资产贡献增速 | -1.9 | -0.5 | -0.3 | 1.1 | 1.7 | 2.1 |
| 净金融资产贡献增速 | 1.2 | -0.3 | 1.8 | 1.2 | 0.9 | 1.6 |
| 其中:净股权 | 0.7 | -0.7 | 0.9 | 0.0 | -0.2 | 0.4 |
| 其他 | 0.5 | 0.4 | 0.9 | 1.2 | 1.1 | 1.2 |

| 指标 | 英国 | | | 法国 | | |
|---|---|---|---|---|---|---|
| | 2001~2006 | 2007~2012 | 2013~2018 | 2001~2006 | 2007~2012 | 2013~2018 |
| 居民财富平均增速 | 7.0 | 1.6 | 1.7 | 6.1 | 2.5 | 5.0 |
| 非金融资产贡献增速 | 6.1 | 1.2 | 0.9 | 5.7 | 0.7 | 2.8 |
| 净金融资产贡献增速 | 0.9 | 0.4 | 0.8 | 0.4 | 1.7 | 2.2 |
| 其中:净股权 | 0.4 | -0.1 | 0.3 | -0.3 | 0.3 | 0.5 |
| 其他 | 0.5 | 0.5 | 0.5 | 0.7 | 1.4 | 1.7 |

| 指标 | 澳大利亚 | | | 加拿大 | | |
|---|---|---|---|---|---|---|
| | 2001~2006 | 2007~2012 | 2013~2018 | 2001~2006 | 2007~2012 | 2013~2018 |
| 居民财富平均增速 | 11.21 | 4.87 | 7.93 | -0.7 | 4.6 | 4.7 |
| 非金融资产贡献增速 | 8.98 | 3.77 | 6.15 | -2.5 | 3.1 | 2.5 |
| 净金融资产贡献增速 | 2.23 | 1.10 | 2.50 | 1.7 | 1.6 | 2.2 |
| 其中:净股权 | 1.58 | -0.09 | 0.72 | 1.2 | 1.1 | 1.3 |
| 其他 | 0.65 | 1.19 | 1.77 | 0.5 | 0.5 | 0.9 |

资料来源：中国数据来自 CNBS，其他国家数据来自各国官方统计。

就中国而言，居民财富积累的特征与发达经济体并不一致。危机后，中国金融资产对于居民财富积累的贡献率有所下降，从危机前的4.9%下滑到4.3%，其中净股权的作用也从3.3%下滑到2.8%。居民部门金融资产积累速度下降，除了金融危机后经济增速下行降低了居民金融财富的积累速度外，还有两个值得考察的因素。

首先，我国直接融资市场发展缓慢，尤其是股权融资市场对社会财富分配作用较小。危机之后，股票及股权资产在全社会总金融资产当中的占比稍有下滑，从2007年最高点的37%下降到2019年的29%，而这一点与中国股票市场相较于美国等发达经济体表现平平有关。

其次，居民部门所持有的股票及股权比例在2013年之后有所下降。为应对2008年国际金融危机，中国出台了大规模的刺激计划，政府驱动经济的特征愈加显著：一方面是地方政府债务迅速扩张，另一方面国有经济规模也在壮大。作为结果，2013年之后，政府持有的净财富占比和政府持有的股票及股权占比都有所上升。这使得居民部门持有的股票及股权资产占比出现下降，股权价值上升带来的财富积累效应向政府部门而非居民部门倾斜。

总之，与发达经济体迥异的财富分配结构既反映出当前中国非常明显的发展阶段特点——政府主导的经济赶超，也表现了中国经济的制度性特征——以公有制为主体。政府主导下的经济赶超客观上要求经济资源更多流向公共部门；而公有制为主体的所有权结构——这包括大量国有企业以及公有土地等，使得政府存量资产规模庞大。相较而言，西方发达经济体一般是公共财政而非生产建设性财政，土地私有化以及国企占比极小，这些都决定了发达经济体的政府净资产占比较小甚至为负值。

## 五　从资产负债表角度看金融风险

经过40余年的改革开放，中国积累了大量财富，但同时也积累了不少体制性、结构性的问题和风险。中央由此将防范化解重大风险作为三大攻坚战之首。<sup>①</sup> 仅就其中的金融风险而言，一方面，经过三年多的治理，风险得以缓释，防风险攻坚战取得初步成绩；另一方面，中国总体金融风险仍处在高位，且有向政府和公共部门集中的态势。

**1. 去（稳）杠杆与金融风险防范化解**

需要指出的是，杠杆率是金融脆弱性的总根源。因此，去（稳）杠杆是缓释总体金融风险的关键。首先从金融部门杠杆率<sup>②</sup>来看，该指标的峰值出现在 2016 年末，此后三年则明显下降（见图 3-14）。无论从资产方数据还是负债方数据来衡量，2019 年的金融杠杆率均已明显回落至 2013 年前后的水平。在金融去杠杆政策下，银行表外业务明显收缩，影子银行规模大幅下降。根据银保监会课题组（CBIRC，2020）的报告，到 2016 年底，我国影子银行规模已经相当庞大，广义影子银行超过 90 万亿元，狭义影子银行亦高达 51 万亿元。经过三年专项治理，影子银行野蛮生长的态势得到有效遏制。截至 2019 年末，广义影子银行规模降至 84.80 万亿元，较 2017 年初 100.4 万亿元的历史峰值缩减近 16 万亿元。风险较高的狭义影子银行规模降至 39.14 万亿元，较历史峰值缩减了近 12 万亿元。

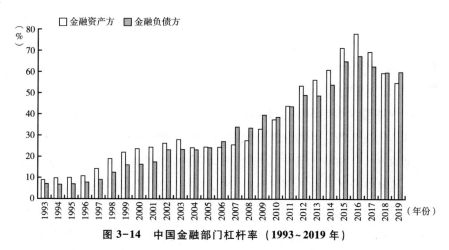

**图 3-14　中国金融部门杠杆率（1993～2019 年）**

资料来源：CNBS。

---

① 另外两大攻坚战为精准脱贫和污染防治。

② 指金融部门的资产或负债与 GDP 之比。

其次从实体经济部门杠杆率来看①，如图 3-15 所示，从 2016 年直至 2019 年底，这一杠杆率指标保持基本稳定（包含某些时段的去杠杆）。特别值得一提的是企业部门的去杠杆。我国企业部门的杠杆率在全球都是名列前茅的，因此也是去杠杆的重中之重。在去杠杆政策的作用下，我国企业部门杠杆率从 2017 年第 1 季度的 160.4% 一路下降到 2019 年底的 151%，近三年时间下降了 9.4 个百分点，是非常了不起的成绩。

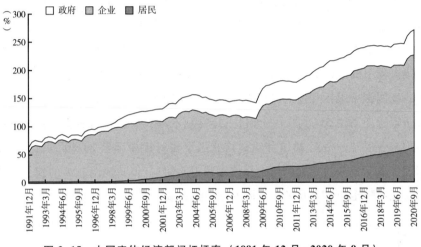

图 3-15　中国实体经济部门杠杆率（1991 年 12 月~2020 年 9 月）

资料来源：CNBS。

### 2. 中国整体金融风险总体可控，但有向政府和公共部门集中的趋势

当然，整体看，中国总体金融风险仍处在高位，且有向政府和公共部门集中的态势。实际上，就其规模而言，在新冠疫情冲击下，我国宏观杠杆率大幅攀升。截至 2020 年第三季度，我国宏观杠杆率达到 270.1%，与全球杠杆率（发达经济体+新兴经济体）273.1% 非常接近，但高出新兴经济体杠杆率（208.4%）61.7 个百分点。疫情冲击导致我国总体金融风险进一步上升。

就结构而言，金融风险有向政府和公共部门集中的趋势。这可以分别

---

① 又可简称为宏观杠杆率，指居民、广义政府、非金融企业等部门债务合计与 GDP 之比。

从资产端与负债端来考察。一方面,中国人民银行时任行长易纲(Yi,2020)估算了金融资产的风险承担情况。这一分析基于较多的假设,这些假设与中国的国情以及相关的监管规则是相吻合的:对于存款,假定金融机构承担居民部门存款风险的 90%,承担其他部门存款风险的 80%,其余的存款风险由居民及其他部门分别承担;对于贷款,假定金融机构承担贷款 70%的风险;假定抵押、保证贷款违约损失率为 50%,即金融机构和借款人各承担 50%的风险;对于理财和信托,考虑到刚性兑付尚未完全打破,假定其中 80%的风险由金融机构承担;对于债券,其中国债、地方政府债、央行票据对持有者而言可视为无信用风险资产,这部分债券的风险由政府部门承担,除此之外,其他债券的风险由持有者承担;此外,通货、准备金和中央银行贷款、国际储备资产视作政府部门应承担的风险资产。

基于以上假设,以各部门风险资产占总金融资产比重来衡量该部门风险承担情况,得出 2018 年的风险分布:居民部门占比 9.4%,企业部门占比 13.8%,政府部门占比 17.7%,金融机构占比 54.5%,国外部门占比 4.6%。其中,金融机构与政府部门风险承担占比处在前两位。考虑到我国金融企业绝大部分为国有经济性质,再加上即便是民营金融机构,最终也有一个政府救助问题(为防止系统性风险的发生),因此相关风险损失最终还要由政府买单。假定金融机构的 80%都由政府来兜底,那么,最终政府部门所承担的金融资产风险为 61.3%。[①]

另一方面,在 2018 年我国实体经济总债务中,居民部门占比 21.8%,企业部门占比 63.1%,政府部门占比 15.1%。我们假定私人部门债务基本上由私人部门承担,而公共部门债务主要由政府承担。根据这一需要,将企业部门分成国有企业与非国有企业,其中国有企业与政府部门合成公共部门,非国有企业与居民部门合成私人部门。我们的估算表明,国有企业债务占企业部门债务比重从 2015 年初的 57%上升到 2018 年底的 67%。

---

① 54.5%×0.8+17.7%=61.3%。

依此数据，2018 年公共部门债务风险承担占比大约在 57.4% 左右①，这与从资产端的分析是比较接近的。

因此，无论是从资产端还是负债端分析，广义政府或者说公共部门的金融风险承担都占到六成左右，据此可以认为中国金融风险有向公共部门集中的趋势。

# 六 结论与政策含义

在本章中，我们依据对中国国家资产负债表的估算，从国际视角出发，展示了近年来中国在财富积累和金融风险动态方面的趋势和结构变化。虽然这一颇具前景的研究工作尚不成熟，但这里提出的初步性的描述性分析和国际比较无疑具有重要的政策意义。

回溯历史可知，我们一般将始于 20 世纪 70 年代末的改革称作增量改革（或渐进式改革）。增量改革是指在不根本触动传统体制情况下，在体制外发展。因此，增量改革能够实现"帕累托改进"，即大家的福利都得到改善，激励相容，因而相安无事。但存量改革完全不同。存量改革是一种利益调整，难以实现"帕累托改进"：一部分人的福利改进往往会带来另一部分人的福利损失。增量改革可以是"只进不出"，在位者的利益不会受损；而存量改革必须是"有进有出"，即有人要"让出地盘"。所以，如果说改革开放之初我们是以"进入"的方式来推进增量改革，那么在改革开放 40 余年后的今天，我们需要的则是以"退出"的方式来推进存量改革。认识及此，以下政策思路可供考虑。

**1. 财富存量的优化配置**

当前我国的社会财富存量中，政府财富占比接近 1/4，在全球范围内都处在较高水平。政府掌握着大量的资源与资产，为应对各类风险，实现经济安全、国家安全提供了重要保障。但与此同时，如何盘活这些存量资产、提高政府财富的利用效率和效益，也是推进存量改革的重要内容。

---

① 63.1%×0.67+15.1% = 57.4%。

政府掌握的公共财富如何得到高效的利用是全球性话题，并非中国所独有。邓达德与福斯特（Detter & Fölster，2015）在《新国富论：撬动隐密的国家公共财富》一书中指出：政府在全球范围内持有的公共财富即使保守估计，数目也十分惊人，收益率即使仅仅提高 1%，也将给国库增加 7500 亿美元的收入。通过对中央政府在全球范围内持有的资产进行专业化管理，可以很容易地将收益率提升 3.5%，即能够额外产生 2.7 万亿美元的公共收入，这个金额超过了现阶段在全球的基础设施建设包括交通、能源、水利和通信设施等所有项目的总和。《新国富论》重点关注的是商业性资产，显然，还不包括自然资源、行政事业单位（如中国的科教文卫单位）等大量非商业性（或非经营性）资产。

就中国而言，政府配置的资源涵盖政府代表国家和全民所拥有的自然资源、经济资源和社会事业资源。当前政府配置资源中存在的问题包括市场价格扭曲、配置效率低下、公共服务供给不足等。因此，需要推进存量改革，大幅减少政府对资源的直接配置，更多引入市场机制和市场化手段，提高资源配置的效率和效益。

第一，自然资源方面，要以建立产权制度为基础，实现资源有偿获得和使用。法律明确规定由全民所有的土地、矿藏、水流、森林、山岭、草原、荒地、海域、无居民海岛、滩涂等自然资源，建立明晰的产权制度、健全管理体制，发挥空间规划对自然资源配置的引导约束作用；对无线电频段等非传统自然资源，推进市场化配置进程，完善资源有偿使用制度。

第二，国有经济方面，要完善退出机制，优化国有资本布局。推动国有资本向关系国家安全、国民经济命脉和国计民生的重要行业和关键领域、重点基础设施集中，向前瞻性战略性产业集中，向具有核心竞争力的优势企业集中。完善国有资本退出机制，研究国家持股金融机构的合理比例，对系统重要性金融机构保持控制力，对其他机构按照市场化原则优化股权结构，激发社会资本活力；采用 PPP、混合所有制等方式推进国有企业改革，提高国有资源的配置效率。

第三，推出不动产投资信托基金（REITs），盘活基础设施存量资产。

不动产投资信托基金（REITs）起源于 20 世纪 60 年代的美国[①]，而在我国推出的公募 REITs 试点，多聚焦于基础设施领域，在一些方面具有重要意义（Yin，2020）。目前我们估算的政府部门资产负债表中的公共基础设施资产为 9.56 万亿元，这只是全社会公共基础设施资产中的一部分，既不包括城市内部的那些商业化、企业化运作的市政公用基础设施，也未包括那些跨城市、跨省份（或者说由省政府或中央政府）投资和运营的非市政公共基础设施。综合各方面的文献（Jin，2016；Hu et al.，2016；Zhu & Zhu，2020），全口径的基础设施存量资产约为 37 万亿元~53 万亿元。如果这些基础设施存量资产能够通过 REITs 得以部分盘活，不仅为国有企业和地方政府应对债务问题提供了解决方案，也大大有利于存量资源的重新优化配置。

第四，改革科教文卫事业，创新公共服务供给方式。建立政府主导、社会参与、自主运行、公众监督的多元化公共服务供给体制。各地区各部门可以根据需要和财力状况，通过特许经营、政府购买服务等方式，增加和改善公共产品和服务供给；放开教育医疗养老等行业的市场准入，放松价格管制，促进公平竞争；在清产核资、界定产权的基础上，进一步打破部门行政化分割，构建共享平台，实现公共科技、教育、医疗、文化等资源开放共享。

**2. 债务处置与"可持续"债务积累模式**

在存量债务结构中，国有企业债务以及地方政府债务是"大头"，因而也是债务处置的重点。其中，在非金融企业部门，国有企业债务占比达六七成。因此，国有企业处置是企业部门去（稳）杠杆的关键。首先，由于这里有不少是融资平台债务，原本属于政府债务范畴，但 2015 年新《预算法》不予确认。建议地方政府债务置换中也要覆盖这一块。其次，通过市场化、法治化债转股，化解部分国有企业债务。最后，僵尸国企的有序退出也是非常重要的一环，是存量改革的题中应有之义。僵尸国企的

---

[①] 截至 2019 年底，全球公募 REITs 市场总市值已超过 2 万亿美元，资产范围包括写字楼、商场、公寓、酒店、仓储等商业设施，以及公路、机场、港口、通信、水电气供应、数据中心等基础设施。

特点，就是其收入流已经无法覆盖其债务利息支出。僵尸国有企业的退出，不仅可以消解部分债务、释放出一定的社会资源，而且也为新企业的进入腾出了空间，有利于存量资源的优化配置。

关于地方政府债务，以下思路可供考虑。一是扩大地方债券发行，不仅是用于弥补当年的赤字、减少增量的隐性债务，还将用于置换存量的隐性债务（如融资平台债务）。尽管新《预算法》实施后，大量融资平台债务都进入了企业部门，但实际上，很多融资平台债务是用于公益性或准公益性的项目，属于政府职责范围。从这个意义上看，置换这些存量隐性债务，政府义不容辞。这样做的好处是，既降低了企业部门杠杆率，又减少了地方政府隐性债务。二是盘活政府存款。2019 年末我国政府存款（即机关团体存款加上财政性存款）33.9 万亿元，占当年 GDP 的 34.4%。这一庞大规模的存款也显示出我国政府财政资金的利用效率有限。[①] 因此，盘活政府存款，一方面可以使地方政府有所作为，另一方面也可以在短期内缓解财政资金不足的问题。

总之，中国经济多年的高速增长，得益于形成了"四位一体"的赶超体制：国有企业、地方政府和金融机构互相支持，中央政府最后兜底。这种体制的优势在于，所有风险都由中央政府扛着，国企、地方政府与金融机构就可以勇往直前，只管发展，不顾风险。如此方可在短期内快速动员大量资源，使经济得以更快发展（Zhang et al.，2019）。不过，这样的赶超体制，同样也是当前我国杠杆率（特别是公共部门杠杆率）高企的体制根源。因为国有企业的软预算约束、地方政府的扩张冲动以及金融机构的体制性偏好，会在中央政府担保或兜底的支持下"变本加厉"，导致信贷扩张"任性"，激励与行为方式发生扭曲，从而形成大量的债务积累和风险集聚。我国金融机构对于拥有国资或政府背景的投融资项目一般都会产生隐性担保和刚性兑付的期待或幻觉。这样一种"体制保障"，实质上是在道义上对于政府的"绑架"。有了这样的"保障"或潜规则，"欠

---

① 比较其他国家，美国 2016 年政府存款规模 9160 亿美元，占 GDP 的 5%；德国 2016 年政府存款规模 3308 亿欧元，占 GDP 的 11%；英国 2016 年政府存款规模 863 亿英镑，占 GDP 的 4%；日本 2015 年政府存款规模 80.4 万亿日元，占 GDP 的 15%。

债还钱"的市场铁律就会被打破，道德风险就会产生，而金融资产（信贷资源）的定价就会扭曲，进而带来的金融资源配置的低效和扭曲。由此可以判断，正是因为政府干预（以各种显性或隐性的方式）扭曲了风险定价，使得更多信贷资源流向公共部门，这是债务风险向公共部门集中的根本原因。因此，取消政府隐性担保、打破刚兑，包括打破"国企信仰"，转变传统的公共部门债务积累方式，形成以市场化风险定价为基准的"可持续"的债务积累模式。当然，这也意味着需要一系列旨在重组破产国有企业和加强地方政府预算纪律的政策举措。

**附表 3-1　2019 年中国国家资产负债表**

单位：亿元

| | 居民部门 | | 非金融企业 | | 金融部门 | | 政府部门 | | 国外部门 | | 国内合计 | | 合计 | |
|---|---|---|---|---|---|---|---|---|---|---|---|---|---|---|
| | 资产 | 负债 | 资产 | 负债 | 资产 | 负债 | 资产 | 负债 | 资产 | 负债 | 资产 | 负债 | 资产 | 负债 |
| 一、非金融资产 | 2499331 | | 3419501 | | 34210 | | 665987 | | | | 6619029 | | 6619029 | |
| 1. 固定资产 | 2499331 | | 1751211 | | 15928 | | 209337 | | | | 4475807 | | 4475807 | |
| 2. 存货 | | | 1193439 | | | | 9335 | | | | 1202774 | | 1202774 | |
| 3. 其他非金融资产 | | | 474852 | | 18282 | | 447314 | | | | 940448 | | 940448 | |
| 二、金融资产与负债 | 3250274 | 623383 | 972658 | 4392160 | 4372078 | 4406288 | 1341939 | 379577 | 394252 | 529793 | 9936949 | 9801407 | 10331200 | 10331200 |
| 1. 通货 | 63840 | | 6663 | | 6970 | 82859 | 1568 | | 3818 | | 79041 | 82859 | 82859 | 82859 |
| 2. 存款 | 1120669 | | 621147 | | 198935 | 2280398 | 339179 | | 29771 | 29303 | 2279931 | 2280398 | 2309702 | 2309702 |
| 3. 贷款 | 14204 | 623383 | | 1180596 | 1821952 | | | | 57843 | 88131 | 1836156 | 1805868 | 1893999 | 1893999 |
| 4. 未贴现银行承兑汇票 | | | 33299 | 33299 | | | | 1889 | | | 33299 | 33299 | 33299 | 33299 |
| 5. 保险 | 129690 | | 55582 | | | 185271 | | | 944 | 945 | 185272 | 185271 | 186216 | 186216 |
| 6. 金融机构往来 | | | | | 119597 | 119597 | | | | | 119597 | 119597 | 119597 | 119597 |
| 7. 准备金 | | | | | 235863 | 235863 | | | | | 235863 | 235863 | 235863 | 235863 |
| 8. 债券 | 27336 | | 14512 | 234654 | 827160 | 281419 | 8578 | 377688 | 35264 | 19089 | 877586 | 893762 | 912851 | 912851 |

续表

| | 居民部门 | | 非金融企业 | | 金融部门 | | 政府部门 | | 国外部门 | | 国内合计 | | 合计 | |
|---|---|---|---|---|---|---|---|---|---|---|---|---|---|---|
| | 资产 | 负债 | 资产 | 负债 | 资产 | 负债 | 资产 | 负债 | 资产 | 负债 | 资产 | 负债 | 资产 | 负债 |
| 9. 股票及股权 | 1702111 | | 61154 | 2692202 | 333067 | 287758 | 850000 | | 60429 | 26801 | 2946331 | 2979960 | 3006760 | 3006760 |
| 10. 证券投资基金份额 | 192424 | | 33415 | | 488365 | 810749 | 96545 | | | | 810749 | 810749 | 810749 | 810749 |
| 11. 中央银行贷款 | | | | | 122372 | 122372 | | | | | 122372 | 122372 | 122372 | 122372 |
| 12. 其他 | | | | 46068 | | 0 | 46068 | 0 | | | 46068 | 46068 | 46068 | 46068 |
| 13. 直接投资 | | | 146886 | 205340 | | | | | 205340 | 146886 | 146886 | 205340 | 352226 | 352226 |
| 14. 国际储备资产 | | | | | 217797 | | | | 842 | 218639 | 217797 | 0 | 218639 | 218639 |
| 合计 | 5749605 | 623383 | 4392160 | 4392160 | 4406288 | 4406288 | 2007926 | 379577 | 394252 | 529793 | 16555978 | 9801407 | 16950230 | 10331200 |
| 资产净值 | | 5126222 | | 0 | | 0 | | 1628349 | | -135541 | | 6754570 | | 6619029 |

资料来源：CNBS。

# 参考文献

Bond, C. , T. Martin, S. McIntosh, and C. Mead. 2007. 'Integrated Macroeconomic Accounts for the United States. ' *Survey of Current Business* 87 (11) .

Cao, Y. and J. Ma. 2012. 'Investigating National Balance Sheet. ' [In Chinese] . *Caijing Magazine* (15) .

Chow, G. 1993. 'Capital Formation and Economic Growth in China. ' *Quarterly Journal of Economics* 108 (3) : 809-42. doi. org/10. 2307/2118409.

Detter, D. and S. Fölster. 2015. *The Public Wealth of Nations : How Management of Public Assets Can Boost or Bust Economic Growth.* New York, NY : Springer. doi. org/ 10. 1057/9781137519863.

Du, Jinfu (ed. ) . 2015. *Government Balance Sheet : Theory and Applications in China* [In Chinese] . Beijing : China Financial Publishing House.

Frecaut, O. 2017. 'Systemic Banking Crises : Completing the Enhanced Policy Responses. ' *Journal of Financial Regulation and Compliance* 25 (4) : 381 – 95. doi. org/ 10. 1108/JFRC-02-2017-0024.

Hu, L. , G. Fan and J. Xu. 2016. 'Revised Estimation of China's Infrastructure Capital Stock. ' *Economic Research Journal* 51 (8) : 172-86.

International Monetary Fund (IMF) . 2014. *Government Finance Statistics Manual 2014.* Washington, DC : IMF.

International Monetary Fund (IMF) . 2022. *Government Finance Statistics Database.* [Online] . Washington, DC : IMF. Available from : data. imf. org/? sk = a0867067-d23c-4ebc-ad23-d3b015045405.

Jin, G. 2016. 'Infrastructure and Non-Infrastructure Capital Stocks in China and their Productivity : a New Estimate. ' *Economic Research Journal* 51 (5) : 41-56.

Koo, R. 2009. *The Holy Grail of Macroeconomics : Lessons from Japan's Great Recession.* Hoboken, NJ : Wiley.

Li, C. 2018. 'China's Household Balance Sheet : Accounting Issues, Wealth Accumulation, and Risk Diagnosis. ' *China Economic Review* 51 : 97-112. doi. org/10. 1016/ j. chieco. 2018. 04. 012.

Li, C. and Y. Zhang. 2021. 'How Does Housing Wealth Affect Household Consumption? Evidence from Macro-Data with Special Implications for China. ' *China Economic Review* 69 (10) : 101655. doi. org/10. 1016/j. chieco. 2021. 101655.

Li, Y. and X. Zhang. 2013. *China's Road to Greater Financial Stability : Some Policy Perspectives.* Washington, DC : IMF Press.

Li, Y., X. Zhang, X. Chang and W. Cao. 2015. *National Balance Sheet of China 2015: Leverage Adjustments and Risk Management.* ［In Chinese］. Beijing: China Social Sciences Press.

Li, Y., X. Zhang, X. Chang, D. Tang and C. Li. 2012a. 'China's Sovereign Balance Sheet and Its Risk Assessment: Part I. '［In Chinese］. *Economic Research Journal* 47 (6): 4-19.

Li, Y., X. Zhang, X. Chang, D. Tang and C. Li. 2012b. 'China's Sovereign Balance Sheet and Its Risk Assessment: Part II. '［In Chinese］. *Economic Research Journal* 47 (7): 4-21.

Li, Y., X. Zhang, X. Chang, D. Tang and X. Liu. 2013. *National Balance Sheet of China 2013: Theory, Method, and Risk Assessment.* ［In Chinese］. Beijing: China Social Sciences Press.

Li, Y., X. Zhang, X. Chang and Y. Zhang. 2018. *National Balance Sheet of China 2018.* ［In Chinese］. Beijing: China Social Sciences Press.

Li, Y., X. Zhang, L. Liu and D. Tang. 2020. *National Balance Sheet of China 2020.* ［In Chinese］. Beijing, China Social Science Press.

Ma, Jun, Xiaorong Zhang and Zhiguo Li. 2012. *A Study of China's National Balance Sheet.* ［In Chinese］. Beijing: Social Sciences Academic Press.

Naughton, B. 2017. 'Is China Socialist?' *Journal of Economic Perspectives* 31 (1): 3-24. doi. org/10. 1257/jep. 31. 1. 3.

Petty, W. 1899. *The Economic Writings of Sir William Petty.* Cambridge: The University Press.

Piketty, T., L. Yang and G. Zucman. 2019. 'Capital Accumulation, Private Property, and Rising Inequality in China, 1978-2015. ' *American Economic Review* 109 (7): 2469-96. doi. org/10. 1257/aer. 20170973.

Research Team of China Banking and Insurance Regulatory Commission (CBIRC). 2020. 'Report on Shadow Banking in China. '［In Chinese］. *Financial Regulation Research* 107 (11): 1-23.

Sheng, A. 2016. *Shadow Banking in China: An Opportunity for Financial Reform.* Hoboken, NJ: Wiley. doi. org/10. 1002/9781119266396.

Summers, L. 2014. 'U. S. Economic Prospects: Secular Stagnation, Hysteresis, and the Zero Lower Bound. ' *Business Economics* 49 (2): 65-73. doi. org/10. 1057/be. 2014. 13.

United Nations, European Commission, International Monetary Fund, Organisation for Economic Co-operation and Development and World Bank. 2009. *System of National Accounts 2008.* New York, NY: United Nations.

Wasshausen, D. 2011. 'Sectoral Balance Sheets for Nonfinancial Assets. ' Paper presented in IMF/OECD 'Conference on Strengthening Sectoral Position and Flow Data in the Macroeconomic Accounts,' on February 28-March 2, 2011, Washington DC.

Yi, G. 2020. 'Revisiting China's Financial Asset Structure and Policy Implications. '

［In Chinese］. *Economic Research Journal* 55 （3）：14-17.

Yin, Y. 2020. 'Several Points on Doing Well the Work of Infrastructure REITs. '［In Chinese］. *China Finance* （23）：12-14.

Zhang, X. , X. Liu and J. Wang. 2019. 'Debt Overhang, Risk Accumulation and Institutional Reform：Beyond the Developmental State. '［In Chinese］. *Economic Research Journal* 54 （6）：4-21.

Zhu, F. and X. Zhu. 2020. 'Research on the Estimation of China's Infrastructure Net Capital Stock and Fixed Capital Consumption. '［In Chinese］. *The Journal of Quantitative & Technical Economics* 37 （6）：70-88.

# 第4章
# 中国的平台经济：创新与监管

黄益平

## 一　引言

　　平台经济是指依靠云计算、互联网和移动终端等网络基础设施，利用人工智能、大数据分析和区块链等数字技术匹配交易、传输内容和管理流程的新经济模式（Huang et al.，2022）。平台企业并不新鲜，但数字技术的应用使数字平台在规模、速度和计算方面突破了传统平台的局限，从而获得了前所未有的影响力。到目前为止，更成功的平台集中在消费领域，按功能可分为两类：交易便利和内容传输。交易赋能平台旨在传递交易信息和促进交易结算，可进一步细分为电子商务、支付、叫车、外卖等平台。内容传输平台，如社交媒体和短视频平台，传输信息、新闻、意见，提供娱乐、金融服务。未来，随着5G等高吞吐量、低延迟的新通信技术推动万物互联的建立，工业互联网可能成为一个新的增长领域，并可能催生新型的数字平台。

　　中国平台经济的发展既是数字技术进步的产物，也是市场化改革的结果。所有顶级平台企业都是私人所有。以2019年全球领先平台企业的数量来衡量，每个平台企业的市场估值都超过100亿美元，中国的平台经济规模目前是世界第二大，仅次于美国（CAICT，2021）。考虑到中国仍然是一个发展中国家，这是一个令人印象深刻的成就。然而，与世界领先的平台企业相比，中国大多数顶级平台企业并不具备太多的技术优势。它们主要通过学习和应用国际前沿数字技术取得了成功。然而，值得注意的是，在前三次工业革命期间，中国的技术应用明显落后于领先国家。在当前的第四次工业革命中，中国企业有史以来第一次紧跟国际经济和技术前沿。

除了数字技术突破和市场化改革，中国在发展平台经济方面取得的不同寻常的成功还归因于四个因素。首先是良好的数字基础设施，这在很大程度上是政府在这一领域大规模投资的结果。中国的互联网和智能手机普及率都很高，尤其是与其他发展中国家相比。这为数字平台随时随地与大量用户连接提供了技术基础。其次是庞大的人口规模，这使得一些数字经济创新更加可行和高效。有了一个非常大的市场，推广新的数字平台模式相对容易，也更容易实现规模经济。再次是对个人权利的保护相对薄弱。这种保护不力的缺点是对个人数据的广泛不当和非法收集和分析以及侵犯个人隐私，但这确实催生了许多基于大数据分析和数字技术应用的充满活力的创新经济模式。最后是与国际市场的隔离，这保护了国内平台免受国际竞争，并为其创新和发展提供了空间。在所有这些因素中，第三个因素已经在改变，第四个因素迟早会改变。因此，保持平台企业的创新能力、确保平台经济在中国的可持续增长，是企业和政府面临的重要挑战。

平台企业已经给中国经济带来了一些根本性的变化。一方面，平台企业支持创新、促进增长、提高效率并提供就业机会。它们不仅利用自己的长尾效应来接触规模庞大的用户，还利用大数据分析来实现精准营销、提高交易效率。如今，数字平台已经成为人们日常生活中不可或缺的一部分，大大减少了在线创新、创业和就业的进入壁垒，极大地促进了生产力的提高和经济增长。另一方面，平台经济中充斥着伤害消费者的不公平竞争。一些平台利用其巨大的市场力量来排挤竞争对手。一些公司通过扼杀并购来扼杀创新。一些平台非法获取个人信息，并使用算法对消费者实施歧视性定价。更严重的是，一些平台采取无序资本扩张的做法，干扰市场和社会秩序。所有这些"非正规"和非法行为背后的一个重要因素是缺乏适当的规则。

正是在这种背景下，中国平台经济在 2021 年迎来了"强监管"的第一年，此前国家呼吁加强反垄断监管，防止资本无序扩张。国家发展和改革委员会等九个政府部门发布的政策文件《关于推动平台经济规范健康持续发展的若干意见》概述了强监管的范围。2021 年采取了密集的监管行动，4 月，国家市场监督管理总局对阿里巴巴集团滥用市场支配地位的垄断行为处以 182.3 亿元人民币（27.8 亿美元）的罚款，这是对市场的第一次也是最大的冲击。在当年余下的时间里，各监管机构发布了一系列关于数据保护、反垄断、反不正当竞争和保护劳动者权利的新法规和监管政策。在西方媒体中，这些政策经常被描述为打压。尽管强有力的监管确实不时造成一些负面影响，但真正的政策意图是增强平台经济的优势，最大限度地减少其负面影响，最终使中国的平台经济"做强、做优、做大"。

完善治理体系是平台经济有序发展的基本前提。平台经济目前是一个充满活力的新经济部门，没有完整的政策框架。因此，强有力的监管的一个重要动机是纠正这些不当行为，完成治理体系构建。这些举措已经在促进平台经济健康发展方面发挥了积极作用，但也产生了一些负面影响：从 2021 年初开始，平台经济劳动力萎缩，员工的职业自豪感下降，投资减少了四分之一，许多领先平台企业的创始人退休。更重要的是，一些投资者、经理和员工开始怀疑政策意图。活动和活力的减弱也导致 2021 年下半年整体经济增长放缓。广泛的监管行动导致活动暂时减弱是正常的。必须避免的是由于误解或政策执行不当导致平台经济持续低迷，这将违背平台经济做强、做优、做大的初衷。从 2022 年初开始，政策制定者开始表示"强监管"将逐步转向，7 月底召开的中央政治局会议明确指出，要结束"特殊治理政策行动"，代之以常规调控。然而，目前还不清楚这将带来什么样的政策变化。

本章试图对 2021 年开始的强监管政策进行初步评估，并提出一些改善平台经济治理的政策方向。本章打算通过解决以下问题来实现上述目标。在过去的 20 年里，是什么因素促成了中国平台经济的非凡发展？强监管政策的动机是什么？这一政策对平台经济前景的净影响是什么？监管机构如何才能更好地促进平台经济的有序和可持续发展？

　　本章的主要结论概括如下。第一，中国在相对较短的时间内发展了大型平台经济，但大多数国内平台并不具备技术优势。平台经济成功的一些关键因素，如个人权利保护不力和脱离国际市场，从长远来看是不可持续的。因此，构建一种旨在提高市场有效性和行业竞争力的新治理结构非常重要。第二，平台经济的一些关键特征对经济运行产生了多种影响。规模经济可以提高效率，但可以为垄断力量的形成开辟道路。平台为"零工"创造了许多机会，但如果缺乏适当的社会保护机制，这些机会可能会损害劳动者的权益。虽然数据分析减少了平台的信息不对称，但也会加剧其他平台用户（如在线企业和消费者）的信息不透明问题。第三，强监管的初衷是实现有序健康发展，但运动式的监管和监管竞争已经造成了许多问题。应该用一个综合治理体系取代强有力的监管政策，明确政策目标，提升政策协调性，采用常规和响应性监管，建立数据政策框架，调整劳动者保护体系。第四，在治理结构中，经济监管和反垄断政策应该分离，前者保持有效的市场功能，后者修复市场功能。"大即坏"的观念对平台经济的发展是有害的，因为规模经济是平台的自然特征。事实上，规模经济有助于协调规模经济与促进实现充分竞争。因此，防止平台经济垄断的关键是确保市场的竞争性，也就是说，为潜在竞争对手消除进入壁垒，这不仅包括许可证，还包括其他沉没成本（Baumol，1982；Furman et al.，2019）。第五，应加快出台《数字经济法》，作为治理平台经济的基本法，将不同的法律法规联系起来。明确界定诸如"资本无序扩张"等重要概念也是有益的。同时，中国应积极参与包括数字税和贸易在内的国际规则的制定，为中国平台企业未来参与国际竞争创造条件。

## 二　数字平台的经济贡献

　　传统经济中有许多平台企业，如百货公司和农贸市场。然而，本章讨论的平台是利用互联网、大数据、人工智能、移动终端、云计算、机器学习等技术的数字平台。数字平台的基本功能与传统平台没有显著差异，但数字技术的应用使一些原始特征更加突出。平台往往具有网络效应：用户越多，平台的价值就越大。它们还具有双边（或多边）市场效应：买家（或卖家）越多，平台对买家（或卖家）的价值就越大（Rochet & Tirole，2003）。这些影响在所有平台中都存在，但在数字平台中更为显著。此外，基于海量用户规模和大数据的广告业务收入可能占数字平台总收入的很大一部分。因此，数字平台有时会补贴用户，如免费提供社交媒体服务，以扩大用户规模并从广告中产生更多收入。最后一个特征在传统平台中并不常见。

中国平台经济的发展始于20世纪90年代初。第一家互联网公司信息高速公路（InfoHighWay）成立于1995年，1994年中国接入互联网。随后几年中，网易、新浪、腾讯和阿里巴巴等几家知名互联网公司相继成立。2003年6月，第一个知名的领先数字平台阿里巴巴旗下的电子商务平台淘宝网上线，开启了中国平台经济的快速发展时期。正如人们所说，剩下的就是历史（见图4-1）。

**图4-1 中国平台经济的发展**

数据来源：作者整理。

　　鉴于数字技术的特点，其带来的经济转型可以被概括为：增加业务规模、提高运营效率、改善用户体验、降低成本、控制风险和减少人与人之间的接触。这些对经济活动的好处是显而易见的。购物、购买机票、预订酒店、预约、交流、教学、看电影等活动曾经需要大量的人员流动，现在可以通过移动终端快速完成。这些新业务不仅节省了时间、接触到了许多过去无法接触到的客户，而且提高了运营效率。一些原本难以在线下进行的活动现在可以在平台上进行。例如，在网上开店或开公司的门槛要低得多，这大大促进了创新和创业。网上还有很多灵活就业的机会，吸引了许多低学历劳动者甚至残疾人。一些平台可以直接连接企业和消费者。通过这些平台，企业不仅可以准确地向潜在客户推销产品，还可以根据个人消费者的喜好定制产品。

　　在宏观层面上，平台经济是中国 GDP 和全要素生产率增长的最重要贡献者。2001~2018 年，粗略定义的"数字经济"贡献了中国 GDP 增长的四分之三（74.4%）。尽管在此期间全要素生产率增长疲软，但数字经济通过保持全要素生产率持续正增长，在稳定经济方面发挥了关键作用。还值得注意的是，在过去 20 年中，对经济增长的最大贡献来自资本投入，而劳动力投入的贡献非常小。然而，在此期间，部门间劳动力再分配对全要素生产率增长的贡献是正的，而资本分配的贡献是负的。这表明劳动力市场的资源配置是有效的，但资本市场不具有相同的配置效率。这令人担忧，因为资本对经济增长越来越重要，但其配置仍然效率低下。因此，需要进一步开展金融改革以提高经济效率，包括平台经济的效率。

　　数字普惠金融为数字平台创新提供了一个重要的案例。促进金融包容性是一项全球性挑战，其主要困难在于客户获取和风险管理。数字平台通过长尾效应以几乎为零的边际成本接触到许多用户，并为这些用户提供金融和非金融服务，包括移动支付。同时，这些平台积累用户的数字足迹，形成支持财务决策的大数据。准入和风险控制方面的创新为提升金融包容性提供了可能的解决方案，为传统金融机构难以接触到的中小企业和低收入家庭提供了一些金融服务。如今，用户无论身在何处，只要有智能手机和互联网连接，都可以享受良好的金融服务。根据北京大学数字金融普惠指数，2011 年，内陆和沿海地区的数字金融普惠差距显著缩小。中国最成功的数字金融包容性业务，如移动支付、大科技信贷在线投资和央行数字货币，也处于全球前列。"十三五"期间（2016～2020 年），中国在发展金融普惠方面取得了突破，这在很大程度上归功于数字平台的贡献。

平台经济也对经济和金融稳定产生了重大影响，尽管总体影响需要更仔细的分析。这里提供了两个例子。首先，在 2013 年之前，生产者价格指数（PPI）和消费者价格指数（CPI）都是高度波动的。PPI 保持了这种高波动性，而 CPI 则变得更加稳定。与此同时，跨省 PPI 和 CPI 的标准差继续下降。过去十年 CPI 稳定性显著提高的一个可能解释是电子商务和物流的快速发展，这导致了全国各区域市场之间的高度一体化，并显著提高了其吸收冲击的能力（Chen et al.，2021）。其次，使用大数据分析作为信贷风险管理的主要手段，用技术手段取代抵押资产，可能会减少抵押贷款产生的"金融加速器"的资产价格反馈。在抵押贷款的情况下，资产价格和信贷供应之间的顺周期（或正反馈）机制可能会增加金融不稳定，因为较低的资产价格会减少信贷供应，从而进一步降低资产价格。一旦数据成功地取代了信贷决策中的抵押资产，这种顺周期机制就会显著削弱，这可能会增强金融系统的稳定性（Gambacorta et al.，待刊）。

## 三　平台经济的新挑战

由于数字技术的一些基本特征，新兴的平台经济提出了许多重要的新挑战。第一，数字平台的规模经济特征有助于提高效率，但也会导致垄断力量的形成。规模经济意味着较高的产出对应较低的平均成本，因此大型企业往往更有效率和竞争力。所谓长尾效应表明，一旦平台建立起来，扩大服务规模的边际成本基本为零。因此，数字平台的规模经济使其以前所未有的规模将服务提供给市场。同时，这可能会导致赢者通吃的局面，因为大型平台比小型平台效率高得多。这意味着新的竞争者可能很难进入市场，从而使现有平台形成垄断。因此，防止垄断、破坏市场秩序和损害消费者利益的行动确实是重大挑战。

　　第二，企业的数字平台运营目标与其平台的监管职能之间可能存在冲突。在传统经济中，企业、市场和政府分别承担着运营、交易匹配和监管的职能。然而，平台企业打破了这三者之间的分工界限，因为它是一个商业实体，也是一个交易场所，并发挥着一定的监管作用。作为监管者，它需要坚持公平公正的原则，但作为企业，它必须追求经营利润、为投资者获得回报。平台有可能进行"自我偏好"实践。例如，一些搜索平台根据广告收入对搜索结果进行排名，一些电子商务平台开设自己的网店销售畅销产品，这种做法对其他网店不公平，也损害了消费者的利益。然而，数字平台在改善世界各地的社会治理方面发挥了积极作用，如电子政务、数字政府和智慧城市。在一些国家，有平台干预政治的例子，但在中国，这种风险当然很小。然而，平台与政府在发挥监管职能方面的分工与合作方式尚待明确。例如，平台对平台上发生的纠纷应承担多大责任？政府应以何种方式进行干预？

　　第三，数字平台的发展是创新的产物，但在某种程度上会抑制创新。几乎所有的平台公司都是创新型的，尽管大多数中国平台公司并不享有全球技术优势。它们从零起步，在短时间内成长为全球性公司，这本身就是一个非常成功的创新故事。此外，平台往往以各种方式支持小微企业的创新和发展，有时还是孵化器。然而值得注意的是，数字经济的生产率增长近年来大幅放缓，在 2001~2007 年、2008~2011 年、2012~2018 年，数字经济对全要素生产率的贡献分别为 2.5 个（占同期 GDP 增长的 23%）、1.3 个（16%）和 0.71 个（13%）百分点。是什么因素导致了生产率增长的放缓？是因为中国的平台公司通过不断追赶接近了国际技术前沿吗？还是因为顶级平台利用其丰富的现金流进行了大规模的"杀手级并购"，以消除潜在的竞争对手？无论出于何种原因，保持平台经济强大的创新能力已成为当务之急。

　　第四，尽管平台公司提供了大量的零工岗位，但由于恶劣的工作条件和社会保障不足，这些岗位也可能对劳动者造成伤害。平台企业提供的就业机会多种多样，从翻译、咨询和编程到交付和维护。其中许多工作的进入门槛相对较低，工作时间灵活，这使得平台就业具有相当的包容性，是正式就业的重要补充。据估计，全国外卖送餐员总数超过700万人，个别领先平台直接和间接提供了数千万个工作岗位。然而，这个新的劳动力市场的兴起也产生了一些新的问题。首先，许多线下工作受到影响，再就业的调整成本相对较高。尽管平台经济的发展增加了新的就业机会，但这种就业结构调整对社会来说仍然代价高昂。其次，一些零工的工作条件并不好，尤其是外卖员，因为算法使工作强度越来越高，有时甚至很危险。最后，零工劳动者没有良好的社会福利，他们中的许多人与他们服务的平台没有正式的劳动合同。因此，当遭遇事故或失业时，他们得不到保护。

第五，大数据分析可以减少平台的信息不对称，但也可能使包括消费者在内的平台用户的信息更加不透明。数据是数字经济的"新燃料"，中央政府提出将数据与土地、劳动力和资本一起视作新的生产要素。大数据分析的功效在平台经济中得到了充分展示，有助于平台提高运营效率、改变商业模式、增强个性化服务。然而，在平台上使用数据也存在许多问题。目前，一些平台存在不规范甚至非法收集个人信息的行为，算法歧视和黑匣子算法（用户看不到算法的内部工作原理）也普遍存在。平台提供的产品或服务的价格可能因用户、时间和地区而异。虽然这可能有充分的理由，但大多数平台用户缺乏判断这种动态定价合理性的能力，也没有第三方组织来监督这一功能。因此，将数据作为生产要素的基本前提应该是建立一个合适的治理框架。但由于数据是一种特殊的生产要素，不能简单地在权利、交易和定价方面应用土地和资本等传统要素的规则。

## 四　强监管的困境

2021年出台的针对平台经济的强监管政策至少在两个方面遇到了困难。强监管的一个重要目的是为平台经济建立一个完整的治理体系。然而，多个政府部门的同时行动可能会导致治理竞争，对平台经济产生重大影响。如何在构建完整监管框架的长期目标与保持健康发展的短期目标之间取得平衡，是决策者面临的重大挑战。同时，平台经济与传统经济有很多不同之处，既带来了很多好处，也带来了很多问题。任何法规都应保留益处并将问题降至最低。但是，如果政策建立在传统经济的基础上，将不利于健康发展。平台治理政策有两个方面：经济监管和反垄断，迫切需要在这两个方面以及在两者之间的协调方面进行政策创新。

美国的反垄断政策相对成熟，1890 年的《谢尔曼法案》明确规定，联合阴谋是非法的，试图主导市场是犯罪。1914 年，《克莱顿法案》和《联邦贸易委员会法案》颁布，与《谢尔曼法案》共同构成了美国的基本反垄断法。长期以来，消费者福利是否受损是判断是否存在垄断的重要标准，消费者价格是衡量消费者福利的重要指标。然而，这种做法使目前的反垄断调查对大型平台企业的垄断行为无能为力，因为许多平台不仅不提价，反而降价甚至提供免费服务。然而，这并不一定意味着消费者得到了补贴，也不一定意味着平台没有垄断行为。例如，平台对社交媒体功能不收费，但用户通过提供数据来付费，因此该服务并不完全免费。这是近年来新品牌主义兴起的背景，其核心命题是"大的诅咒"，因为一些数字平台不仅同时充当球员和裁判，而且经常使用掠夺性定价和垂直整合等策略来获得垄断权（Khan，2017；Wu，2018）。

"大即坏"的想法可能不适合平台经济。规模经济是数字平台的基本特征之一，如果平台做大后受到反垄断打击，平台经济就无法发展。事实上，中国的一些平台公司规模很大，但包括电子商务、叫车和送餐在内的许多行业的竞争程度仍然很高。在过去的 10 年里，电子商务的市场份额发生了巨大变化，这表明以前占据很大市场份额的平台并不具有垄断地位。因此，规模大并不一定等同于垄断。关键是要注意可竞争性，即潜在竞争对手的进入门槛。在这里，进入门槛包括许可证和其他沉没成本，如用户和数据。如果进入门槛保持在足够低的水平，即使现有平台的市场份额很高，它们也不能从事垄断行为。例如，最大的电子商务平台在全国市场的份额从 2012 年的 92% 下降到 2020 年的 42%，这表明该平台在 2012 年不具有垄断权，其减少的大部分市场份额被社交媒体平台、短视频平台和其他新的电子商务平台瓜分。新进入者的这种特点与数字平台的另一个关键特征有关——范围经济，即同时生产多种产品的总成本低于单独生产每种产品的成本总和。简单地说，一旦建立起来，数字平台可能能在其他业务上进行竞争。范围经济可能允许充分竞争和规模经济之间的协调。社交媒体平台可以基于其现有的用户和数据进入电子商务领域，因此即使是占主导地位的电子商务平台也无法享受垄断红利。事实上，跨业务运营在中国平台经济中非常普遍，这意味着反垄断可能不是最紧迫的任务，反垄断执法的重点不应该仅仅是巨额罚款，更不用说拆分大型数字平台了。相反，政策重点应该放在提高可竞争性上，也就是说，降低潜在竞争对手的进入门槛。

相比之下，平台经济监管的任务是紧迫的，尤其是需要建立一个完整的监管体系。当前平台经济监管的重要特征是多个监管机构多头治理，这给平台经济带来了很大的不确定性。此前，很少有监管机构采取行动来监管平台企业的行为，但一旦出台强有力的监管政策，所有监管部门都开始竞争。因此，强监管不仅涉及多个部门，还涉及越来越多的新法律、新方式和新规定。过去许多常见的商业行为突然出现问题，导致平台受到追溯性处罚，变得不稳定。强监管有两个缺点：一是缺乏统一的政策框架，相关法律法规并不总是一致的；二是缺乏有效的政策协调机制。后者往往导致政策制定者所说的长期政策目标的短期执行和系统性政策的分散实施。因此，加强平台经济治理的目的应该是建立一套完整的监管规则和治理工具，最终将治理从突击行动转变为常规监管。

许多平台的"违规"行为，如独家协议和差异定价，都成为强监管的目标。鉴于平台经济的特点，在采取监管行动之前，必须仔细分析这些活动。例如，如果一些平台基于不对称信息而不是基于其市场力量向个人消费者收取高额费用，那么这种活动更像是作弊或欺诈，而不是垄断行为。

同样，应禁止平台依赖其市场地位来排斥竞争对手。但是，如果平台在推广和营销其产品或服务方面投入大量资源，那么独家协议可能是合理的，就像在医疗领域中经常看到的独家代理一样。同样，差异定价是否合理取决于市场供应、需求和成本，不能被一般性地认定为歧视行为。这需要基于严格的经济分析的监管政策，以及帮助确定其合理性的明确程序。

# 五 重构中国平台经济

强监管的动机是实现"以发展促监管、以监管促发展"的理想状态。目标不是打击平台经济，平台经济是中国经济中最具活力的部门。相反，当局的意图是让平台经济做强、做优、优大。尽管有必要为这个新的经济部门构建一个全面的治理体系，因为在这个部门，不当和非法行为很常见，但当局在设计和实施新政策时必须小心，包括平衡长期政策方向和短期政策影响。中国已经是全球平台经济的重要参与者，新政策应该支持该领域的持续健康发展。但自强监管开始以来，平台经济的增长势头明显放缓，中美领先平台之间的差距显著扩大。欧洲和其他地区的平台经济也在迅速赶上。如果不迅速扭转目前的低迷局面，中国将很快落后。这就要求明确政策目标，构建综合治理结构，改变监管行为，加强政策协调。简言之，建立强大平台经济的方法是常规和响应式监管，而不是运动式监管或监管竞争，最好放弃"强监管"一词。

中国必须建立平台经济综合治理体系。目前有许多不同的政策，如与数据保护和反垄断有关的政策，但没有一个统一的框架将所有这些政策联系起来。一种方法是制定《数字经济法》，涵盖与数字经济相关的所有政策和法律问题。它可以为平台经济治理提供系统的法律依据。应明确界定治理体系的目标，以保证充分竞争、支持创新和保护消费者权利。还应明确界定资本无序扩张的概念，以避免监管过度。监管政策的实施应是例行的，反垄断政策的执行应是定期的，但两者都应朝着相同的目标努力——市场的有效运作。

迫切需要一个有效的平台经济政策协调机制。这可以通过在短期内理清不同监管机构之间的分工和加强政策协调，以及在长期内建立平台经济的综合治理组织来实现。中国的平台经济由中国人民银行、工业和信息化部等行业监管机构以及国家市场监督管理总局等一般监管机构监管。它们负责维护市场秩序、反垄断执法和制定数据治理规则。过去的主要问题之一是不同政策之间缺乏有效协调。所有这些机构都监管数字平台会引发监管竞争。短期内，国务院可以考虑建立一个各监管机构的协调机制。从长远来看，当局可以考虑成立一个全面的平台经济监管机构。

监管机构在反垄断执法时应格外小心，因为平台经济呈现出许多不同于传统平台的新特征。这使得一些传统的反垄断政策思想在这个新领域不合适。例如，为平台用户提供免费服务并不意味着没有成本。因此，继续把消费者定价作为判断垄断行为的一个指标是有误导性的；市场份额可能不是垄断力量的准确预测指标。范围经济使充分竞争和规模经济得以共存。当然，拆分平台公司会适得其反，因为规模是它们效率的来源。因此，考虑到数字技术的特殊性，反垄断政策必须采用新的思维。需要牢记的一个有用概念是市场的可竞争性。在中国平台经济中，大多数细分行业的竞争仍然激烈，因为大多数领先平台都在不同的细分行业竞争。因此，政策重点应该放在保持潜在竞争对手相对较低的进入壁垒上，而不是拆分大型平台或对其处以巨额罚款。

更迫切的是通过监管来纠正平台的行为。平台经济充斥着不当行为，主要是因为存在监管真空。这些行为大多是欺骗、歧视或欺诈，与垄断无关。重要的是要避免运动式的监管，应选择渐进、常规和响应性的监管。这对于平台经济等新经济领域尤为重要，因为这些领域的政策框架不完整，监管实践也不成熟。监管很重要，但监管机构应该为平台改善其行为留出时间和空间。同时，重要的是要仔细分析平台的一些独特行为，如排他性协议（"二选一"）和动态定价（价格歧视）。并非所有此类做法都是垄断性、歧视性或非法的。因此，监管政策的制定和实施应以严格的经济分析为基础。

制定和协调数据政策以及实施算法审计也很重要。同样，针对劳动力和资本等传统要素的治理政策可能不适用于数据。例如，数据是一种准公共品，具有非竞争性和不完全排他性等重要特征，先确定所有权然后进行交易的传统方法在这里可能不起作用。建议设立一个数据治理委员会，负责协调数据政策，包括确定数据交易范围、算法治理、个人信息保护和数据安全的指导方针；负责处理数据许可证的申请、审查、发放、限制使用和撤销；促进算法审计；协调个人信息保护和数据安全方面的工作；建立争端解决和协调机制。同时建议，算法审计应侧重于数据治理，要求相关公司报告输入、输出和结果评估。

## 参考文献

Baumol, William J. 1982. 'Contestable Markets: An Uprising in the Theory of Industrial Structure.' *American Economic Review* 72 (1): 1-15.

Chen, Xinyu, Yiping Huang and Han Qiu. 2021. *Can E-Commerce Markets Enhance Price Stability? Empirical Evidence from Pure Milk Products.* Beijing: Institute of Digital Finance, Peking University.

China Academy of Information and Communication Technology (CAICT). 2021. *White Paper on Digital Economic Development in China.* Beijing: CAICT.

Furman, Jason, Diane Coyle, Amelia Fletcher, Philip Marsden and Derek McAuley. 2019. *Unlocking Digital Competition: Report of the Digital Competition Expert Panel.* London: Digital Competition Expert Panel.

Gambacorta, L., Y. Huang, Z. Li, H. Qiu and S. Chen. Forthcoming. 'Data vs Collateral.' *Review of Finance.*

Huang, Yiping, Feng Deng, Yan Shen and Hao Wang. 2022. *Reconstructing the Platform Economy: Toward Orderly Expansion and Common Prosperity. Report of the Project 'Innovation and Governance of the Platform Economy in China'.* Beijing: National School of Development, Peking University.

Khan, Lina. 2017. 'Amazon's Antitrust Paradox.' *The Yale Law Journal* 126 (3): 594-967.

National Development and Reform Commission (NDRC). 2021. *Opinions on Promoting Standardised, Healthy, and Sustainable Development of the Platform Economy.* 24 December. Beijing: NDRC. Available from: www. gov. cn/zhengce/zhengceku/2022-01/20/content_5669431. htm.

Rochet, J. -C. and J. Tirole. 2003. 'Platform Competition in Two-Sided Markets.' *Journal of the European Economic Association* 1 (4): 990-1029. doi. org/10. 1162/154247 603322493212.

Wu, Tim. 2018. *The Curse of Bigness: Antitrust in the New Gilded Age.* New York, NY: Columbia Global Reports. doi. org/10. 2307/j. ctv1fx4h9c.

# 第5章
# 中国的全球产业链重构与抉择

徐奇渊

中国经济已经进入一个新的发展阶段。在中国全面建成小康社会取得决定性成就的同时，发展环境也面临着深刻复杂的变化。在此背景下，中国产业面临两大挑战：产业链升级和产业链安全。

产业链升级必须符合中国当前发展阶段的要求，而数字技术和绿色经济为此提供了通往未来的道路。产业链安全更多地与持续的中美贸易摩擦和新冠疫情相关的冲击有关。可以肯定的是，两者的逻辑在一定程度上是重叠的。例如，在外部环境变化的背景下，中美贸易摩擦不仅使中国优先考虑产业链安全，也使得产业链升级变得更加紧迫。在外部压力的推动下，中国强调产业链升级的必要性，尽管安全问题仍然是根本出发点。

如果不考虑中美关系、疫情对全球供应链的影响，数字技术革命和绿色经济的发展将更加中性，并将在很大程度上导致传统行业和新兴行业之间的传统优胜劣汰竞争。但在贸易摩擦的背景下，数字技术和数字全球化的破坏性影响导致两国之间的信任恶化。与此同时，应对气候变化已成为中美为数不多的共识之一，这一议程也变得对全球经济更有意义。

从这个意义上讲，我们将中美关系视为这些动态背后的主要逻辑，将疫情、数字技术和绿色经济的影响视为三个子逻辑。基于这一假设，本章得出了七个关键结论。

# 一　在数字时代全球化的背景下，
# 中美关系具有独特的复杂性

现有文献普遍强调，中美博弈是由意识形态和类似"修昔底德陷阱"式的观念支撑的（Allison，2015；Xiao & Xu，2019）。与此同时，数字技术的发展模糊了军用、民用技术的界限。与类似历史案例相比，中美博弈具有独特的复杂性。

传统的贸易和生产一体化是在数字时代发展起来的，因为全球化除了催生传统的商品销售和资本流动外，还催生了跨境信息流动。大规模的跨境信息流动对国家安全有影响，特别是在军民两用技术方面，而当前全球治理机制仍处于前数字全球化时代。

过去，中美在数字领域的遭遇和冲突与以往美俄、美日和其他冲突都有所不同。

信息技术促进了全球一体化，但具有讽刺意味的是，却导致两国之间的信任度下降，再加上其他复杂因素的积累，如相互冲突的意识形态和"修昔底德陷阱"，共同使中美关系变得更加复杂和脆弱（Xu & Zhao，2020）。事实上，两国甚至将贸易和投资冲突置于次要地位。信息部门的冲突直接影响到国家安全和争夺技术至高点的国际竞争，这些冲突将日益突出、难以解决。反过来，这可能会进一步加剧传统贸易和投资领域现有的矛盾和冲突。因此，双方都应以更大的智慧和耐心面对这一领域的冲突。

# 二　全球产业链重组的三大趋势：
# 多元化、数字化和低碳化

新冠疫情对不同国家的产业链造成了不同程度的影响，全球产业链面临着巨大的不确定性。作为回应，跨国公司已经开始重新评估其产业链管理实践，转而考虑能更好地平衡效率和安全的方法，以前则主要关注效率。美国和日本等国家的政府也开始反思其产业链政策，强调自主和可控的重要性，将社会成本作为产业配置的最终依据，调整了药品、计算机芯片和其他关键行业的产业链结构，建立了国内应急备用产业链，迁回了关键行业，恢复了区域化，缩短了产业链。

混乱终将过去，但世界将永远处于改变中。新冠疫情从政治和经济角度影响了全球工业产业链的重建。我们相信，未来全球产业链的发展将呈现三个特点。

首先，跨国公司将通过多样化生产来增强产业链风险化解能力（Ma & Cui，2021），这可能会导致中国的产业外移，但这与简单的产业外移不同。在这种背景下，中国能够在多大程度上改善其商业环境、确保其产业链的稳定性和可预测，并为全球下游制造商提供信心和保证，将影响其未来在全球产业链中的地位。

其次，随着全球要素禀赋格局的变化，全球产业链将呈现知识化、数字化和资本化的趋势。在这一过程中，全球分工的比较优势将得到重新界定。尽管一些国家可能享有相对劳动力成本优势，但这些国家在发展数字经济方面相对落后，相关基础设施也存在瓶颈。相比之下，中国在产业链数字化和资本化方面具有一定的优势。

就优势而言，中国拥有巨大的市场规模和发展较快的数字基础设施，这为数字技术的普及和应用提供了条件。此外，与一些发达国家的产业空心化相比，中国拥有强大的制造能力和完整的配套网络，这也为数字技术在制造业中的应用提供了良好的基础。然而，中国产业链的数字化发展也面临挑战。各国的网络安全治理规则尚不统一，中国的网络治理仍亟待完善，以适应新形势。中国与其他一些国家在这一领域仍存在价值冲突。

最后，生产方式将变得绿色和低碳。这可能会对严重依赖能源出口或正在工业化进程中的发展中国家产生重大影响。应对气候变化增加了对发展中经济体增长潜力的限制，在低碳化的背景下，碳关税将使以出口为导向的发展模式更难复制。2019 年 3 月，欧洲议会提出了碳边境调节机制。2008 年，美国国会曾试图推动《利伯曼-沃纳气候安全法案》，该法案也与碳关税有关。在这两种情况下，关税豁免只适用于少数几个小型经济体。这种有限的豁免使仍处于工业化进程中的较大经济体——如印度、越南和其他严重依赖高碳资源出口的国家——面临着未来发展的巨大挑战。与这些发展中国家相比，中国已经完成了粗放型增长阶段，进入了集约型增长阶段。近年来，中国出口产品的碳排放量开始下降，绿色技术、绿色产业和绿色金融市场发展迅速。这将促进中国应对未来"绿色冲击"的能力提升。

当前数字化和低碳化的趋势可能会成为"数字鸿沟"和"绿色鸿沟"，将发达国家和发展中国家分隔开来，使后者越来越难以赶上发达国家。对中国来说，这样的形势既是挑战，也是机遇。

## 三　中国的产业链既有全球影响力，又有脆弱性

借鉴 Korniyenko 等（2017），我们的研究表明，中国在 80% 以上的高中心性出口商品中具有优势，这意味着中国的产业链表现出强大的韧性。根据联合国工业发展组织的工业分类，中国是世界上唯一拥有大、中、小型工业部门的国家。2017~2018 年，在联合国商品贸易联合会 HS 6 位编码数据库的全球贸易品中的 3556 种中间产品中，中国有 2247 种产品至少位居全球出口量前三。与此同时，中国出口的高中心性商品种类达到 858种（种类数仅次于美国），并且就出口规模而言，中国在这 858 种高中心性商品中的 693 种上至少排名世界第三（其中，在 2017~2018 年，至少有 444 种商品出口规模居世界第一）。这表明中国在高中心性的中间产品出口方面具有显著优势。

中国在 20% 的高中心性出口商品中没有优势。中国也呈现出"大进口、大出口"的特点，这意味着在生产过程中需要大量的中间产品。根据我们研究团队设计的产品级复合脆弱性指数，电机和音像设备（HS-2：85）、机械设备（HS-2：04）和光学医疗器械（HS-2：90）是中国供应链最脆弱的三个行业。特别是电机和音像设备的综合脆弱性指数排名（HS-2：85）是后两个行业的三倍多；因此，中国需要特别关注该行业的供应链安全。我们建立了一个指数体系，然后根据产业链脆弱性将

2017 年进口到中国的 3285 种中间产品（根据 HS 6 位数分类）分为四类（Cui et al.，2021）。

第一类包括 3285 种中间产品中的 62 种，其中全球出口集中度和中国进口集中度都很高。这一类别最容易受到贸易摩擦和全球疫情等外部冲击的影响，也是实施备份供应链最具挑战性的类别。鉴于这些风险，应当对这一类别给予特别评估和优先考虑。应在国家和行业层面为那些具有国家安全和国家发展战略影响的商品制定供应链安全计划。

第二类包括 812 种中国进口集中度较低、供应链脆弱性较低的商品。然而，这些产品的全球出口中心地位更高，因此有可能在未来恶化。中国这类商品的进口集中度较低，进口很容易多样化，而且目前的进口量通常很小。然而，如果这类商品的进口量在中长期内大幅上升，市场集中度就会提升，并与全球出口中心地位趋同。在这种情况下，这一类货物可被重新归类为易受伤害程度最高的第一类货物。对于这类商品，应着眼长远，加强供应链安全规划。

第三类包括 759 种进口集中度较高但全球出口中心度较低的商品。这一类商品的进口来源进一步多样化是可行的——具体而言，中国高脆弱性进口商品 39.8% 的进口集中度指数相对较高，但其全球出口集中度指数相当低，包括电机和音像设备（HS-2：85）、机械设备（HS-2：04）以及光学医疗器械（HS-2：90）。中国有一定的空间来加强这些商品的供应链多样化，因此这一类别的工业供应链安全性仍然相对较高。

第四类包括 1652 种全球出口中心度低、进口集中度低的中间产品。这一类别的供应链最不脆弱，其地位保持相当稳定。这类货物占中间货物类所有进口货物的 50% 以上，占进口价值的 48.2%。

## 四 产业链悖论与平衡的艺术

从行业层面看，并基于个别国家的案例，我们的研究揭示了产业链中存在的一个悖论：一个国家不可能在特定的产业链上既拥有全球影响力、竞争力，同时又对这一产业链拥有完全的自主权和控制权。

我们对九个主要经济体的个案研究为这一悖论提供了有力的证据。美国、日本、德国和其他主要欧洲国家等发达经济体都是接近技术创新前沿的老牌工业大国。与此同时，它们还严重依赖进口商品和全球生产网络。我们用与上述中国案例相同的方法分析了这些国家，我们的研究表明，一个国家的工业在国际上的竞争力越强，它就越依赖进口中间产品，也就越容易受到全球产业链中断的影响。

以日本、韩国和美国为例，这些国家拥有强大的半导体产业，但其电机和音像设备（HS-2：85）是严重依赖进口的国家。同时，德国、英国、法国和意大利的机械设备（HS-2：84）具有全球竞争力，但其机械设备行业的脆弱性也最高。例如，法国是空中客车公司生产环节的所在国，但飞机、航天器及其零部件（HS-2：88）被列为该国第三最容易受到产业链中断影响的行业。

接下来，我们按行业分析了中国的制造业数据，发现产业链悖论存在于技术密集型行业，而不存在于劳动密集型行业（Yao et al.，2021）。在这项实证研究中，我们构建了一组按行业划分的中国制造业外部依赖指标，并使用 UIBE 全球价值链指标来描述特定行业的全球地位（竞争力）。在控制其他变量的影响时，我们能够表明，对于技术密集型行业，随着特定行业在全球价值链中的地位上升，该行业的外部依赖水平也呈上升趋势。值得注意的是，这种悖论只出现在技术密集型行业，而没有出现在劳动密集型行业。这可能是因为劳动密集型行业的产业链更短，更容易在一个国家内实现覆盖。

最后，面对产业链悖论，中国可以向美国学习如何实现更有效的平衡。我们的研究表明，美国通过政治关系和国际联盟，成功地实现了产业链的安全。如果仅考虑经济因素，中国的全球产业链风险将低于美国；然而，在考虑政治关系和供应中断后，中国的全球产业链风险显著上升，而美国的风险保持不变。与美国相比，中国的全球产业链风险更容易受到政治因素的影响。从美国案例研究中可以发现，在一定条件下，可以借此获得产业链的安全性和竞争力。因此，中国在加强产业链安全的同时，还必须与主要国家建立积极的政治关系，以确保工业的竞争力和效率（Su，2021）。

## 五　中美提高关税豁免率可能使双边关税下降

在特朗普执政时期，美国对价值 3700 亿美元的中国出口产品加征了关税。考虑到美国的国内政治环境，拜登政府无法废除这些关税。首先，拜登政府发布了行政命令，以加强《购买美国货法案》。2021 年 6 月，总统拜登发起了对半导体、电动汽车电池、稀土和药品（包括活性药物成分）产业链风险的 100 天审查。这表明，美国政府的主要国际经济政策考虑是保持与中国的"技术代差"，确保供应链安全。在参议院的听证会上，美国贸易代表戴琦明确表示，美国还没有准备好取消对中国加征的关税。其次，美国国内存在强烈的保护主义政治要求。事实上，在一个将中国视为战略竞争对手的政治环境中，美国两党已经达成共识，即任何对中国政策"软弱"的表现都是有害的。在某种程度上，中美关系已经成为党派政治的牺牲品。最后，从战术上讲，保留这些关税作为与中国贸易谈判的潜在筹码符合拜登政府的利益。即使是美国国内主张削减对华关税的自由贸易倡导者，如财政部前部长汉克·保尔森和商业圆桌会议，也认为任何此类削减都应该被用来在新一轮贸易谈判中获得让步。戴琦的表述暗示，她支持上述对华贸易战略。

在这种背景下，中美双方提高关税豁免率是可行和现实的。

首先，宽范围关税政策不是拜登政府的首选。拜登政府上台后，其首要目标是保持对美国有利的技术代差，确保产业链安全。因此，它对有限范围的贸易商品采取了"小院高墙"的政策，旨在限制关税的负面影响。政府似乎支持这样一种假设，即更广泛的关税措施将给双方带来更大的福利损失。尽管如此，额外关税不太可能在短期内取消。拜登在竞选期间明确反对通过提高关税来解决中美贸易问题，但他在政治压力下收回了自己的声明。拜登上任以来的各种政策取向表明，关税措施不是美国政府的政策主要方向。

其次，关税豁免措施面临的内部政治压力较小。美国政府一再强调，它无意"完全与中国脱钩"或参与"新冷战"。与此同时，美国政府明确表示，将在与中国竞争的背景下，在特定领域与中国保持合作，并促使中国遵守西方国际规则。然而，在国内政治压力下，美国政府未能取得突破。尽管如此，美国贸易代表办公室已经实施了关税豁免措施，增加这些措施的强度可能不那么具有挑战性。

再次，美国有巨大的空间提高对中国的关税豁免率。迄今为止，它对价值 3700 亿美元的中国对美出口商品征收关税，对清单 1（340 亿美元）、清单 2（160 亿美元）和清单 3（2000 亿美元）商品额外保留 25% 的关税，对清单 4（1200 亿美元）商品额外保留 7.5% 的关税。与清单 1 和清单 2 相比，清单 3 和清单 4 的豁免率明显更低（Yao et al.，2020）。在清单 1、2、3 和 4 的豁免申请中，申请获批的占比分别为 33.8%、37.4%、4.9% 和 6.5%。这是因为清单 1 和清单 2 中的商品，如汽车及其零部件和仪器，生产技术相对复杂，产业链较长，很难找到短期替代品，因此在美国贸易代表办公室的豁免标准下，它们被优先考虑。

清单 3 和清单 4 中的商品，如皮革制品、服装和鞋，生产技术相对简单，产业链较短。尽管它们对中国的出口价值更高，对美国消费者福利的潜在损害更大（Amiti et al.，2020），但寻找短期替代品相对容易，因此，这些商品的豁免率较低。因此，从中长期来看，美国将更容易扩大清单 3 和清单 4 的豁免范围。

最后，最近美国经济通胀压力的急剧上升使美联储陷入困境。2022 年 6 月，美国 CPI 为 9.1%，7 月为 8.5%。2022 年前两个季度，美国经济已进入技术性衰退，定义为 GDP 连续两个季度收缩。美国经济是否会面临真正衰退的风险仍然是一个有争议的问题，但通货膨胀对当局来说是一个真正的压力。此外，高昂的政府债务负担使美国更难放弃目前的宽松货币政策。考虑到这些因素，考虑到通胀压力，美联储面临着重大的困境。

大幅提高关税豁免率可以抑制国内通货膨胀，这是美国应该考虑的。事实上，在 2021 年 6 月 15 日举行的双边峰会上，美国和欧盟承诺在当年年底前结束贸易争端，取消与钢铁和铝有关的关税。然而，所涉及的双边贸易价值仅为 180 亿美元，远低于中美之间所有正在进行的贸易争端的总额，因此对缓解通胀压力几乎没有作用。

# 六　了解中美技术竞争的新趋势

我们采用以专利为导向的视角，对中国在全球技术竞争中的地位进行了全面评估。通过研究《专利合作条约》（PCT）过去 20 年的数据，我们发现中国国际专利的主要特征：数量多，尤其是近年来，且集中在特定行业，主要是数字通信领域。对中美 PCT 核心专利按行业划分的比较表明，中美之间仍存在显著差距。这表明美国高估了中国的技术竞争力，并采取了太多不必要的措施来遏制这种竞争力。

中美技术竞争的新驱动力是两个因素：新数字技术的快速发展，以及拜登政府与特朗普政府相比所采用的不同理念。在数字领域，美国已经将中国视为最大的竞争对手，无论哪个政府上台，这种战略竞争都将继续。在这方面，拜登政府和特朗普政府基本一致。

尽管如此，拜登政府在技术上遏制中国的方法与此前有很大不同。具体而言，拜登政府更关心实施技术限制的负面影响，并可能调整特朗普时代的政策，特别是那些导致两国两败俱伤的政策。

回顾特朗普政府对中国实施的技术限制，可以发现对美国有三个方面的负面影响。首先，对中国的过度扼制损害了美国高科技公司的商业利益，从而影响了它们的研发投资。其次，对美国与中国人员往来的过度严格限制也损害了美国特定高科技领域的研发人力资本。最后，美国作为国际技术合作中心的地位已经削弱。2018 年以来，中美技术伙伴关系受损，但中国与欧洲、日本之间的合作有所增加，部分填补了留下的空白。"十二五"期间，中国与德国、英国、法国和日本的联合专利申请占比为 23.7%，仅为中美合作的一半。2018 年，这一占比上升至 38.3%，与中美合作的占比相当（Dong & Yao，2021）。

基于这些影响，拜登政府关注对华政策对美国技术竞争力的负面影响。因此，预计其政策框架将包括以下三个方面：（1）增加自身研发投资；（2）基于"小院高墙"的精准扼制；（3）利用联盟和多边平台，创建关键技术领域联盟，以缩小中国的外交策略空间。

我们对中美技术竞争新趋势的预测如下。第一，中美在网络空间的技术竞争将加剧，平行体系出现的可能性增加。国家安全作为超级大国竞争的核心领域，已成为地缘政治竞争中的一个极其笼统的概念。产业链和数据安全已成为当前超级大国竞争的焦点。竞争性的上升大大降低了各国合作的意愿，降低了多边治理机制的有效性，而美国的强硬反华立场可能会增加平行体系出现的可能性（Lang，2021）。然而，由于两国仍深深地交织在全球产业链中，平行体系的出现被大大推迟。

我们的研究表明，尽管美国对华为实施了出口管制政策，但这些制裁对华为美国供应商的影响显著增强。此外，金融市场对华为制裁的反应不仅影响到供应商，还会在整个产业链中产生连锁反应。华为供应商所涉及的 9 个行业，至少有 3 个行业存在显著的行业传染效应，24 家供应商中有 16 家受到影响。传染效应可能促使行业协会试图影响政策制定，以抵消这种反向冲击。与此同时，美国半导体工业协会积极参与，以影响对华为的制裁政策。受影响的美国供应商在制裁生效前加快了对华为的出口，将相关生产线转移到海外，并向美国政府施压（Chen & Liang，2021）。

第二，中美技术竞争将进入一个以全政府、全社会模式为基础的综合国力竞争时代。一方面，信息技术革命已经渗透到经济、社会、政治和安全的方方面面，各行各业都需要适应新的现实。另一方面，互联网企业的崛起导致了一些曾经属于政府的权力的分享。数字产业和网络安全的发展都需要各方的合作。

第三，中美之间正在进行的塑造国际规则和话语权的竞争将加剧。在过去的两年里，欧洲、美国和联合国组织就网络空间的国际规则和法律框架交换了意见。这一领域的新规范不断出现，形成新制度的进程已到关键时刻。关于网络空间国际规范话语权争夺将愈演愈烈。

## 七　中国产业链：外迁、内迁还是国际区域重组？

从空间上看，中国产业链面临三个可能的调整方向：外迁、内迁和国际区域重组。然而，这些都是中立的叙述，其结果可能取决于具体情况，换句话说，每一种情况都可能给中国带来有利和不利的结果。

不利结果包括以下方面。

（1）工业过度向外转移可能会产生空心化效应。

（2）过度政策干预造成的内向迁移可能导致资源分配的扭曲和低效。

（3）美国主导的友岸外包和直接投资回流政策可能导致全球生产网络向北美收缩。与此同时，包括中国在内的亚洲经济体可能面临更大的压力，难以维持其在全球生产网络中的地位。

有利的结果可能包括以下方面。

（1）工业的合理外迁是国内产业升级的自然结果，有助于形成有利于中国的国际分工，从而扩大其产业链的国际影响力。

（2）利用与东部相比欠发达的中西部地区的比较优势，将工业产业链进一步向内陆转移，将提高效率、吸引更多的外国投资。

（3）利用中国的市场和技术优势，促进区域产业链整合，将促进区域经济一体化，从而深化中国经济与东亚生产网络的融合。

以越南为例，我们观察和研究了中国工业的外迁问题。越南在2020年成为中国第三大出口目的地，这可能会让许多人感到惊讶。我们试图分析中国对越南快速增长的出口，并在一定程度上找到了关于中国工业转移到越南的组成和性质等几个问题的答案（Yang et al.，2021）。我们的研究揭示了中国对越南出口和迁移的两个主要特征：第一，出口的大多数是中间产品，不能满足越南最终用户的需求；第二，中国企业对越南的直接投资和迁移是支撑对越南中间产品出口增长的关键因素。

中国对越南的直接投资和对越南的工业转移促进了两国之间更紧密的国际生产网络关系。中国对欧美贸易顺差的一部分已经转移到对越南进而越南对欧美的顺差。过度集中的国际收支失衡给中国带来的压力已经缓解。因此，很明显，中国和越南之间的贸易关系更像以前日本和中国之间的关系。中国已成为全球价值链中的关键节点，越南有潜力成为次要节点。但是，正如本章开头所提到的，从长远来看，数字化和低碳化的趋势将给越南带来更多挑战。

我们为巩固国内产业链、有效连接中国东部和中西部产业，提出以下建议。

（1）完善中西部地方政府激励约束机制，提高市场化水平和政府效率，努力改善政企关系。

（2）中西部边境省份应积极与越南、缅甸等劳动力成本低、年轻劳动力丰富的国家开展劳务合作。因此，广西和云南等边境省份应计划建立劳动密集型产业，并制定由中国产业链和越南、缅甸劳动力组成的经济一体化模式。通过提供语言培训、高等教育和其他举措，这些省份可以吸引越南、缅甸的年轻劳动力到中国学习和工作。这将有助于解决中国年轻劳动力短缺的问题，使产业能够留在中国。

欧洲疫情导致的汽车产业链暂停对东亚国家的影响，在区域产业链重组方面是一个启示——该行业可能适合东亚合作。

汽车产业链是制造业全球化的典型模式。由于新冠疫情，欧洲汽车行业在 2020 年 3 月和 4 月停产。中国汽车零部件面临供应中断，而欧洲减少了从日本和韩国进口的汽车零部件。在这种背景下，日本和韩国的供应有可能被重新引导以满足中国的进口需求。对于二级和三级供应商来说，日本和韩国的汽车产业链可能与中国的产业链有效匹配。

高度一体化的汽车产业是东亚产业链合作的合适载体。在新技术和新能源革命的背景下，汽车制造业与人工智能和绿色能源紧密相连，中国、日本和韩国等东亚国家各有优势。中国是铝业和自动驾驶汽车行业的领先国家之一，拥有全面的行业支持网络和庞大的国内市场。因此，预计中国将在东亚的汽车产业链合作中发挥关键作用。然而，我们也注意到，东亚的经济合作在很大程度上取决于该地区的政治关系，因此也面临挑战。

## 参考文献

Allison, Graham. 2015. 'The Thucydides Trap: Are the US and China Headed for War?' *The Atlantic*, 24 September.

Amiti, Mary, Stephen J. Redding and David E. Weinstein. 2020. 'Who's Paying for the US Tariffs? A Longer-Term Perspective.' *AEA Papers and Proceedings* 110: 541-46. doi. org/10. 1257/pandp. 20201018.

Chen, Sichong and Liang Qitian. 2021. *Sanctions on Huawei: The loss of US suppliers and its diffusion effect across industry*. Global Development Perspective Working Paper. Beijing: Institute of World Economy and Politics, Chinese Academy of Social Sciences.

Cui, Xiaomin, Xiong Wanting, Yang Panpan and Xu Qiyuan. 2021. *China's industry security: Network analysis on products level*. China's External Economic Environment Working Paper. Beijing: Institute of World Economy and Politics, Chinese Academy of Social Sciences.

Dong, Weijia and Yao Xi. 2021. *The impact of Sino-US conflict on the landscape of China's international technology cooperation*. Global Development Perspective Working Paper. Beijing: Institute of World Economy and Politics, Chinese Academy of Social Sciences.

Korniyenko, Yevgeniya, Magali Pinat and Brian Dew. 2017. *Assessing the fragility of global trade: The impact of localized supply shocks using network analysis*. IMF Working Paper WP/ 17/30. Washington, DC: International Monetary Fund. doi. org/10. 5089/978147557 8515. 001.

Lang, Ping. 2021. 'How Has the Internet Changed International Relations?' [In Chinese] . *Quarterly Journal of International Politics* 2 (June): 90-121.

Ma, Yingying and Cui Xiaomin. 2021. 'Global IndustryChain's Development and Restructuring: The Trend and New Changes. ' [In Chinese] . *Globalization* 2 (February): 102-13.

Su, Qingyi. 2021. 'Analysis of Global Supply Chain: Security and Efficiency. ' [In Chinese] . *Quarterly Journal of International Politics*2 (February): 2-33.

Xiao, He and Xu Qiyuan. 2019. 'China and US Relations: From the Perspective of International Order Interaction. ' [In Chinese] . *The Chinese Journal of American Studies* 2 (February): 107-29.

Xu, Qiyuan and Zhao Hai. 2020. *Understanding the logic of China-US conflict from the perspective of the three phases of globalization*. Global Development Perspective Policy Brief No. 20. 001. Beijing: Institute of World Economy and Politics, Chinese Academy of Social Sciences.

Yang, Panpan, Xu Qiyuan and Zhang Zixu. 2021. *Vietnam as the third largest export destination of China: Why and what it means*. Research Center of International Finance Working

Paper. Beijing: Institute of World Economy and Politics, Chinese Academy of Social Sciences.

Yao, Xi, Xu Qiyuan and Zhang Zixu. 2021. *China's external dependence of industry: An assessment based on WIOT.* Global Development Perspective Working Paper. Beijing: Institute of World Economy and Politics, Chinese Academy of Social Sciences.

Yao, Xi, Zhao Hai and Xu Qiyuan. 2020. 'The Impacts on Global Industry Chain of US Tariff Exclusion.' *International Economic Review* 5 (October): 26-42.

# 第6章
# 中国转向消费拉动型增长的挑战与机遇

王　微

　　国内需求是一个经济体总需求的支柱，是大型经济体的基本驱动力，也是安全、管理良好和有韧性的经济体系的基石。中国新的战略重点是有效扩大和更好地满足国内需求。在过去的十年里，中国逐渐转变为主要由消费驱动的内需增长模式。未来十年，中国将继续释放潜力，建立万亿元规模的新增长极，以刺激国内需求。为此，必须构建一个具有四个主要特征的以消费为主导的综合内需体系，并引入高效衔接、强劲刺激、加速创新和有序转型的新增长机制。需要采取更有力的改革措施，继续释放潜在的国内需求，以更稳定和可持续的方式推动中国和世界的经济增长。

## 一　新时期中国扩大内需战略的启示

　　1998 年以来，中国实施了三轮扩大内需政策。扩大内需是宏观调控和稳增长的重要政策，以有效应对不断变化的内外部环境，特别是外部需求萎缩和国内经济下行压力。与之前的刺激计划相比，当前的内需扩张政策已被提升为长期战略。这一政策的核心是加快建立一个综合的国内需求体系，其基本要求是"有效扩大"和"更好地满足"国内需求，这反映了从数量到质量、从释放潜力到产生新需求、从临时政策工具到长期发展目标的转变。

这项政策的第一个方面是质量重于数量，有效扩大需求是为了达到更大的数量，而更好地满足需求则意味着更高的质量。消费驱动的国内需求增长不仅意味着消费者对"更多"的渴望，更是对"更好"的渴望。在数量扩张的基础上，投资和消费也将在内容、渠道、手段、基本理念和供求关系等方面升级，为中国高质量发展奠定坚实基础。

第二个方面是从释放潜力向产生新需求的转变。有效扩大需求意味着释放被压抑的需求，而"更好地满足需求"意味着专注于通过创新创造新市场、服务和消费模式。一些潜在需求仍然被投资和消费的瓶颈锁住。要消除这些瓶颈，就必须深化改革、改善市场环境。更好地满足需求是一个持续的过程，在这个过程中，要更加努力地促进消费创新，引导投资与技术进步和变化相适应，培育消费增长的新动能，可持续开发中国庞大的国内市场。

第三个方面是，这一政策是长期发展目标，而不是临时政策工具。有效扩大内需也有利于更好地满足需求。政策将优先考虑投资和消费，并动态调整市场和政府之间的关系，以建立供需相互引导和促进的正循环。有效扩大内需将有助于缓解中国新出现的社会紧张，逐步使发展更加平衡和充分，更好地满足人民群众日益增长的美好生活需要。

## 二  消费拉动内需是中国经济持续稳定发展的主要动力

1978 年改革开放以来，特别是近 10 年来，中国的内需不断扩大，获得了超大规模国内市场的优势。随着这种以消费为主导的发展模式的形成，创新已成为推动经济增长的内生动力。

### （一）内需是稳定基本面和刺激经济增长的主导力量

2008 年全球金融危机之后，全球市场萎缩和外部需求下降凸显了内

需作为中国经济发展支柱的重要性。2020 年，中国国内需求总额为 99.9
万亿元，占 GDP 的 97.4%，高于 2008 年的 92.4%（见图 6-1），2018
年，国内需求对 GDP 增长的贡献为 7.9 个百分点（见图 6-2）。内需在中
国稳增长中起着基础性作用。

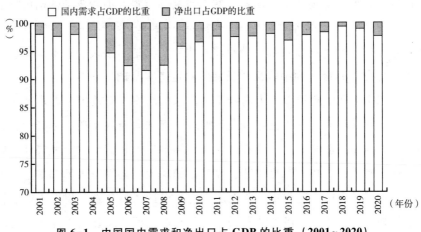

**图 6-1　中国国内需求和净出口占 GDP 的比重（2001~2020）**

数据来源：国家统计局。

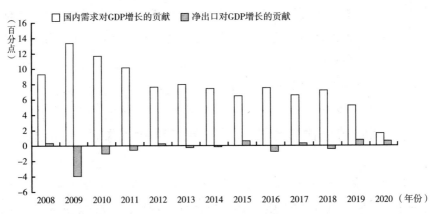

**图 6-2　中国国内需求和净出口对 GDP 增长的贡献（2008~2020）**

数据来源：国家统计局。

## （二）国内需求从投资导向型增长迅速转变为消费导向型增长

2019 年，消费和投资分别贡献了中国 GDP 增长中的 3.5 个百分点和
1.7 个百分点（见图 6-3），即增长的 58.6% 和 28.9%。这表明一种新的
增长模式的出现，这种模式更多地是由消费而非投资驱动的。家庭消费成
为最终消费的绝对支柱（见图 6-4）。

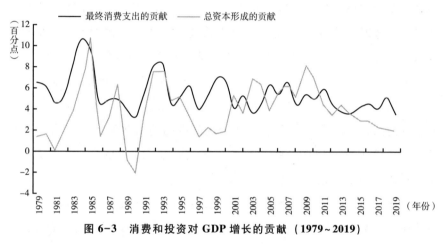

**图 6-3  消费和投资对 GDP 增长的贡献（1979~2019）**

数据来源：国家统计局。

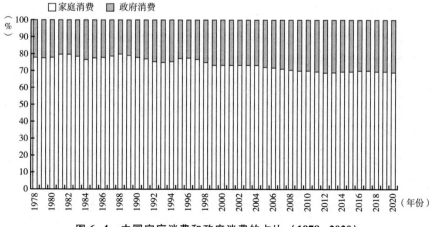

**图 6-4  中国家庭消费和政府消费的占比（1978~2020）**

数据来源：国家统计局。

## （三）新的增长动力崛起，消费和创新迈上新台阶

持续稳定的增长和生活水平的提高正在将消费提升到一个新的水平。随着质量的提高、规模的扩大、集群效应和创新的增加，消费已准备好为扩大内需提供燃料。

第一，消费提升到一个新的水平。恩格尔系数的持续下降表明，中国城乡居民消费有了突飞猛进的发展。2019年，中国恩格尔系数降至28.2%，比2013年下降了3个百分点，接近发达经济体的水平。根据联合国的标准，中国城乡居民的富足程度是以消费来衡量的。

第二，消费正在以更快的速度向下一个水平迈进，追求更好而不是更多。人们对衣食住行的需求不断增长，这些消费具有低价格、新颖的设计和公认的品牌，引发了本土新兴和传统品牌的消费热潮。2021年，本土品牌在互联网平台上的关注度达到75%，远高于海外品牌的25%，成为中国制造业转型升级中的重要市场力量。

第三，商品消费向服务消费转变是经济结构调整的主要驱动力，服务消费在总消费中的比重稳步上升。2013～2019年，中国居民人均服务消费年均增长10%左右，远快于商品消费的增长速度（见图6-5）。服务消费在总消费中的占比从2013年的39.7%上升到2019年的45.9%，每年上升约1个百分点。

第四，中国已经从追随者转变为领导者，为消费创新创造了动力。科技为消费提供了创新的产品、服务和模式，为中国消费增长注入了新的动力。例如，2020年，中国的在线零售额为1.8万亿元，自2014年以来每年增长27.7%，远快于社会消费品零售总额的增长率（见图6-6），使中国成为领先的在线消费市场。

第五，城市化从分散向聚集的转变加速了消费增长。2020年，中国的城市化率达到63%。城市消费在总消费中占据了最大份额（见图6-7）。20世纪90年代初，城市消费占中国社会消费品零售总额的50%以上。这一占比持续大幅上升，2010年达到80%，2020年达到87%。城市已成为消费增长的源泉和发展的主导力量（见图6-7）。

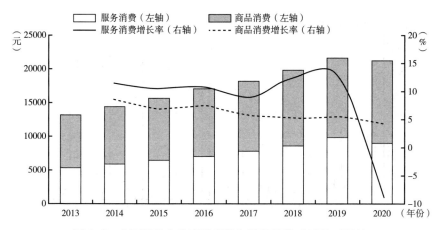

**图 6-5  中国居民人均商品消费和服务消费（2013~2020）**

数据来源：国家统计局。

**图 6-6  中国在线零售额及其增长率（2008~2020）**

数据来源：国家统计局，商务部。

## （四）投资结构优化为创新升级扩大内需奠定基础

10 年来，中国投资总额稳步增长，2020 年固定资产投资总额为 52.7 万亿元，是 2011 年的 2.2 倍，年均增长 10.4%。基础设施和房地产仍然是投资增长的主要贡献者，但最近投资结构出现了新的变化。

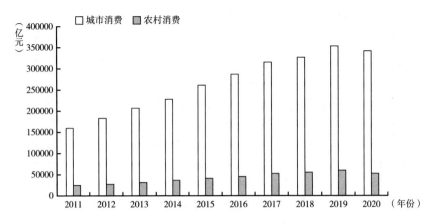

**图 6-7　城乡地区消费品零售总额（2011~2020）**

数据来源：国家统计局。

第一，服务业投资正在稳步增长，以满足新兴的服务需求。固定资产
投资在第一、第二和第三产业中的分布从 2011 年的 2∶38∶60 演变为
2020 年的 2∶29∶69，服务业占比明显增加（见图 6-8）。

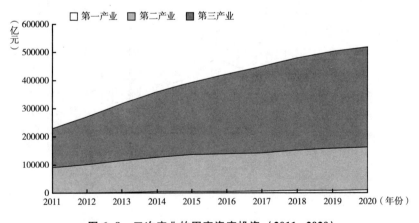

**图 6-8　三次产业的固定资产投资（2011~2020）**

数据来源：国家统计局。

第二，科技投资快速增长。2017~2020 年，高技术制造业和高技术服
务业投资的年均增长率均超过 10%，远高于固定资产投资总额增长率
（见图 6-9）。

**图 6-9　固定资产投资的同比增长率（2017 年 2 月 ~ 2021 年 11 月）**

数据来源：WIND 数据库。

第三，民生已成为基础设施投资的优先事项。基础设施投资以前侧重于交通项目，但近年来电力、供暖、自来水、天然气和其他投资快速增长（见图 6-10）。

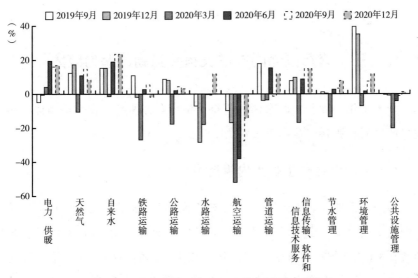

**图 6-10　分部门基础设施投资的累计同比增长率**

数据来源：国家统计局。

第四，民间投资稳步增长。2012～2020年，私人固定资产投资（不包括农户）从15.4万亿元增加到289万亿元，年均增长8.4%。占固定资产投资总额（不包括农户）比重在55.7%～59.2%，平均为57.1%（见图6-11）。

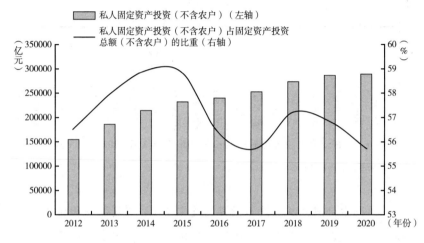

图例：
■ 私人固定资产投资（不含农户）（左轴）
— 私人固定资产投资（不含农户）占固定资产投资总额（不含农户）的比重（右轴）

**图6-11 私人固定资产投资的规模和占比（2012～2020）**

数据来源：国家统计局。

# 三 消费拉动内需增长势头强劲、潜力巨大

未来十年，随着中国在消费甚至消费创新方面赶上发达经济体，消费主导的内需扩张将释放出巨大潜力。

## （一）消费进一步扩大内需潜力巨大

第一，消费在扩大内需方面发挥着越来越重要的作用，有望为经济增长做出更多贡献。根据发达经济体的经验，随着人均GDP的增长，最终消费在GDP中的占比将呈U形曲线，在工业化的高级阶段开始上升（见图6-12）。近年来，中国消费占GDP的比重进入上升轨道，2020年达到54.3%，比2010年高出5个百分点。中国消费占GDP的比重多年来一直

保持在 50%以上。"十四五"期间（2021~2025 年），中国人均 GDP 预计
将从 1.4 万美元增长到 1.7 万美元。参照发达经济体，中国消费占 GDP
的比重可能增长到 60%，最终消费支出为 90 万亿元。到 2025 年，中国消
费占 GDP 的比重将保持在 60%以上（见图 6-13）。

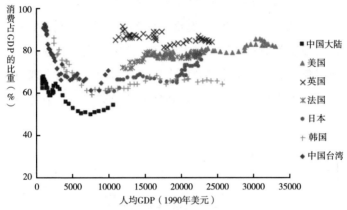

**图 6-12　人均 GDP 和消费占 GDP 的比重**

数据来源：国务院发展研究中心；法国国家统计和经济研究所；格罗
宁根增长和发展研究中心；CEIC 数据库；WIND 数据库。

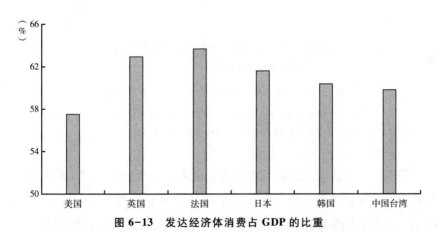

**图 6-13　发达经济体消费占 GDP 的比重**

注：美国的数据为 1966~1976 年，英国为 1985~1994 年，法国为 1978~1989 年，
日本为 1982~1988 年，韩国为 1999~2003 年，中国台湾为 1996~2002 年。

数据来源：国务院发展研究中心；法国国家统计和经济研究所；格罗宁根增长和发
展研究中心；CEIC 数据库；WIND 数据库。

　　第二，结构升级的巨大潜力将使服务消费成为家庭消费增长的主要来源。当发达经济体的人均 GDP 达到约 14000 美元时，服务消费占总消费的 49%。当人均 GDP 攀升至 17000 美元时，服务消费的占比上升至 53%（见图 6-14）。2019 年，中国的服务消费占家庭消费的 45.9%，由于新冠疫情，这一占比在 2020 年降至 42.6%。预计到"十四五"末或"十五五"初，这一占比将升至 50%。更重要的是，更高的家庭收入和消费升级的需求将重塑服务消费结构。在发达经济体中，交通服务的占比总体保持稳定，而医疗、娱乐和文化消费的占比急剧增加。可以合理地推断，医疗、娱乐和文化也将成为中国服务消费增长的引擎，在总消费中占据更大的比重。

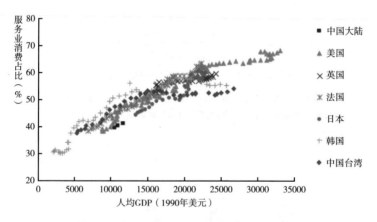

**图 6-14　人均 GDP 和服务业消费占总消费的比重**

数据来源：国务院发展研究中心；法国国家统计和经济研究所；格罗宁根增长和发展研究中心；CEIC 数据库；WIND 数据库。

　　第三，随着消费向更高质量迈进，耐用品消费的增长潜力将被释放。总体而言，发达经济体中，耐用品在家庭消费中的占比稳步下降（见图 6-15）。随着人均 GDP 达到更高的水平，耐用品消费将经历结构转型，并变得更加依赖库存商品的贸易，而不是增量生产。汽车、住房和电器尤其如此。为了提高生活水平，人们更喜欢用更高质量和有更高附加值的替代品，汽车就是一个典型的例子。中国消费者已经开始用更昂贵的新车取

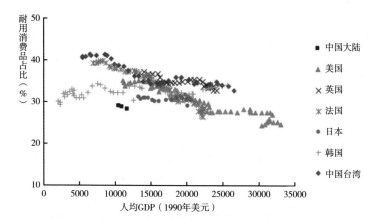

**图 6-15　人均 GDP 和耐用消费品消费占家庭消费的比重**

数据来源：国务院发展研究中心；法国国家统计和经济研究所；格罗宁根增长和发展研究中心；CEIC 数据库；WIND 数据库。

代旧车，然而与发达经济体相比，替代率仍然滞后。

第四，不断变化的消费者偏好显示出令人兴奋的食品消费前景。在发达经济体中，食品消费占总消费的比重随着人均 GDP 的增加先下降后趋稳（见图 6-16），显示出对健康和高质量产品的需求不断增长。同样，中国消费者不再满足于仅仅有足够的食物，他们渴望更好的东西。随着人均GDP 的增长，消费者更喜欢营养丰富、新鲜可靠的优质食品。确保营养平衡的健康饮食将是消费升级的另一个驱动因素。

## （二）促进内需增长的结构性变化出现

未来十年，中国经济发展将出现一系列结构性变化，这些变化将成为国内需求特别是消费增长的主要引擎（见图 6-17）。

第一，消费的增长和升级将主要由收入增长和中等收入群体规模的扩大驱动。发达经济体的经验表明，经济迈入高收入门槛是国民收入增长和中等收入群体扩大的关键时刻。例如，在日本、韩国和中国台湾，当人均GDP 达到 10000~17000 美元时，中等收入群体的规模增长相对较快，然后趋于平稳（见图 6-18）。中等收入群体具有较高的边际消费倾向和较强

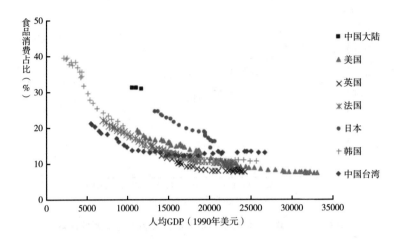

**图6-16 人均GDP和食品消费占总消费的比重**

数据来源：国务院发展研究中心；法国国家统计和经济研究所；格罗宁根增长和发展研究中心；CEIC数据库；WIND数据库。

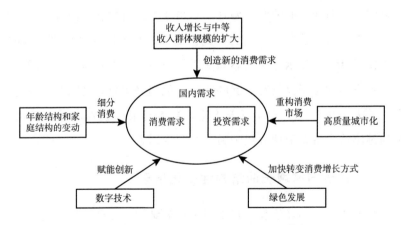

**图6-17 未来十年中国内需的主要驱动力**

数据来源：作者绘制。

的承受能力，会追求高质量的消费项目和新的生活方式。中国是世界上中等收入人口最多、发展潜力最大的国家。到2018年，中国中等收入群体增加到3.8亿人，占全国人口的27%，比2013年增加9200多万人和6个

百分点。预计到 2030 年，中等收入群体将占总人口的 51%，对家庭消费
的贡献率将达到 79%。

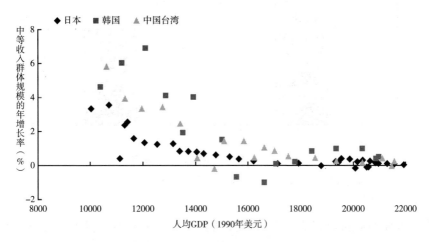

**图 6-18　人均 GDP 与中等收入群体规模的年增长率**

数据来源：国务院发展研究中心；法国国家统计和经济研究所；格罗宁根增长和发展研究中心；CEIC 数据库；WIND 数据库。

　　第二，不断变化的人口结构和家庭结构将进一步细分消费。2020 年，
15~34 岁的中国消费者人数为 3.6 亿，占总人口的 25.8%（见图 6-19）。
这个群体成长于一个富足的时代和互联网时代。他们受过更好的教育，总
是渴望新事物，是最支持创新的消费者群体。到 2035 年，"Z 世代"创造
的消费市场预计将达到 16 万亿元。与此同时，2020 年 60 岁及以上人口
超过 2.6 亿，占总人口的 18.7%。老年人拥有充足的时间和财富，在消费
增长中发挥着重要作用。据预测，到 2030 年，中国"银发经济"总量将
达到 20 万亿元。此外，近年来，中国的家庭结构越来越多样化，核心家
庭和多子女家庭急剧增加。这削弱了传统家庭的功能，增加了对社会服务
的需求，从而进一步细分了消费。

　　第三，高质量城市化将重塑消费市场。最近，中国的城市化率一直较
快增长，但仍比发达经济体低约 20%。缩小这一差距将推动消费增长和
促进相关投资。当城市化进入以城市群和大都市圈崛起为主导的新阶段

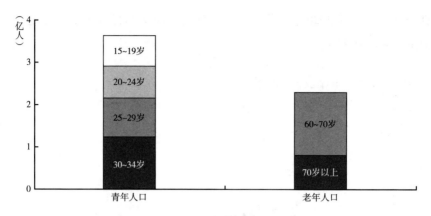

**图 6-19　2020 年中国的人口结构**

数据来源：国家统计局。

时，大型中心城市将成为人口和其他要素的更强磁石，促进消费市场升级，并加速新的消费模式出现。这些动态将为大型中心城市的消费"充电"，并将一些城市变成世界级的消费中心。

第四，数字技术将为创新赋能。数字技术的蓬勃发展和深入应用带来了一系列消费创新，重新定义了人们的消费方式。以网上购物为例，2013 年，中国的网上零售额超过 1.8 万亿元，超过美国，成为全球最大的网上零售市场。2020 年，网上零售额飙升至 11.8 万亿元。近年来，特别是疫情发生以来，多种商业模式蓬勃发展，包括社交和直播商业以及社区团购。这些在线模式积极拥抱创新，使消费场景多样化，创造新的消费需求，从而有助于国内需求的增长。预计到 2025 年，中国网上零售额将达到 18.5 万亿元，比"十四五"末增长 9.5%，增速快于社会消费品零售总额 3.5 个百分点。尽管线上消费的增长将取代部分线下消费，但经济学研究表明，每单位线上消费增量仍可使消费总量增加 0.36（Wang et al.，2022）。这种净增长效应在我国中西部地区更为明显（见图 6-20）。

第五，绿色发展将加快转变消费增长方式。绿色低碳增长是中国社会经济发展的内在要求，也是未来内需增长和消费升级的重点。1992 年，联合国环境与发展会议通过了《21 世纪议程》，敦促各国鼓励可持续消

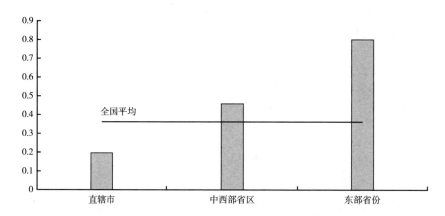

**图 6-20 不同地区在线消费的净增长效应**

数据来源：国务院发展研究中心。

费。为应对经济过热带来的资源和环境挑战，发达经济体积极推广绿色的生产和生活方式，倡导合理适度消费，实现可持续发展。各国通过节约资源、保护环境和降低温室气体排放向绿色消费转型，有助于重塑国内需求、保障可持续发展。

消费升级和创新驱动发展将进一步释放中国潜在的投资需求，特别是在文化、娱乐、医疗保健和营养食品等领域。需要在交通方面进行大规模投资，以增强城市群之间的连通性，需要支持数字经济的新基础设施，以及更环保的交通和能源设施。城市和农村教育、养老和儿童保育等公共服务的提供也带来了巨大的投资需求。在大城市和城市群也存在投资潜力，比如棚户区改造、公租房等开发。

### （三）一系列万亿级的增长极将刺激国内需求

在未来十年，上述结构性变化将产生一系列具有巨大规模经济的消费和投资驱动力，这些驱动力将转化为突出的增长势头和溢出效应。

DRC 研究团队的估计显示，到 2025 年，这五个结构性变化将培育 39 个内需驱动因素，其中 29 个是消费增长，10 个是投资增长。其中，14 个消费增长极和 4 个投资增长极的规模将是万亿级。这些消费增长极将聚焦于居民需求的四个引擎：质量升级、绿色健康转型、数字化和服务能力提升（见图6-21）。

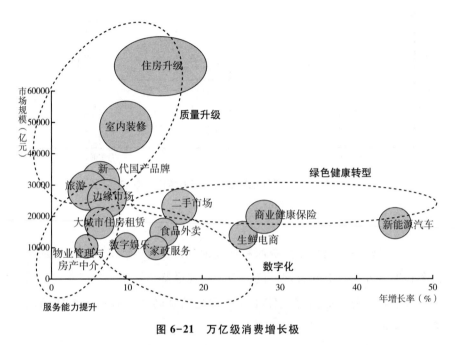

图 6-21　万亿级消费增长极

数据来源：国务院发展研究中心。

　　质量升级方面，重点将包括住房升级、室内装修以及新一代国产品牌等。随着家庭收入的增加，城市和农村中等收入群体对更好的住房的需求越来越大，尤其是有更多卧室的大房子。更好的居住环境和室内装修也在他们的愿望清单上。此外，为了满足消费者对高品质商品不断变化的口味，随着产品更新间隔的缩短，国内品牌会在多个领域爆发。统计数据显示，仅2019年一年，新一代国产品牌就贡献了抽样商业平台44.8%的销售额增长。假设2022~2025年社会消费品零售总额的年增长率达到7%、在线销售占商品总销售额的26%、新一代国产品牌占增量消费支出的48%，那么到2025年，这些品牌的总消费将达到3.1万亿元。

　　绿色健康转型在新能源汽车和商业健康保险消费中最为明显。在碳达峰和碳中和目标的推动下，2021 年中国新能源汽车的市场渗透率飙升至13.4%，预计 2025 年将达到 30%，销量为 900 万辆，市场规模为 1.8 万亿元。人口老龄化凸显了商业健康保险的重要性，这方面的消费预计将在2025 年超过 2 万亿元。

数字化将使小城镇转向在线消费。随着数字技术的深入渗透以及农村地区数字化配电系统和商业基础设施的改善，小城镇的消费潜力将继续释放。"十四五"规划设定了农村地区在线零售额 7.5% 的年增长目标，这意味着到 2025 年，这些目前边缘市场的在线消费将达到2.6 万亿元。零售业的数字化转型正在加速，培育了新的商业模式，如新鲜农产品"O2O"（线上到线下的采购和配送服务），"智能"网络市场和社区团购正在成为食品消费升级的支柱。考虑到在线零售的增长势头，未来五年，生鲜食品零售额将以每年 6% 的速度增长，使生鲜产品电子商务的渗透率达到 21%，消费支出总额达到 1.4 万亿元。

对于服务能力提升，关键在于在大城市住房租赁、房产中介、物业管理和其他住房相关服务。人口净流入的大城市住房需求强劲，尤其是农民工和大学毕业生等新城市化居民的租赁住房需求。据估计，由于城市化引发的人口增长，到 2025 年，城市租赁住房需求将飙升至 4830 万套，市场规模为 1.8 万亿元。根据"十四五"规划，物业管理和房地产中介等住房相关服务的消费将每年增长 4.8%，到 2025 年市场规模将达到 1.1 万亿元。

此外，消费扩张将产生 4 个万亿元的投资增长极：绿色建筑、数字基础设施、棚户区改造和回收行业。到 2025 年，这些领域的投资将分别达到 15 万亿元、5.2 万亿元、1.8 万亿元和 1 万亿元。

预计"十五五"期间，健康食品和职业培训也将成为万亿增长极（见图 6-22）。电池和充电基础设施将在投资端形成新的万亿增长极，潜在投资规模 1.1 万亿元。

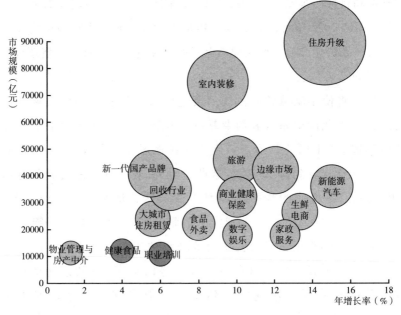

**图 6-22 预计"十五五"期间国内需求的万亿增长极**

数据来源：国务院发展研究中心。

# 四 扩大和更好地满足国内需求：进一步推进 经济改革和发展的新要求

## （一）更好地匹配供需

对供需调整的诊断表明，中国产业升级和消费升级还不同步，高端产品制造能力尚有不足。在世界经济论坛（WEF）发布的《2019 年全球竞争力报告》中，中国在全球创新能力排名中排第 24 位，综合竞争力排名第 28 位，这与中国作为第一制造业强国的地位形成了鲜明对比。服务业中也存在供应和创新能力方面的差距，服务消费部门相对不发达（见图 6-23）。挑战包括教育、医疗保健、康复、养老、儿童保育、文化和娱乐服务的法规和标准不全、基础设施不够、缺乏专业培训和资格，以及创新能力方面的差距。所有这些都加剧了供需不匹配，难以满足个性化、分层和多样化的消费者需求。

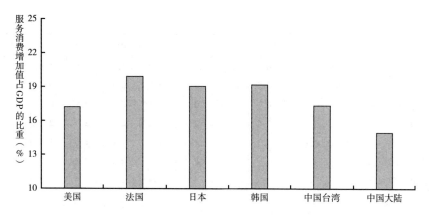

**图 6-23  服务消费增加值占 GDP 的比重**

注：2019 年中国人均 GDP 约为 13000 美元。

数据来源：国务院发展研究中心；法国国家统计和经济研究所；格罗宁根增长和发展研究中心；CEIC 数据库；WIND 数据库。

对投资—消费互动的诊断表明，市场没有发挥引导投资的作用。投资和消费升级的优先事项没有完全一致，导致某些领域的投资回报率低、产能过剩。例如，2010~2017 年，房地产业，运输、仓储和邮政服务业固定资产投资占服务业固定资产投资总额的 50% 以上。然而，与提高生活水平、消费升级、结构性改革和产业结构调整升级有关的投资占比要低得多（见表 6-1）。

**表 6-1  服务业各部门固定资产投资占比（2010~2017）**

单位：%

|  | 2010 | 2011 | 2012 | 2013 | 2014 | 2015 | 2016 | 2017 |
|---|---|---|---|---|---|---|---|---|
| 运输、仓储和邮政服务 | 19.8 | 16.6 | 15.3 | 14.9 | 15.1 | 15.6 | 15.4 | 16.3 |
| 信息传输、计算机服务和软件 | 1.6 | 1.3 | 1.3 | 1.2 | 1.4 | 1.7 | 1.8 | 1.9 |
| 批发零售业 | 4.0 | 4.4 | 4.8 | 5.1 | 5.5 | 6.0 | 5.2 | 4.4 |
| 住宿餐饮业 | 2.2 | 2.3 | 2.5 | 2.4 | 2.2 | 2.1 | 1.7 | 1.6 |
| 金融业 | 0.3 | 0.4 | 0.4 | 0.5 | 0.5 | 0.4 | 0.4 | 0.3 |
| 房地产业 | 42.7 | 48.0 | 48.3 | 48.1 | 45.8 | 42.5 | 40.8 | 38.7 |
| 租赁和商业服务 | 1.8 | 2.0 | 2.3 | 2.4 | 2.8 | 3.0 | 3.5 | 3.5 |

续表

| | 2010 | 2011 | 2012 | 2013 | 2014 | 2015 | 2016 | 2017 |
|---|---|---|---|---|---|---|---|---|
| 科学研究、技术服务和地质勘探 | 0.9 | 1.0 | 1.2 | 1.3 | 1.5 | 1.5 | 1.6 | 1.6 |
| 灌溉、环境和公共设施管理 | 16.3 | 14.4 | 14.4 | 15.2 | 16.1 | 17.6 | 19.7 | 21.7 |
| 住宅和其他服务 | 0.7 | 0.8 | 0.9 | 0.8 | 0.8 | 0.9 | 0.8 | 0.7 |
| 教育 | 2.7 | 2.3 | 2.2 | 2.2 | 2.3 | 2.4 | 2.7 | 2.9 |
| 公共卫生、社会保障和社会福利 | 1.4 | 1.4 | 1.3 | 1.3 | 1.4 | 1.6 | 1.8 | 1.9 |
| 文化、体育和娱乐 | 1.9 | 1.9 | 2.1 | 2.1 | 2.2 | 2.1 | 2.2 | 2.3 |
| 公共管理和社会组织 | 3.7 | 3.3 | 2.9 | 2.4 | 2.5 | 2.5 | 2.3 | 2.1 |

数据来源：国家统计局。

此外，仍然需要努力平衡公共投资和私人投资。政府在基本公共服务和相关薄弱环节方面的投资不足（见图6-24），应动员和引导私人资本和外国投资填补缺口。

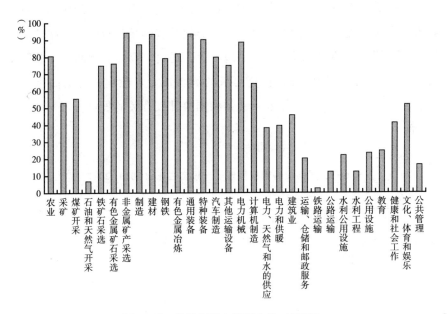

图6-24　分部门私人投资占比（2017）

数据来源：WIND 数据库。

## （二）通过优化收入分配和社会保障体系提高家庭能力和消费

居民收入在初次分配中的占比较低（见表6-2）。在经历了前几年的温和增长后，中国的基尼系数在全球范围内处于中上水平（见图6-25）。

表6-2　中国国民收入分配（2001~2009）

单位：%

| 年份 | 初次分配 | | | 二次分配 | | |
| --- | --- | --- | --- | --- | --- | --- |
| | 政府 | 企业 | 居民 | 政府 | 企业 | 居民 |
| 2012 | 15.6 | 22.7 | 61.6 | 19.5 | 18.5 | 62.0 |
| 2013 | 15.2 | 24.1 | 60.7 | 18.9 | 19.8 | 61.3 |
| 2014 | 15.2 | 24.7 | 60.1 | 18.9 | 20.5 | 60.6 |
| 2015 | 14.9 | 24.2 | 60.9 | 18.5 | 19.8 | 61.6 |
| 2016 | 14.5 | 24.3 | 61.3 | 17.9 | 20.0 | 62.1 |
| 2017 | 14.0 | 25.4 | 60.6 | 18.0 | 21.2 | 60.8 |
| 2018 | 12.8 | 26.0 | 61.2 | 18.7 | 21.8 | 59.4 |
| 2019 | 12.7 | 25.9 | 61.4 | 17.8 | 21.9 | 60.3 |

数据来源：国家统计局。

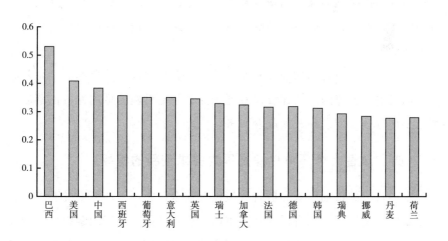

图6-25　基尼系数的比较（2016）

数据来源：世界银行。

中等收入群体是消费增长和创新的主要驱动力。2013~2019年，这一群体的人均可支配收入同比增长8.1%，低于高收入群体（8.5%）和低收入群体（9%）。2018年，中国中等收入人口达到3.8亿，占全国总人口的27%；然而，与发达经济体相比，其消费潜力没有发挥出来。

中国社会保障体系不断完善。2019年，参加养老保险的员工占总劳动力的41.3%，而参加基本医疗保险的员工则占32%，工伤保险覆盖率达33.3%，失业保险覆盖率达28%。需要进一步扩大社会保障安全网的覆盖范围。

### （三）改造和升级流通体系，促进经济循环

流通体系的创新和数字化转型速度不够快，尤其是现代技术、设施和设备的应用，在许多中小型流通企业中并不理想。因此，它们很难满足新兴商业模式、服务和场景的需求。

流通体系在支持制造业升级方面没有发挥强有力的作用。中国很少有现代流通企业拥有世界级的品牌、网络和竞争力，这使得很难及时准确地将细分和快速迭代的需求的市场信号传递给上游参与者。

中国城市必须加强在消费创新中的主导作用。尽管近年来消费创新和升级的步伐加快，但城市还不够成熟，无法通过其商业区和中央商务区引领消费活动。

必须消除城乡之间的消费和流通障碍。农村地区在信息和数字化基础设施的发展、商业网点的建设以及电子商务基础设施的可用性方面落后于城市，如冷链、配送和其他配套服务。

### （四）改善市场环境以满足国内需求创新的需要

中国目前的市场准入和监管政策没有完全适应创新和发展的要求，特别是新的消费模式，如直播和社交电商、夜间经济、社区团购以及商业模式融合、产业融合、商业多元化和混合消费场景等创新举措。此外，还必须加强对消费者的保护。

中国必须加强对服务业消费的制度性开放。2020年，许多服务业细

分门类的开放度低于 OECD 国家的平均水平（见图 6-26）。在许多服务业部门，外国投资者仍然受到市场准入限制。开放性不足限制了国内消费者的选择。

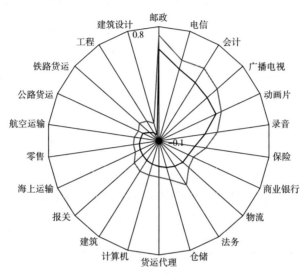

**图 6-26　中国服务业开放度的国际比较**

数据来源：OECD 服务贸易限制指数数据库（stats. oecd. org/ Index. aspx？ DataSetCode＝STRI）。

# 五　关于扩大和更好地满足国内需求的思考

## （一）构建以消费为主导、具有四大特色的内需体系

要扩大和更好地满足国内需求，一个完整的国内需求体系至关重要。发挥消费引导内需、引导投资作用，通过有效投资满足消费需求、创造新需求，筑牢供需正循环，破除国民经济各领域瓶颈，为以消费为主要动力的内需增长奠定坚实基础。为此，必须建立一个具有以下四个特点的完整的内需体系。

（1）它应涵盖需求的各个方面，包括消费和投资、家庭和企业、商品和服务、城市和乡村、市场和政府。在这个包罗万象的体系中，各种类型的内需可以相互加强、共同发展。

（2）坚持全生命周期管理。它将覆盖消费者需求的全生命周期，无论需求的阶段、层次或类型如何，能在多个层面孵化和赋能多元化消费，最大限度地发挥消费在扩大内需中的主导作用。

（3）它应该整合价值链的所有领域。以消费为动力，形成生产、分配、流通、消费一体化的内需体系，将供需动态平衡提升到一个新的水平，使供需两端相互促进。这种良性经济循环将提升国民经济的整体表现。

（4）应利用所有发展因素，为所有生产要素建立基于市场的定价机制，加强对人力资本的投资，增强资本和数据的市场功能，使新兴要素能够更好地推动国内需求。

## （二）确保国内需求可持续增长的新机制

根据人民对美好生活的向往和国家的潜力，要扩大和更好地满足国内需求，必须建立高效衔接、有力刺激、加快创新、有序转型的新机制。它将引导消费升级，并将促进消费成为国内需求更好、更快、可持续增长的主要驱动力。

高级衔接旨在建立投资与消费、供给与需求、市场与政策衔接的动态机制，将供给与需求的动态平衡提升到一个新的水平。

有力刺激的重点是消除消费和投资壁垒，建立市场激励和支持政策相结合的机制来释放需求，用市场力量和有利的政策环境促进国内需求增长，稳步加快潜在需求的实现。

加快创新是指抓住新技术革命机遇，建立促进消费创新的体制机制，促进产品、服务和生产创新，扩大投资范围，培育和壮大新的增长引擎。这将使扩大和更好地满足国内需求的努力转向更高的层次。

有序转型旨在通过提出新理念、新计划、新机制，确保投资和消费的有序绿色转型。这将为国内需求的可持续发展开辟一种新模式。

## （三）扩大和更好地满足国内需求的六大战略重点

创新将引领内需新动能的崛起。支持各类市场主体进行技术创新、管理创新、商业模式创新，扩大服务消费，培育新产业、新业态，使市场提供更多种类、更高质量的选择。加强中高端商品和服务的有效供应，以创造和满足各消费群体日益多样化和细分的需求。

数字化转型将提供一个杠杆，将供需动态平衡提升到一个新的水平。数字化转型将从消费端向供应端转移，并从零星的切入点传播到整个价值链。数据是一种新的生产要素，应充分发挥其杠杆作用，建立快速反应机制，灵活调整产能。高质量的消费提供了加强供需协调的机会，这将使供应系统更具适应性和有利于创新，并为数字化、智能化和绿色化的现代流通系统奠定基础。

中等收入群体将是以消费为主导的国内需求可持续增长的主要贡献者。应采取措施稳步增加家庭收入，实现基本公共服务均等化，优化政府就业服务，增加低收入群体的人力资本，引导更多技术工人和农民工进入中等收入群体，建立强大的社会安全网。

年轻人将成为激发消费潜力的焦点。他们可以为消费创新树立好榜样，率先升级和扩大消费。

大城市将成为消费增长极。必须采取措施，推动高质量城市化，发展城市群和大都市圈，加强基础设施互连互通，提高领先城市、城市群和其他发展优势地区的经济活力和人口承载能力。建设国际消费枢纽，增强国际消费枢纽在资源配置中的全球影响力和能力。进一步挖掘农村消费的多重功能，构建城乡一体化消费体系。

绿色发展将为促进内需可持续发展提供机会。重要的是推动消费者行为的绿色转型，提高绿色产品和服务的供应能力和质量，加快发展绿色低碳消费市场。此外，应采取措施完善绿色产品标准体系，降低绿色产品生产成本，提高资源利用效率。

## （四）未来改革的方向是扩大和更好地满足国内需求

为了实现构建综合内需体系、扩大和更好地满足国内需求的目标，未来的经济改革必须集中在以下方面：深化供给侧结构性改革以确保有效的市场供应；加快收入分配改革和优化社会政策以提高家庭负担能力和消费水平；完善消费增长政策，夯实扩大内需的制度基础；改造和升级制造业，创造投资与消费的良性循环；扩大服务业的制度开放，促进国内外循环相互加强；修复基础设施薄弱环节，更好地释放内需潜力；加强绿色消费体系建设，培育绿色健康的消费文化；建立适应内需发展要求的统计体系。

## 参考文献

Lui, Shijin. 2021. *China's Economic Growth Outlook（2021-2030）: New Redoubling Strategy*. Beijing: CITIC Press.

National Bureau of Statistics of China（NBS）. 2022. *China Statistical Yearbook 2021*. Beijing: China Statistics Press.

National Bureau of Statistics of China（NBS）. Various years. *Statistical Communiqué on National Economic and Social Development*. Beijing: China Statistics Press.

Wang, Nian, Su Nuoya and Yu Mingzhe. 2022. *Further Enhance the Leading Role of Online Consumption to Expand Domestic Demand*. Investigation and Study Report No. 278. Beijing: Development Research Centre of the State Council.

Wang Wei. 2021a. *New consumption: A rising powerhouse for the new development pattern*. Background Report at China Development Forum 2021.

Wang Wei. 2021b. 'Committed to Expanding Domestic Demand as A Strategic Pivot for the Sustainable and Stable Development of China's Economy.' *Tsinghua Financial Review* 5: 30-33.

Wang Wei, Deng Yusong et al. 2021. *Housing System and Policies for Major City Clusters*. China Development Press, pp. 11-22.

Wang Wei, Wang Qing, Liu Tao et al. 2017. *A New Chapter of the Service Sector for Consumers: Development Practice and Innovation in Reform*. China Development Press.

Wang Wei, Wang Qing, Liu Tao et al. 2021. *International Consumption Hubs: Theories, Policies and Practices*. China Development Press.

World Economic Forum（WEF）. 2019. *Global Competitiveness Report 2019*. Cologny, Switzerland：WEF.

Wang Qing. 2021. 'Orientation of and Thoughts on Developing an Institution to Effectively Expand Domestic Demand. ' *The Economic Daily*, February 8.

Wang Qing and Liu, Tao. 2019. 'A Science-Based Perspective to Fundamental Changes in Consumption. ' *The Economic Daily*, May 22.

Xingzhou Ren, Wang Wei, Wang Qing et al. *A Research on China's Emerging Consumption Growth Drivers in the New Era*. China Development Press.

Deng Yusong. 2019. *A Study on the Trend and Policies of China's Housing Market（2020-2050）*. Science China Press.

# 第 7 章
# 中国户籍制度改革：内生演变及适应性效率

张坤领

## 一 引言

2022 年 6 月底，国家发展和改革委员会发布了"十四五"规划下的新型城镇化实施方案，提出要进一步深化户籍制度改革（国家发展和改革委员会，2022）。这一方案使户籍制度问题再次成为社会关注的热点话题。该方案指出，要全面取消城区常住人口 300 万以下的城市落户限制；全面放宽城区常住人口在 300 万至 500 万的城市落户条件；完善城区常住人口 500 万以上的超大特大城市积分落户政策，并要确保社会保险缴纳年限和居住年限分数在积分政策中占主要比例。户籍制度改革似乎向前迈出了一大步，但本轮改革的要点并非全新的，过去的相关政府文件中出现过类似的政策。近年来，政府已经多次明确表示，要通过推进新型城镇化、城乡一体化发展和创建高标准市场体系等来改革户籍制度。2019 年底，《关于促进劳动力和人才社会性流动体制机制改革的意见》出台，旨在推动大城市的户籍制度改革，扩大基本公共服务覆盖范围，并深化相关配套政策改革。这些政策思路也被纳入了 2021 年初颁布的《中华人民共和国国民经济和社会发展第十四个五年规划和 2035 年远景目标纲要》。尽管这些都是促进城市化发展的重要举措，但政府对于特大城市户籍制度改革的推进仍然相对谨慎，而值得注意的是，这些特大城市才是流动人口最青睐的迁移目的地。①

如果以 1958 年颁布《户口登记条例》为起点，当代中国的户籍制度已经存在了 60 多年，且经历了 40 多年的改革，它仍在当今中国社会中保有相当大的制度合法性、行政有效性和影响力（Zhang et al.，2019）。根据该条例，流动人口获得户籍相关福利的机会受到了严重的限制。户籍制度也因其所造成社会分层（Wu & Treiman，2004）、社会不平等（Afridi et al.，2015）、劳动力歧视（Song，2014）和社会排斥（Zhang et al.，2014）等问题而受到诟病。

近 10 年来，中国经济的增长速度逐渐放缓。尤其是 21 世纪第一个 10 年之后，GDP 增长率放缓至 8%以下，2015 年后更是降至 7%以下，自 2020 年以来，中国经济又受到新冠疫情的严重影响。经济增速放缓引发了人们对中国陷入"中等收入陷阱"的担忧。为避免这一问题的出现，体制改革又一次成为焦点话题。作为深刻影响劳动力流动和居民福利的制度，户籍制度改革应首先进行，以不断适应新的经济环境的变化，包括劳动力成本上升、国内消费疲软和社会不平等等问题。尽管人们对户籍制度改革的必要性已经达成了社会共识，但改革的进展相对缓慢。为了解释这种矛盾，深入研究户籍制度的演变及其与经济转型之间的相互作用关系是十分必要的。

户籍制度是一套影响劳动力流动的政府规章，是居民权利和资源分配的基础。它的制度属性使得从制度经济学的视角对其进行研究显得十分有利。以往的相关研究对户籍制度做出了不同的解释。考虑到该制度是正式的制度安排，一些研究认为，户籍制度改革的关键在于政府政策的有力推

---

① 根据流动人口动态监测数据，想要获得城市户口的农村外来务工人员中，约有 68%的人更倾向于选择大城市（Chen & Fan，2016）。

进，并且这一过程应该是外生的和强制性的（Chi & Yang，2003；Peng et al.，2009）。然而，越来越多的学者也意识到，外生制度变迁理论在理解制度动态时存在一定的障碍（Aoki，2001；Aoki，2007；Greif，2006）。对户籍制度改革中的内生动力的研究并不多见，但个别研究具有一定的启发性。例如，Solinger（1999）认为，在市场的作用下，农村流动人口及其在城市的"争取"行为是城市制度变迁的主要力量。Young（2013）则认为，市场化发展和国内人口流动迫使政府改革户籍政策以促进经济发展。

从制度效率的角度来看，大量文献证明户籍制度在我国经济转型中既产生了消极影响，也产生了积极影响。一方面，许多学者认为户籍制度是结构转型（Cai & Wang，2010）、人口聚集（Au & Henderson，2006）和国内消费提高（Song et al.，2010）的制度性阻碍；另一方面，该制度被视为中国快速工业化发展模式的重要支柱，特别是在规避刘易斯转折点（Wang，2005）、维持人力资本水平（Fan & Stark，2008）和资本累积（Vendryes，2011）等方面发挥了重要作用。

这些研究提高了我们对户籍制度演变的理解，但也存在不足之处。首先，学者们往往认为户籍制度是由政府外生构建的制度，并过分强调中央政府在改革中的作用，因为中国往往被贴上"强政府"的标签。尽管少数学者已经认识到内生力量在户籍制度改革中的作用，但仍然需要在理论上进行完善，以提高对户籍制度的制度化及其改革的解释能力。其次，对户籍制度效率的研究大多集中在新古典经济学的研究框架内，从静态或比较静态的视角进行分析，而采用制度经济学框架，在动态视角下进行研究的文献非常有限。这种局限性切断了制度变迁和制度效率之间的有机联系，可能会阻碍对动态下的制度变迁的理解。

在此背景下，首先，本章构建了一个内生制度变迁的理论框架，以分析户籍制度的演变。此框架也有助于提高我们对一般性制度变迁的理解，并使政策制定者能够更好地理解动态背景下的决策过程。其次，本章采用了适应性效率的概念来评估户籍制度的演变。这一尝试为制度效率的评估提供了一种替代方法，并在内生制度变迁和适应性效率理论之间搭起了桥梁。

# 二　理论框架

## （一）内生制度变迁

有关制度变迁的研究已在很大程度上提升了我们对这一问题的理解，但已有研究远未达成共识（Kingston & Caballero，2009）。

### 1. 外生与内生

North（1990）认为制度是"博弈规则"（rules of the game），是外生给定的。因此，学者们倾向于将政府部门视为发起和引导制度变迁的中心角色，因为在提供公共产品（制度）时存在"搭便车"的问题（Lin，1989；Nee & Opper，2012）。此外，为了打破特定制度安排的路径依赖所导致的次优选择问题，外生的"冲击"似乎也是必要的（Boettke et al.，2008）。然而，这种观点可能存在"无限回归"问题，例如，"谁来驱使执行者执行（制度）"（Aoki，2001，2007），或者"谁来监督监督者"（Greif，2006：8）。非正式制度是"无意识和分散的行为模式和学习过程"的结果（Brousseau et al.，2011：11），这些制度"不仅变化缓慢，而且超出了政治精英的控制范围"（Nee & Opper，2012：4）。外生制度变迁理论无法在同一框架下研究正式和非正式制度的变迁，这大大削弱了它的理论解释能力。另外，外生制度变迁理论的支持者过于简化了经济体系的复杂性和非线性，并忽视了人类行为的有限理性（Chen，1993）。

因此，"制度即规则"（institutions-as-rules）的观念可能是不充分的，它应该与另一个思想流派相结合，即"制度即均衡"（institutions-as-equilibria）（Greif & Kingston，2011）。后者认为，制度是博弈的均衡状态。因此，制度被认定为行为的均衡模式，而非诱发行为的规则（Kingston & Caballero，2009）。从这个角度来看，制度变迁可能是由共同信念及其相关行为的变化引发的，这种变化是通过反馈机制，从重复博弈的过程中内生形成的。当先前的共同信念不再能够充分理解和预测他人的行动时候，现存的制度可能会受到削弱（否则将被强化）（Greif & Laitin，

2004；Greif，2006）。

对制度变迁理念的辨析是至关重要的，因为不同的理论观念蕴含着不同的实践含义。外生制度变迁理论往往过分强调政治的作用，认为政治利益和认知的变化促成了制度变迁。在这种观点下，一个国家可以通过简单地复制一些"好的"制度来改变自身的制度以促进经济的发展。然而，根据国际经验，这在实践上是不可行的（Chang，2011）。此外，外生制度变迁理论将普通的个体视为被动的"制度接受者"，并认为个体要挑战既定制度是十分困难甚至是不可能的。相比之下，内生制度变迁理论认为，一个给定社会中的个体也可以对制度的发展做出贡献，而不仅仅是传统观念所认为的政府部门。这种理论强调局部的知识、信息、思想或想法是可以影响制度变迁的，因为社会发展需要创造性思维和不断创新，而这两者都依赖于分散化的决策过程（North，1990）。

内生制度变迁的观点因其强有力的解释力和启发性而越来越受欢迎。Grief 和 Laitin（2004）、Greif（2006）在同一框架下研究了制度变迁和制度维持问题，发现拟参数（quasi-parameter）偏移是制度自我削弱或自我强化的关键条件，从而导致制度变迁或制度维持。拟参数概念的引入使得他们的分析框架更易于处理，并且比其他相关理论更易于解决内生和外生分析之间的转换问题（Aoki，2001，2007）。

**2. 概念框架**

拟参数的识别是 Greif 内生制度变迁理论框架的关键。在博弈论中，参数通常被视为外生给定的。参数的变化意味着博弈的新均衡集合的产生，从而为新的制度提供可能性（依据"制度即均衡"观念）。相比之下，变量是由博弈内部决定的，变量的改变不一定会引发新的均衡，而参数和变量之间的精确区分是灵活的（Greif & Laitin，2004）。例如，在研究某一时期的经济绩效时，技术通常被认为是外生给定的参数，但在研究长期经济发展时，则被认为是内生决定的变量。这类因素应根据不同的实证任务进行不同的处理：在开展需要静态分析的制度自我执行能力研究时作为参数，在研究长期制度动态时则作为变量（Greif，2006）。根据 Greif 的框架，这类参数以此种方式内生地改变，则被认为是拟参数。

在内生的拟参数改变的影响下，一个制度可以改变其自我执行能力，并进一步强化或削弱自身。然而，Greif 的理论框架并没有明确地论证拟参数的变化如何影响制度的自我执行范围，以及在何种条件下相关行为会在更大或更小的情境中自我执行。尽管他们在研究中纳入了反馈机制，但对于所发生的机制仍需要更好的界定。Nee 和 Opper（2012）以及 DellaPosta 等（2017）的研究在补充内生制度变迁理论方面做出了贡献。他们认为内生制度变迁始于对先前稳定制度的随机偏离。尽管这些偏离也可能是有意识的（如由于拟参数改变导致的负反馈）而不是随机的，但他们的框架在弥合微观行为改变和宏观制度变迁之间的"鸿沟"方面为 Greif 的理论提供了有用的补充。他们认为，一个稳定制度的脆弱性取决于"遵守"与"偏离"该制度的相对收益。如果从偏离中获得的收益满足或超过初始偏离者的预期，则具有风险的偏离①将通过网络外部性在人群中复制并扩散（Nee & Opper，2012；DellaPosta et al.，2017）。这意味着现有制度所蕴含的信念和相关行为将在更小范围的情况下自我强化。与该制度有关的行为即使在以前可能会自我执行，但现在可能不会。当更多情况下更多人发现最好不遵守现有制度时，那么该制度就会因为这些"成功的偏离"而得到削弱，直到"行动集团"（通常是政府部门）最终履行其职责，并将制度变迁正式化，因为执行先前制度的成本已经变得太高（Nee & Opper 2012；DellaPosta et al.，2017）。

制度动态依赖于信念和相关行为的自我执行力的变化。制度变迁实际上是信念的转变，这包括个体心理结构和集体意识形态的改变，而这些信念的削弱过程可能会导致相关行为不再自我执行，从而进一步导致个体以一种不复制相关信念的方式行事。当制度的内涵因拟参数的改变而不断削弱信念和相关行为时，内生制度变迁的发生就是可以预期的。相反，如果相关行为的自我执行范围没有变小，制度的维持便是可以预期的。当自我削弱过程达到一个关键节点，制度变迁就会内生地发生，这意味着现行制度的执行成本增加到行动集团必须对其进行适应性调整的水平，从而使过

---

① 通常情况下，这种偏离是通过非正式制度发生的。

去的行为模式不再能自我执行。因此，"制度可以自我削弱，它们引发的行为可以培育自己消亡的种子"（Greif & Laitin，2004：634）。在制度强化的过程中，情况则是相反的。图7-1给出了内生制度变迁的概念框架。在给定环境下，现有制度通过反馈机制累积地引发一个或多个拟参数的改变。为了适应新的环境变化，个体会在权衡遵守或者偏离现有制度相对收益的基础上，对其信念及相关行为做出适应性调整。这种调整会通过网络的外部性改变当前制度的自我执行范围。经过相对长时间的削弱（或强化）后，当制度执行的成本达到关键水平，行动集团便需要做出制度调整，我们就可以预期内生制度的变迁（或维系）。这个过程将循环往复。

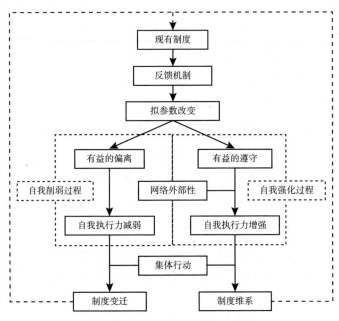

**图7-1 内生制度变迁的概念框架**

资料来源：作者制图。

值得注意的是，制度变迁和维系的过程可能重叠，其结果往往取决于哪一方占主导地位。这种情况通常导致制度以路径依赖的方式演化。此外，内生变迁不一定必须经历上述所有过程，这取决于拟参数的性质。当拟参数能够被预先识别、预期、直接观察、理解或考虑时，有意或设计的制度变迁就可能发生。此外，制度变迁可以通过内生、外生或二者结合的方式发生（Greif & Laitin，2004）。值得一提的是，重要的不是制度变迁是内生的还是外生的，而是制度变迁是否具有经济效率。

**3. 适应性效率**

当一个制度已经改变或者正在改变，其如何影响经济绩效的问题就变得至关重要。虽然目前已经有许多标准被学术界用来评价制度效率，但大多数标准在实际应用中都有其局限性。

帕累托最优（资源配置效率）经常被用来分析制度的效率。然而，帕累托最优是一个短期静态而非长期动态的准则，这并不符合制度及其变迁存在于不确定环境之中的现实（Brousseau et al.，2011）。因此，基于零交易成本和无限理性假设的配置效率标准可能会产生误导（North，1990；Ma & Jalil，2008）。制度效率评估的另一个新古典经济学方法是成本收益分析，它强调制度的选择是基于成本和收益的比较。正如 Lin（1989：12）指出的，"在生产和交易成本一定的情况下，一种制度安排只要能提供更多服务，就比另一个更有效"。然而，一项制度提供服务的数量并不能等同于该制度的效率，因为制度不仅提供服务，更重要的是提供激励。交易成本理论的出现在制度经济学中具有革命性意义。许多学者将交易成本用于制度效率的评估（Song & Simpson，2018）。然而，在实证方面，交易成本理论也存在局限性（Huang，2017）。首先，从制度效率评估中消除技术要素的影响是具有挑战性的；其次，由于制度之间存在着紧密的相互关系，很难甚至不可能确定特定制度的交易成本；最后，我们难以衡量未发生的交易的交易成本，例如，当交易成本在理论上几乎无穷大时，它在现实中就无法发生（Zhou，2013）。

适应性效率［最早由 Marris 和 Mueller（1980）提出］作为长期增长的一个更关键的因素（North，1990，1994），是一个用于评估制度效率动态的更好的概念（Brousseau et al.，2011）。North（2005：169）提出，适应性效率是"随着问题的发展，社会不断修改或创造出新制度的一种持续状态"。它是"一些社会在面对每个社会随着时间推移都经历的冲击、干扰和普遍不确定性时进行灵活调整，并进化出制度以有效应对变化的

'现实'的能力"（North，2005：6），它是"制度随着时间的推移，有效演变以更好地适应不断变化的环境（内生和外生）的能力"，可以带来更好的经济绩效（Song & Simpson，2018：552）。因此，为了评价制度变迁的效率，这里使用了适应性效率的概念。

内生制度变迁理论强调关键参与者和有效政府在制度发展中的作用。通过制度与不断变化的环境（拟参数）之间的相互作用，制度能够适应性地调整并内生地与环境协调，以产生适应性效率。适应性效率对制度实验、创新和创造性破坏的根本性强调使其能够成为评估内生制度变迁的可靠手段。关键参与者和有效政府是内生制度变迁和适应性效率的核心，并且起到了桥梁的作用。一个有效的政府能够对拟参数变化做出及时的适应性反应，并进行制度调整，从而降低制度执行成本、提高制度效率。

重要的问题是，适应性效率是如何产生的？根据 North 的一系列研究，评估适应性效率至少有以下五个基本要素。

（1）"鼓励生产力发展，提高市场效率"的有效产权界定（North，2005：1）[1]；

（2）"使社会可以最大限度探索解决问题的替代方法"的分散化决策过程（North，1990：81）；

（3）较低的与创新和实验相关的交易成本（North，1990：99）；

（4）"在开放准入秩序中解决重大社会问题的竞争"（North et al.，2009：133）；

（5）促进创新和实验的制度灵活性（North，1990；North，2005；North et al.，2009）。

这五项要素中的每一项都是实现适应性效率的必要条件，而非充分条

---

[1] 在这里，使用"有效产权"而不是"明确产权"是受 Hu（2007：17）的启发，他在总结 North 关于制度和经济绩效的主要论点时指出，"有效的产权是有效经济组织的基础"。如果产权制度是有效的，那么它是明确的还是模糊的对于转型经济体中的经济绩效就变得不那么重要了。也就是说，在不完善的制度环境下，有效的产权可以是事实上的产权，而不是必要的法律上的产权。这也是制度弹性的一部分。

件。例如，即使决策过程是分散化的，一个制度如果具有很高的交易成本
或竞争受到抑制，也不一定具备较高的效率。因此，适应性效率并非仅由
五个因素的简单加总来保证，相反，它们必须共同发挥作用，任何一点的
不足都可能损害这一目标。此外，拥有一个有力和可信的政府是这种效率
的必要先决条件。政府通常有权确保合同的执行并维护公平竞争。特别是
在制度灵活性方面，一个有能力、可信且有效的政府应该努力鼓励制度创
新和实验，并奖励成功、淘汰失败。理想情况下，政府应该尽量不做得太
多，以保持制度的灵活性；同时也不做得太少，也就是说，要做好尝试、
失败、学习和改变的准备。

　　然而，在制度经济学中，量化适应性效率是一项具有挑战性的任务，
目前对特定制度的适应性效率进行的定量研究还远远不够。本研究认为，
耦合的概念（一个物理学概念，用于描述两个或多个系统通过各种相互
作用相互影响的现象）或许是有帮助的。由于其有益的物理学隐喻，该
概念已被广泛引入社会科学领域（Li et al.，2012）。由于适应性效率产生
于制度与其不断变化的环境之间的相互作用，因此它与耦合的概念在理论
上是一致的。这为适应性效率评价提供了一种可能的途径。

## 三　中国户籍制度的演变

　　户籍制度在中国历史上由来已久，但直到新中国成立后，其各种功能
才在全国范围内得到恢复和大幅加强。

### （一）外生的户籍制度化过程

　　在新中国成立的最初三年（1949～1952 年），户籍制度是相当宽松的
（Solinger，1999）。当时，私营企业在很大程度上被允许继续在市场上经
营，个人可以自由选择职业，并享有迁移的自由（Cheng & Selden，
1994）。政府仍然在努力加强城乡之间的市场交流。在这一时期，市场机
制在资源配置中发挥了关键的作用，尽管这一机制远非完善。

　　为了实现国家繁荣的梦想，我国引进了苏联式的计划经济体系（Lin

et al.，2003）。1953 年，中央政府启动了第一个"五年计划"，采取了重工业优先发展的战略。在一个以农业为主的社会中，当时中国存在着劳动力过剩和资本短缺的情况，为了加速工业化进程，政府进行了强制的资源配置，人为降低了重工业的发展成本，包括降低资本、外汇、能源、原材料、劳动力和农产品的价格（Lin et al.，2003）。因此，在农村和城市地区都出台了一系列涵盖农业和工业部门的政策和法规。这使得户籍制度逐渐具备了人口流动控制和资源配置的功能（见图 7-2），这些功能一定程度上借鉴了苏联内部护照（Propiska）体系的理念（Cheng & Selden，1994）。

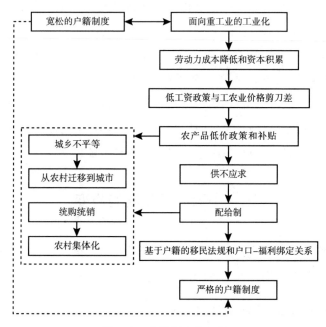

**图 7-2　户籍制度化路径**

资料来源：作者制图。

　　随着这些偏向城市的规章制度的建立①，制度激励意味着向城市迁移是市场机制下农村居民利益最大化的选择。然而，在实践中，这会导致城

---

　　① 改革开放前农业户口和非农业户口相关权利的详细对比见 Saich 和 Zhang（2023）。

市失业率的上升，并给资源（如粮食、住房、教育和公共服务等）带来压力，进一步危及计划经济体制下的工业化。针对这种负反馈，中央政府加强了户籍管制，缩小了原有较为宽松的户籍制度的执行范围。从1953年开始，政府连续发布了多份文件，旨在阻止农民向城市迁移。政府还因控制农村人口流动到城市付出了大量的人力和物力，这表明维持宽松的户籍制度需要高昂的执行成本。因此，政府加快了立法的步伐。1958年，中国实施了《户口登记条例》以严格管理人口迁移。

尽管当时中国的发展战略得到了人民的支持，但严格的户籍制度的产生是一种外生的制度化过程（见表7-1）。以重工业为导向的发展战略并不符合当时我国劳动力资源丰富和资本稀缺的比较优势（Lin et al.，2003）。这一战略实施后，政府强制实施了严格的户籍制度，以服务于计划经济体系，因为相对宽松的户籍制度的执行成本变得过高。这导致原来宽松的户籍制度只能在更小范围内得到执行，实质上说明了这一制度安排的削弱。

表 7-1　户籍制度外生的制度化过程

| | |
|---|---|
| 现有制度 | 宽松的户籍制度 |
| 外部冲击 | 重工业优先发展战略 |
| 正/负反馈 | 负反馈(城市的高失业率和"过度"消费) |
| 偏离/遵循 | 有益的偏离(劝说农民不要进入城市;劝说流动人口回到农村;引入迁移许可制度) |
| 自我执行力 | 减少 |
| 政府调节 | 越来越严格的人口流动控制和户口与福利的绑定关系 |
| 削弱/加强 | 削弱 |
| 制度变迁 | 严格的户籍制度 |

改革前严格的户籍制度从根本上影响了我国的社会经济发展。值得注意的是，作为一个农业经济体，我国的农业生产力深受这一严格户籍制度的约束。发展经济学理论认为，在技术水平给定的情况下，随着越来越多的可变要素（劳动力）投入到固定要素（土地）之中，农业的边际产量是下降的。根据这一边际收益递减规律，此时就会出现较低水平的农业生

产率（Sheng & Song，2018）。改革前，我国人口增长率相对较高，尤其是在农村地区，这意味着劳动力数量的不断增加。在严格的户籍制度下，农村人口不能自由地迁移到城市地区，这就增加了农业生产的劳动力与土地的比率。此外，再加上农产品低价政策和公社制度削弱了农民的生产积极性，所有这些因素导致了改革前我国相对较低的农业生产率水平（见图7-3）。

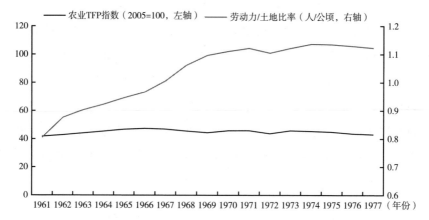

**图7-3 改革前我国劳动力/土地比率与农业全要素生产率指数的波动变化**

数据来源：作者计算。

## （二）内生的户籍制度改革

自1978年改革开放以来，户籍制度发生了重要调整，以适应去集体化、市场化、分权化和全球化的新局面。为了更好地理解该制度的调整变化过程，以下从人口流动控制与资源分配（户口-福利的绑定关系）两个角度对其进行考察。

### 1. 人口流动控制

面临当时的农业发展困境，理论上有两种潜在的方法可以解决农业生产率低下的问题：释放资源转移效应和增加农业生产激励。前者需要降低农村劳动力与土地的比率，即放松严格的户籍制度，允许农村劳动力迁往城市。根据二元结构理论，这将促使劳动力从低生产率部门转移到高生产率部门，从而实现资源转移效应。然而，这种方法也有潜在风险，它可能会造成本就发展羸弱的城市部门的大量失业和过度消费问题，这在当时显然是无法接受的。对于后者，公社制度和农产品低价政策是这一方法的两个主要障碍。

因此，从 20 世纪 70 年代末开始，在基层农民创新的基础上，我国开始逐步实施家庭联产承包责任制改革，以解决农业部门人民公社制度中的激励不足问题。这种过程被视为"去集体化"过程。1979 年，我国又开始了价格改革，以调整受国家控制且长期被抑制的农产品价格。价格改革也在 1984 年扩展到了工业生产领域（Guo，1992），这使得市场力量在经济中的作用大幅增强，而政府对经济的干预则被不断弱化。市场力量的扩大和价格信号的形成对经济决策和资源配置产生了深刻的影响，同时也对农业和工业部门生产率的增长起到了显著的促进作用。

在上述的土地和价格改革后，我国的农业生产率得到了大幅提高，也改善了农产品（尤其是粮食）的供给问题，同时形成了大量以往被限制在公社内的农村剩余劳动力。由于城乡地区间的收入差异，农村剩余劳动力有很大的迁移动力。到了 20 世纪 80 年代，乡镇企业的发展以及出口导向型的发展战略使得经济上对非熟练劳动力的需求大幅提升。越来越多的农村劳动者从事非农工作，越来越多的非国有企业在城镇招募农村劳动力，而这些行为更多是通过个人"关系"或者"同乡"等网络以非正式的方式进行的（Nee & Opper，2012；Young，2013）。这些行为实际上已经背离了原本严格的户籍制度。这种制度的偏离一开始被称为"离土不离乡，进厂不进城"，它打破了户籍制度中把农民"捆绑"在土地上的规则。随后，范围也扩展到了城市地区。1982 年的人口普查显示，在官方户籍制度改革开始两年前，人口居住地与户籍所在地不一致的人口数量已经达到了 1133 万，这其中有 636 万人超过 1 年未在户籍所在地居住。表 7-2 从人口流动控制功能的角度，揭示了户籍制度改革的内生逻辑。

**表 7-2　内生的户籍制度（人口流动控制）改革**

| | |
|---|---|
| 现有制度 | 严格的户籍制度 |
| 正/负反馈 | 负反馈（农业生产率低下、收入差距大、劳动力供需不匹配） |
| 拟参数 | 农业生产率、城乡和区域收入差距、劳动力的供需平衡 |
| 偏离/遵守 | 有益的偏离（农村人口流动以增加农民收入，企业招募农村廉价劳动力） |
| 自我执行能力 | 下降 |
| 政府调控 | 自理口粮户籍改革、暂住证和身份证等制度的引入 |
| 削弱/加强 | 削弱 |
| 制度变迁 | 相对宽松的户籍制度 |

　　20 世纪 80 年代中期，中国政府为了应对这种人口流动情况进行了多次放宽户籍管制的改革，如自理口粮户口改革[①]以及暂住证和身份证的推出等。在这次户籍管制放松之后，大量的农村剩余劳动力向城镇地区转移，这一点在 20 世纪 90 年代更为显著。此次改革大大降低了农村地区的劳动力与土地的比率，从而提高了农业生产率（见图 7-4），并进一步提高了农民的收入水平，纠正了劳动力市场的错配现象。

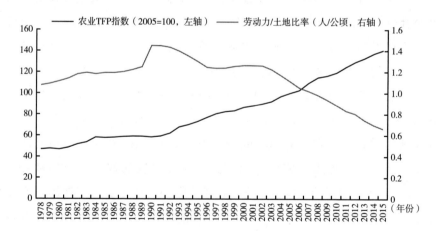

**图 7-4　改革开放后中国劳动力/土地比率与农业全要素生产率的波动变化（1978~2015 年）**

　　数据来源：作者计算。

---

　　① 允许务工、经商、从事服务业的农民自理口粮到集镇落户。

**2. 户口-福利的绑定关系**

在制度演化的过程中，有时不只一个拟参数会发生变化，这也使得制度的演变更加复杂化。户籍制度的演化过程就体现了这一点，使其削弱和强化过程有时是重叠的。

（1）自我削弱过程

自 20 世纪 80 年代初以来，我国经历了一个分权的过程，中央政府实施了各种旨在将财政和行政权力下放给地方政府的计划。1994 年的分税制改革明确了中央和地方政府"财权"和"事权"上的划分。[①] 由于户口和福利之间的绑定关系，户籍制度决定了地方财政支出的人口基数，而人口基数的大小决定了地方政府提供公共服务预算的多寡。因此，地方政府在其行政管辖范围内对户口政策有较大的决策权（Chan，2009）。户籍制度放松后，人口流动变得越来越普遍，也逐渐促进了产品和劳动力市场的形成（Solinger，1999）。随着市场化程度的加深，农产品价格不断上升，地方政府发现维系现有的户口-福利绑定关系的成本越来越高，且已经没有必要为城市户口持有者提供粮食财政补贴。于是，政府放弃了配给制度，逐步取消了粮票等其他票证制度。户口与粮食的绑定关系就此结束，维持城市粮食安全的财政补贴也进一步减少。1992 年，社会主义市场经济体制改革目标的确立又进一步削弱了户口与福利的绑定关系，这些福利包括住房保障、就业和社会保险等。这些福利也逐渐变得市场化，成为商品，对于流动人口来说，这些福利在开放市场上的可获得性不断增加。

在此过程中，市场化可以被认为是一个拟参数。放开劳动力流动控制的户籍改革促进了市场化的发展，而市场化的发展继而又削弱了户口-福利的绑定关系（见表 7-3）。

（2）自我强化过程

20 世纪 90 年代，我国出现了所谓的"民工潮"现象，这进一步推

---

① 事权指政府在公共事务和服务中所具有的职权和责任；财权指政府负责筹集和支配收入的权力，主要包括税权、收费权及发债权。

动了户籍制度的改革，但这一轮改革的规模相对较小。2001 年，政府全面彻底放开了小城镇的户籍管制。小城镇的户口所附带的社会福利相比大城市要少得多，因此本轮改革没有给这些地方政府带来太大的财政压力，实施起来也相对容易。相比之下，大城市的户籍制度改革进程则较为缓慢。

值得注意的是，在分税制改革增加了地方政府的支出责任后，户口成为城市政府控制财政支出、扩大财政收入的有效工具。20 世纪 80 年代，许多地方政府通过出售城市户口来筹集城市建设基金，并从中得到直接利益（Chang & Zhang，1999）。随后，在地方户籍制度改革中又相继出现了政策创新（尤其是在大城市），其中包括 20 世纪 90 年代的"蓝印户口"改革、现行的积分制，以及近年来的人才争夺战等①。然而，这些改革主要面向的是最有可能使当地经济受益的高技能移民，而排斥了大多数低技能移民。在某种程度上，对于低技能移民来说，获得这些城市的户口甚至变得比以前更加困难。2014 年，中央政府继续强调要通过户籍制度严格控制特大城市的人口规模（国务院，2014）。近年来，虽然户籍制度改革主要针对大城市，但政府对在特大城市推进此类改革仍保持着谨慎的态度。

因此，现行户籍制度带来的经济效益使地方政府在总体上是有利可图的（见表 7-3），这导致地方政府并不愿意从根本上改变这一制度安排。从这个意义上来说，户籍制度正在强化。如果地方政府想在不打破户口与福利绑定关系的情况下进行激进的户籍改革，势必危及地方财政。正是上述原因导致了郑州市在 21 世纪初的户籍改革的失败②，同时也使大多数城市官员倾向于反对户籍改革。③

---

① 自 2018 年上半年以来，许多大城市开始引入一系列优惠的落户政策，以争夺人才、提升经济活力。

② 2001 年，河南郑州实施了一系列激进的户籍改革，推动符合条件的外来务工人员落户，但这一"户籍新政"在 2004 年即被废止。

③ 根据《财经国家周刊》报道，2012 年 4 月到 5 月，国家发改委带领各部委进行城镇化调研，发现"户改几乎遭遇所有市长的反对"。见 https：//www.infzm.com/contents/80386？source=131。

表 7-3　内生的户籍制度（资源配置）改革

| 现有的制度 | 宽松的人口流动管制和绑定的户口-福利关系 | |
|---|---|---|
| 拟参数 | 市场化、地方分权 | |
| 正/负反馈 | 负反馈（对城镇户籍人口提供补贴成本提高） | 正反馈（保护"内部人"既得利益，为当地的经济发展吸引人才和投资） |
| 偏离/遵循 | 有益的偏离（剥离户口所附着的一些福利） | 有益的遵循（维持户口-福利的绑定关系） |
| 自我执行能力 | 下降 | 上升 |
| 政府调控 | 取消统购统销制度和配给制 | "蓝印户口"改革、积分落户制度改革和人才争夺战 |
| 削弱/强化 | 削弱 | 强化 |
| 制度维系 | 复杂的户籍制度 | |

综上所述，在制度变迁演变的特定时期内，制度的削弱和强化是交织在一起的。最终，制度的变迁或是维系将依赖于削弱与强化的相对力量，这也就部分解释了我国户籍制度的持续性和复杂性。

## 四　户籍制度演变的适应性效率

### （一）户籍制度演变的适应性效率比较

根据前述的适应性效率五个要素，表 7-4 对改革前和改革后的户籍制度适应性效率对比进行了总结。

表 7-4　改革前和改革后的户籍制度适应性效率

| 要素 | 改革前 | 改革后 |
|---|---|---|
| 产权 | 不明晰 | 在劳动力产权和农村土地产权方面相对有效 |
| 决策过程 | 集中 | 分散 |
| 交易成本 | 比较高 | 劳动力流动的交易成本低，但以户口为基础的土地交易成本和福利获取的交易成本相对较高 |
| 竞争 | 被抑制 | 显著提高 |
| 创新与实验 | 低水平 | 相对较高水平 |

　　产权方面，在户籍制度改革之前，劳动者并没有完全拥有其对劳动的"产权"。首先，劳动者没有自由选择职业的权利。其次，以户口为基础的"福利"（包括农村土地和城市福利）的"产权"在农村和城市居民之间是分离的。但户籍制度改革把劳动力的"产权"从国家归还给了个人，以户口为基础的福利"产权"同样也经历了重大的调整。当地户籍居民仍然拥有获得城市福利的权利，但在市场化背景下，户口所绑定的福利范围已大幅缩小。农村土地的所有权仍然是集体的，但使用权、收益权和转让权逐渐明确到农业户口持有者个人。

　　决策过程方面，在改革前中央集中决策体制下，个人决策权受到了显著抑制：户口类型决定了户口持有者可获得的工作类型，且政府控制着城乡人口的迁移。改革后，流动人口开始根据市场信息自主做出迁移的决策。户口在人口流动和职业决策中的重要性显著下降。此外，地方政府积极参与户口管理，推动了户籍制度的改革。个人、家庭、企业和地方政府各级的分散决策过程使经济系统能够最大限度地努力探索提高体制效率的替代办法。

　　交易成本方面，20世纪50年代以来，控制国内人口流动的户籍制度的实施大大增加了劳动力流动的交易成本。户籍制度改革从两个方面极大地降低了交易成本。首先，与改革前相比，农村户口持有者可以更便利地迁移到城市并在城市就业和生活。其次，产品市场和劳动力市场的发展削弱了户口与福利的绑定关系，这也有助于降低劳动力流动的交易成本。

　　竞争方面，在改革前，劳动力市场和产品市场的生存空间非常有限。两个市场的竞争水平在计划经济体制下受到相当大的抑制。首先，统购统销体制和工农业剪刀差扭曲了产品市场竞争。其次，城市和农村劳动力根据户口类型分别被分配到非农和农业部门，这大大抑制了部门间的劳动力竞争。户籍制度改革促进了劳动力流动，为产品和劳动力市场带来了市场化竞争。劳动力流动扩大了产品市场规模，并提高了产品和劳动力的供给水平，进一步促进了户口与福利的脱钩。城市户口持有者的"铁饭碗"制度被取消，政府的就业政策也逐步转变为市场导向型。

　　创新与实验方面，改革前的中央集中的户籍制度没有为创新和实验提供有利条件，因而很难消除无效率的制度要素、培育有效率的制度要素。改革后，权力的下放有助于提高制度的灵活性，从而为消除失败和奖励成功提供空间。例如，21世纪初，多个城市对户籍制度进行了不同的改革摸索，郑州的失败案例也可以被视为一种适应性的户籍制度改革尝试。在改革中，地方政府尝试了各种改革方法，来确定哪些改革会成功、哪些改革可能会失败，为后续的户籍制度改革提供了重要参考。

同时也应该看到，户籍制度改革仍需不断加强，特别是在以户口为基础的农村土地和城市福利方面。改革应当不断降低农村土地的交易成本，并提高城市福利的可获得性和降低福利获得的交易成本。

### （二）户籍制度演变的适应性效率测度

为了更好地理解适应性效率的概念，这里将其拆解为适应性和效率两个部分。适应性是在制度与环境之间的相互作用过程中产生的，可以通过耦合的概念来体现（Li et al.，2012）。一个制度和环境相互协调的情况意味着该制度很好地适应了环境。协调程度越高，制度适应性也就越高。为了便于理解，这里进一步假设"效率"一词是一个经济概念，强调的是制度的经济发展效率。

#### 1. 方法和变量

基于上文描述和耦合模型设定（Li et al.，2012），本章提出了一种适应性效率的测度方法。$X_t$代表不同时间的制度安排，$Y_t$代表不同时间的经济发展水平。首先，为了消除量级的影响，使用公式（7.1）对原始数据进行标准化处理，$X_t^{'}$和$Y_t^{'}$为两个指标的原始数据，$X_t$和$Y_t$为标准化后的值，$X_{max}^{'}$和$Y_{max}^{'}$为两项指标的最大值。

$$\begin{cases} X_t = \dfrac{X_t^{'}}{X_{max}^{'}} \\ Y_t = \dfrac{Y_t^{'}}{Y_{max}^{'}} \end{cases} \qquad 公式（7.1）$$

其次，在公式（7.2）中，$AD$为制度对经济环境的适应程度。这里假设$X_t$和$Y_t$的统计离差越小，二者的适应性就越高。

$$AD = \left\{ \frac{X_t \cdot Y_t}{\left(\frac{X_t + Y_t}{2}\right)^2} \right\}^2 \qquad 公式（7.2）$$

最后，AE 代表制度的适应性效率水平，使用公式（7.3）计算。

$$AE = \sqrt{AD \cdot \left(\frac{X_t + Y_t}{2}\right)} \qquad 公式（7.3）$$

这里使用人均 GDP（以 1952 年不变价计算）和以户口为基础的城镇人口比率（HUPR）来分别代表经济发展和户籍制度。数据来源于国家统计局和历年的《中国人口年鉴》。使用 HUPR 指标来代表户籍制度主要基于两个考虑。[①] 首先，它可以体现该制度的人口流动控制功能：该比率越低，说明城乡人口流动的控制就越严格，反之亦然。其次，该指标反映了城镇地区的城乡分割程度：比率越低，城镇地区的城乡分割程度越大。这种划分也是对不同类型户口持有者可获得福利的划分：这一比率越低，城镇地区无法享受城镇福利的农业户口持有者的相对人数就越多。根据公式（7.4）可以计算出 HUPR 的值。

$$HUPR = \frac{城镇户籍人口数}{城镇常住人口数} \qquad 公式（7.4）$$

### 2. 测度结果

改革前户籍制度的适应性程度和适应性效率都很低（见图 7-5）。尽管户籍制度是为了适应计划经济体制而建立的，但它并没有很好地适应经济发展的要求，因为它不符合中国劳动力过剩的比较优势的事实。因此，其制度效率受到相当大的抑制。20 世纪 70 年代末改革开放后，特别是 80 年代中期户籍制度改革后，其制度适应性程度和适应性效率开始提高，并在 90 年代初之后进一步提高，这可能与"民工潮"后的小城镇户籍开放和地方户籍制度创新有关。在我国融入全球市场的背景下，大规模的劳动力流动和适时的户籍制度改革很好地适应了经济发展的要求。

---

① 这个指标也有缺陷，它无法捕捉到户籍制度的复杂性，但它能够捕捉到该制度一些关键要素，尤其是城镇福利可及性方面的不平等问题。

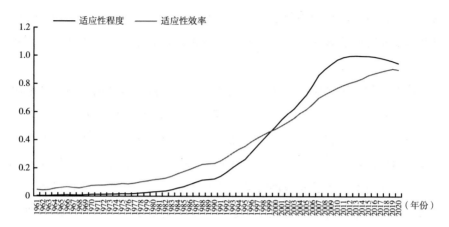

图 7-5 1961~2020 年中国户口制度的适应性效率

数据来源：作者计算。

但自 2008 年以来，户籍制度的适应性程度和适应性效率都呈现边际下降的趋势，其中适应性程度于 2012 前后开始下降（该趋势至今仍在继续），表明该制度难以适应新的经济环境的变化，包括人口老龄化、国内消费疲软和社会不平等加剧等问题；适应性效率仍在提高，但其增长率呈下降趋势。户籍制度适应性程度不断下降，导致了其适应性效率的降低。这表明我国户籍制度改革和现行的户籍制度确实具有一定的适应性效率，但也正面临着困难。自 2008 年全球金融危机以来，我国的户籍制度改革未能很好地满足进一步经济发展的需求。例如，金融危机暴露了我国对国际市场的过度依赖和国内需求不足的问题。户籍制度则是增加国内需求的最主要的障碍之一（Dreger et al.，2015；Song et al.，2010），而这一问题并没有在改革中得到很好的解决。户籍制度也是造成我国区域和社会不平等的最关键因素之一，也阻碍了进一步的经济转型。

## 五 总结和政策启示

理解制度变迁是经济动态研究中的一项关键任务，对转型经济体的研究尤其如此。本章以户籍制度的演变为例，阐明了制度变迁及其与经济动态的相互作用。研究发现得出了一个看似是循环论证但意义深远的结论：户籍制度显著影响着我国经济发展；反过来，其演变过程也受到了经济转型的深刻影响。

首先，基于内生制度变迁理论框架，本章分析了改革前后户籍制度演变的不同路径，得出两个结论：（1）严格户籍的制度化主要是自上而下实施的外生变迁过程，其中，中央政府的强制执行起主导作用，个人和地方政府的作用在很大程度上被忽视了；（2）严格户籍制度最终阻碍了经济转型，从而引发了其自身的改革。改革本质上是一个内生变迁过程，在国家与市场、中央与地方再平衡的过程中，市场自发力量和地方政府的作用重新焕发生机。然而，制度的削弱和强化过程是相互交织的，这使得户籍制度改革变得复杂。在财政分权的背景下，户口与福利的绑定关系又延缓了户籍制度的改革进程。

其次，在适应性效率理论的基础上，本章研究了户籍制度的外生制度化如何制约其适应性效率，以及内生改革如何产生适应性效率。研究结果表明，制度改革明确了劳动力和农村土地的产权，促进了分散化决策机制的形成，加强了劳动力和产品市场竞争的作用，降低了劳动力流动的交易成本，并保持了一定程度的制度灵活性，从而有助于鼓励成功和消除失败。这些都对提高户籍制度的适应性效率起到至关重要的作用。实证结果表明，改革后的户籍制度适应性效率远高于改革前，但自2008年以来呈边际下降趋势。这一发现表明，我国户籍制度改革和现行的户籍政策确实具有一定的适应性效率，但该制度也正在面临着一些困难。

为了进一步改革户籍制度并提升其适应性效率，决策者应该重视制度变迁的内生力量和适应性逻辑。应不断降低人口流动的交易成本——不仅是城乡人口迁移本身的交易成本，还包括与户口相关的城市福利获得的交易成本。保障公平竞争对于消除劳动力和土地市场上基于户口的歧视至关重要。此外，保持一定的制度灵活性有利于促进制度创新、消除制度缺陷。因此，赋予地方政府一定的自主权、为竞争和创新留出足够的空间，是提高制度效率的必要条件。

## 参考文献

Afridi, F. , S. X. Li and Y. Ren. 2015. 'Social Identity and Inequality: The Impact of China's Hukou System. ' *Journal of Public Economics* 123: 17 – 29. doi. org/10. 1016/j. jpubeco. 2014. 12. 011.

Aoki, M. 2001. *Toward a Comparative Institutional Analysis.* Cambridge, MA: MIT Press. doi. org/10. 7551/mitpress/6867. 001. 0001.

Aoki, M. 2007. 'Endogenizing Institutions and Institutional Changes. ' *Journal of Institutional Economics* 3 (1): 1–31. doi. org/10. 1017/S1744137406000531.

Au, C. C. and J. V. Henderson. 2006. 'How Migration Restrictions Limit Agglomeration and Productivity in China. ' *Journal of Development Economics* 80 (2): 350– 88. doi. org/ 10. 1016/j. jdeveco. 2005. 04. 002.

Boettke, P. J. , C. J. Coyne and P. T. Leeson. 2008. 'Institutional Stickiness and the New Development Economics. ' *American Journal of Economics and Sociology* 67 (2): 331–58. doi. org/10. 1111/j. 1536–7150. 2008. 00573. x.

Brousseau, E. , P. Garrouste and E. Raynaud. 2011. 'Institutional Changes: Alternative Theories and Consequences for Institutional Design. ' *Journal of Economic Behavior and Organization* 79 (1–2): 3–19. doi. org/10. 1016/j. jebo. 2011. 01. 024.

Cai, F. 2011. 'Hukou System Reform and Unification of Rural-Urban Social Welfare. ' *China & World Economy* 19 (3): 33 – 48. doi. org/10. 1111/j. 1749 – 124X. 2011. 01241. x.

Cai, F. and M. Wang. 2010. 'Growth and Structural Changes in Employment in Transition China. ' *Journal of Comparative Economics* 38 (1): 71 – 81. doi. org/10. 1016/j. jce. 2009. 10. 006.

Chan, K. W. 2009. 'The Chinese Hukou System at 50. ' *Eurasian Geography and Economics* 50 (2): 197–221. doi. org/10. 2747/1539–7216. 50. 2. 197.

Chan, K. W. and L. Zhang. 1999. 'The Hukou System and Rural-Urban Migration in China: Processes and Changes. ' *The China Quarterly* 160: 818 – 55. doi. org/ 10. 1017/ S0305741000001351.

Chang, H. J. 2011. 'Institutions and Economic Development: Theory, Policy and History. ' *Journal of Institutional Economics* 7 (4): 473 – 98. doi. org/10. 1017/S1744137410000378.

Chen, C. and Fan, C. C. 2016. 'China's *Hukou* Puzzle: Why Don't Rural Migrants Want Urban *Hukou*?', *China Review* 16 (3): 9–39.

Chen, P. 1993. 'China's Challenge to Economic Orthodoxy: Asian Reform as an Evolutionary, Self-Organizing Process. ' *China Economic Review* 4 (2): 137–42. doi. org/ 10. 1016/1043–951X (93) 90014–Q.

Cheng, T. and M. Selden. 1994. 'The Origins and Social Consequences of China's Hukou System. ' *The China Quarterly* 139: 644-68. doi. org/10. 1017/S0305741000043083.

Chi, J. and J. Yang. 2003. 'An Analysis of the Supply and Demand of the Changes in China's Hukou System: An Explanation from the Perspective of Rural Economic Reform. ' [In Chinese]. *Reform of Economic System* 3: 70-73.

DellaPosta, D., V. Nee and S. Opper. 2017. 'Endogenous Dynamics of Institutional Change. ' *Rationality and Society* 29 (1): 5-48. doi. org/10. 1177/1043463116633147.

Dreger, C., Wang, T., and Zhang, Y. 2015. 'Understanding Chinese Consumption: The Impact of *Hukou*', *Development and Change* 46 (6): 1331-44.

Fan, C. S. and O. Stark. 2008. 'Rural-to-Urban Migration, Human Capital, and Agglomeration. ' *Journal of Economic Behavior and Organization* 68 (1): 234-47. doi. org/10. 1016/j. jebo. 2008. 04. 003.

Government of thePeople's Republic of China (PRC). 2021. 'The 14th Five-Year Plan for National Economic and Social Development of the People's Republic of China and Outline of the Vision for 2035. ' [In Chinese]. *Xinhua News Agency*, [Beijing], 12 March. Available from: www. gov. cn/xinwen/2021-03/13/content_ 5592681. htm.

Greif, A. 2006. *Institutions and the Path to the Modern Economy: Lessons from Medieval Trade*. New York, NY: Cambridge University Press. doi. org/10. 1017/CBO9780511791307.

Greif, A. and C. Kingston. 2011. 'Institutions: Rules or Equilibria?' In N. Schofield and G. Caballero (eds), *Political Economy of Institutions, Democracy and Voting*, pp. 13-43. Berlin: Springer. doi. org/10. 1007/978-3-642-19519-8_ 2.

Greif, A. and D. D. Laitin. 2004. 'A Theory of Endogenous Institutional Change. ' *American Political Science Review* 98 (4): 633-52. doi. org/10. 1017/S0003055404041395.

Guo, J. J. 1992. *Price Reform in China, 1979-86*. London: Palgrave Macmillan. doi. org/ 10. 1007/978-1-349-11681-2.

Hu, B. 2007. *Informal Institutions and Rural Development in China*. London: Routledge. doi. org/10. 4324/9780203947449.

Huang, S. 2017. 'The Origin and Present Situation of Institutional Economics. ' [In Chinese]. *Reform* 1: 132-44.

Kingston, C. and G. Caballero. 2009. 'Comparing Theories of Institutional Change. ' *Journal of Institutional Economics* 5 (2): 151-80. doi. org/10. 1017/S1744137409001283.

Li, Y., Y. Li, Y. Zhou, Y. Shi and X. Zhu. 2012. 'Investigation of a Coupling Model of Coordination between Urbanization and the Environment. ' *Journal of Environmental Management* 98: 127-33. doi. org/10. 1016/j. jenvman. 2011. 12. 025.

Lin, J. Y. 1989. 'An Economic Theory of Institutional Change: Induced and Imposed Change. ' *Cato Journal* 9 (1): 1-33.

Lin, J. Y., F. Cai and Z. Li. 2003. *The China Miracle: Development Strategy and Economic Reform*. Hong Kong: Chinese University Press. doi. org/10. 2307/j. ctv1fj84hd.

Ma, Y. and A. Jalil. 2008. 'Financial Development, Economic Growth and Adaptive

Efficiency：A Comparison between China and Pakistan.' *China & World Economy* 16 （6）：97–111. doi. org/10. 1111/j. 1749–124X. 2008. 00140. x.

Marris, R. and D. C. Mueller. 1980. 'The Corporation, Competition, and the Invisible Hand.' *Journal of Economic Literature* 18 （1）：32–63.

National Bureau of Statistics of China （NBS）. 2020. *China Statistical Yearbook 2019.* Beijing：China Statistics Press.

National Developmentand Reform Commission （NDRC）. 2020. *Key Tasks for New-Type Urbanisation Construction and Urban-Rural Integration Development in 2020.* Development and Reform Planning ［2020］ No. 532, 3 April. Beijing：NDRC. Available from：www. gov. cn/zhengce/zhengceku/2020–04/09/content_ 5500696. htm.

National Developmentand Reform Commission （NDRC）. 2021. *Key Tasks for New Urbanisation and Urban-Rural Integration Development in 2021.* ［In Chinese］. Development and Reform Planning ［2021］ No. 493, 8 April. Beijing：NDRC. Available from：www. gov. cn/zhengce/zhengceku/2021–04/13/content_ 5599332. htm.

National Development and Reform Commission （NDRC）. 2022. *The 14th Five-Year Plan for the Implementation of New Urbanisation.* ［In Chinese］. Plan ［2022］ No. 960, 21 June. Beijing：NDRC. Available from：www. gov. cn/zhengce/zhengceku/2022－07/12/content_ 5700632. htm.

Nee, V. and S. Opper. 2012. *Capitalism from Below：Markets and Institutional Change in China.* Cambridge, MA：Harvard University Press. doi. org/10. 4159/harvard. 9780674065390.

North, D. C. 1990. *Institutions, Institutional Change and Economic Performance.* New York, NY：Cambridge University Press. doi. org/10. 1017/CBO9780511808678.

North, D. C. 1994. 'Economic Performance through Time.' *The American Economic Review* 84 （3）：359–68.

North, D. C. 2005. *Understanding the Process of Economic Change.* Princeton, NJ：Princeton University Press.

North, D. C., J. J. Wallis and B. R. Weingast. 2009. *Violence and Social Orders：A Conceptual Framework for Interpreting Recorded Human History.* New York, NY：Cambridge University Press. doi. org/10. 1017/CBO9780511575839.

Peng, X., D. Zhao and X. Guo. 2009. 'The Reform of China's Household Registration System：A Political Economics View.' ［In Chinese］. *Fudan Journal （Social Sciences）* 3：1–11.

Sheng, Y. and L. Song. 2018. 'Agricultural Production and Food Consumption in China：A Long-Term Projection.' *China Economic Review* 53：15－29. doi. org/10. 1016/j. chieco. 2018. 08. 006.

Solinger, D. J. 1999. *Contesting Citizenship in Urban China：Peasant Migrants, the State, and the Logic of the Market.* Berkeley, CA：University of California Press.

Song, L., W. Jiang and Y. Zhang. 2010. 'Urbanization of Migrant Workers and Expansion of Domestic Demand.' *Social Sciences in China* 31 （3）：194－216. doi. org/

10. 1080/0252 9203. 2010. 503080.

Song, L. and C. Simpson. 2018. 'Linking "Adaptive Efficiency" with the Basic Market Functions: A New Analytical Perspective for Institution and Policy Analysis.' *Asia and the Pacific Policy Studies* 5 (3): 544-57. doi. org/10. 1002/app5. 249.

Song, Y. 2014. 'What Should Economists Know about the Current Chinese Hukou System?' *China Economic Review*29: 200-12. doi. org/10. 1016/j. chieco. 2014. 04. 012.

StateCouncil. 2014. *Opinions of the State Council on Further Promoting the Reform of the Household Registration System.* National Law [2014] No. 25, 30 July. Beijing: State Council of the People's Republic of China. Available from: www. gov. cn/zhengce/content/2014-07/ 30/content_ 8944. htm.

State Council. 2019a. 'Opinions of the Central Committee of the Communist Party of China and the State Council on Establishing and Improving the Institutional Mechanism and Policy System for Urban-Rural Integrated Development.' [In Chinese] . *Xinhua News Agency*, [Beijing], 5 May. Available from: www. gov. cn/zhengce/2019 - 05/05/ content_ 5388880. htm.

State Council. 2019b. 'The General Office of the Central Committee of the Communist Party of China and the General Office of the State Council Issued the "Opinions on Promoting the Reform of the System and Mechanism of Labour and Talent Social Mobility" .' [In Chinese] . *Xinhua News Agency*, [Beijing], 25 December. Available from: www. gov. cn/zhengce/2019-12/25/content_ 5463978. htm.

State Council. 2021. 'The General Office of the CPC Central Committee and theGeneral Office of the State Council Issued the Action Plan for Building a High-Standard Market System.' [In Chinese] . *Xinhua News Agency*, [Beijing], 31 January. Available from: www. gov. cn/zhengce/2021-01/31/content_ 5583936. htm.

United States Department of Agriculture (USDA) . 2022. *International Agricultural Productivity.* [Online] . Washington, DC: Economic Research Service, USDA. Available from: www. ers. usda. gov/data-products/international-agricultural-productivity/.

Vendryes, T. 2011. 'Migration Constraints and Development: Hukou and Capital Accumulation in China.' *China Economic Review* 22 (4): 669 - 92. doi. org/10. 1016/ j. chieco. 2011. 08. 006.

Wang, F. L. 2005. *Organizing through Division and Exclusion: China's Hukou System.* Stanford, CA: Stanford University Press. doi. org/10. 1515/9780804767484.

Wu, X. and D. J. Treiman. 2004. 'The Household Registration System and Social Stratification in China: 1955 - 1996. ' *Demography* 41 (2): 363 - 84. doi. org/10. 1353/dem. 2004. 0010.

Young, J. 2013. *China's Hukou System: Markets, Migrants, and Institutional Change.* New York, NY: Palgrave Macmillan. doi. org/10. 1057/9781137277312_2.

Zhang, K. , C. Chen, J. Ding and Z. Zhang. 2019. 'China's Hukou System Reform and City Economic Growth: From the Aspect of Rural-Urban Migration. ' *China Agricultural*

*Economic Review* 12 （1）：140-57. doi. org/10. 1108/CAER-03-2019-0057.

Zhang, M. , C. J. Zhu and C. Nyland. 2014. 'The Institution of Hukou-Based Social Exclusion: A Unique Institution Reshaping the Characteristics of Contemporary Urban China.' *International Journal of Urban and Regional Research* 38 （4）：1437 - 57. doi. org/ 10. 1111/j. 1468-2427. 2012. 01185. x.

Zhou, B. 2013. 'Adaptive Efficiency: The Deficiency of North's Theory and the Reconsideration.' ［In Chinese］. *Research of Institutional Economics* 3：204-25.

Zhou, K. 2012. 'Why Do Mayors around theWorld Oppose Household Registration Reform?' *Sohu Finance*, ［Beijing］, 20 August. Available from: business. sohu. com/s2012/ weiguan48/.

# 第8章
# 早期新冠疫情对中国收入不平等
# 和贫困的影响：来自混合
# 数据分析的发现

李实　詹鹏

## 一　引言

本章重点介绍 2020 年上半年新冠疫情对中国收入差距和贫困的影响。

本章使用多种数据来源，提出了一种新的方法来评估疫情的影响，同时对疫情早期对收入分配和贫困的影响进行了一些实证分析。这项研究没有分析疫情在 2020 年 6 月之后的影响，原因有两个。第一，从 2020 年 6 月到 2022 年 1 月，中国的疫情并不是很严重，对收入分配和贫困的影响也没有 2020 年初那么大。第二，自 2022 年 1 月以来，病毒新变种不断出现，中国面临着更严峻的挑战，然而我们缺乏更高质量的数据来准确评估这种情况。

新冠疫情对经济活动产生了明显影响。在疫情防控期间，大多数经济活动中断。社区和交通管制等措施导致消费者需求急剧下降，对消费企业的影响最大。大多数农民工被迫推迟或放弃返回城市工作。资金链薄弱的公司面临破产（IFC，2020；Zhu et al.，2020；Liu et al.，2020；Wang，2020）。工作岗位减少，就业收入降低。随着中国强有力的防控措施和及时复工复产的政策，疫情对经济的影响在 3 月份开始逐渐消退（Xu et al.，2020）。虽然疫情在全国范围内基本得到控制，但中国东北部和北京等一些地区出现了小规模疫情。截至 2020 年 6 月底，新冠疫情的负面影响尚未大规模传播。到那时，已经生成了大量零散的数据，使我们能够从不同的角度了解疫情的影响。这项研究的任务之一是整合零散的信息，以获得疫情对收入分配和贫困影响的定量估计。

许多研究以中国经济问题为背景提供了不同的视角。这些研究可分为三类。第一类定性分析了疫情可能带来的经济后果，帮助各级政府做出适当决策或供其他学者进行进一步研究（Chen et al.，2020）。第二类基于百度和自动导航等网站的人口迁移大数据，研究了疫情传播对人口流动和不同地区经济的影响（Qiu et al.，2020；Fang et al.，2020；Chinazzi et al.，2020）。第三类通过结合各种宏观或微观层面的数据来评估或模拟疫情的真实影响。

第三类研究对我们的研究最有用，可以进一步分为四个子类。

第一个子类的解释仅基于宏观层面的数据，包括徐等人的综合解释。（2020）和中国国家统计局网站上发布的对具体问题的解释。

第二，基于投入产出和一般均衡模型，研究了疫情对宏观经济的影响路径和疫情期间的金融风险传导机制（Liu et al.，2020；Yang et al.，2020；Zhang et al.，2020；Wang & Wu，2021）。或者，从全球价值链的角度研究了疫情对国际产业分工的影响（Liu，2020；Meng，2020）。此外，基于微观家庭调查数据进行了微观模拟分析，以计算疫情对农民工汇款规模的影响（Zhang et al.，2021）。

第三，根据中小企业的调查数据，从中小企业的资本需求、运营条件和员工状况方面观察到了疫情。最具影响力的企业调查是北京大学数字金融研究院和蚂蚁集团研究院基于蚂蚁金服大数据的研究报告，以及一份基于中国人民银行清华大学研究生院联合研究小组分析的数百万中小微企业数据的研究报告。这两份报告的调查样本量很大，研究方法标准化，结果可信。其他研究也基于许多企业调查，其结果具有很大的参考价值（美团研究院，2020；Zhang & Dai，2020；Zhu et al.，2020）。

在第四个子类别中，根据微观调查数据研究了疫情对收入或消费的影响。Liu 等（2022）的研究是一个有代表性的例子。他们根据国家统计局的家庭调查数据估计了疫情对人均消费的影响。Wang 等（2021）对来自七个省 726 个村庄的信息员进行了三轮采访，发现 2019 年有工作的农村工人中，31% 在 2020 年 4 月底之前没有工作。Liang 等（2022）利用 2020年 1 月和 7 月的调查数据，研究了疫情对职业技术学校毕业生收入和就业的影响。

由于数据限制，大多数现有研究都观察到了疫情对某一群体或领域的影响，缺乏对总体收入分配和贫困状况的评估。因此，本研究基于具有全国代表性的微观数据，收集了 2020 年 6 月以来的宏观数据，充分整合了不同的数据来源，并对疫情对农村收入分配和贫困的影响进行了全面评估。

## 二 识别策略

### （一）基本逻辑：疫情如何影响农村家庭收入

疫情对家庭收入的影响是一个连锁过程，我们用图 8.1 进行解释。单从社会经济角度看，我国应对疫情的措施表现为对经济活动和居民活动的暂时性限制，从具体表现看包括交通管制、社区管制、经营活动管制、公共场所管制等。

**1. 疫情对经济活动发生影响的三个阶段**

按照疫情形势的变化，我们可以将疫情对经济活动的影响分为三个阶段。

第一阶段是刚开始管控的初期。开始管控的时间恰好是春节假期的开始时间。此时大部分企业已经或正准备按计划停业，大部分外出劳动力已经返乡或正准备返乡。疫情控制的开始阶段主要表现在这两个方面。一是消费需求被大幅抑制，与消费有关的运输业、服务业、餐饮业、娱乐业等受到较大影响。例如几乎所有娱乐活动都被停止，所有餐厅和零售商业活动都被停止。一些依托春节假期的经营性活动被迫取消，可能造成全年收入大幅下降。二是交通被限制，使得在春节期间必要的货物运输受到影响，进而影响相应企业的生产活动。例如，武汉市许多生产性企业的产品难以交付，上游供应链也几乎被切断。这种影响在湖北省、浙江温州市等早期疫情重点地区更为严重。

第二阶段是春节假期的中后期及其后续一个多月，疫情的影响范围扩大。按照以往，春节假期结束应伴随着经济活动的正常恢复，但由于这一年特殊情况，疫情管控使得大部分企业停工时间过长，本地劳动力不能及时开工（包含复工和临时失业人员找新工作）。外出劳动力也不能及时返回工作地点，疫情管控开始对农村家庭收入产生影响。大概 1 个多月之后，国内各地区的疫情逐步得到控制，各地区的应急响应级别相应下降，复工复产工作也有序开展。第二阶段的影响逐步减弱。

第三个阶段的影响主要来自海外。因为韩国、日本、欧洲、美国等国家和地区疫情出现，国际贸易受阻。这个时间点是 2020 年 3 月底和 4 月初。由于国外疫情没有得到有效控制，疫情输入的风险上升，中国采取相应控制措施，国内与外贸有关的行业受到了较长时间、较大的影响。

本章以低收入群体为主要对象，主要关注前两个阶段的潜在影响。第三个阶段外来疫情冲击带来的影响，其实际影响取决于诸多复杂因素，受到数据的限制，本章将不涉及。相比而言，2020 年国内疫情较快得到控制，3、4 月的经济指标已经开始逐步恢复，经济向好的形势没有太大变化（Xu et al.，2020）。本章基于住户调查数据的模拟分析，主要侧重于前两个阶段疫情及其带来的影响。

**2. 如何影响经济活动？**

为了更好解释影响机制，我们从三个方面进行讨论：交通运输有关活动、生产活动和消费需求。交通管制使交通运输相关行业受到严重影响。与此相关的行业包括交通运输、物流和邮政业等。根据疫情期间的新闻报道，国企中国邮政在疫情期间没受到太大影响，民营企业中顺丰快递也继续营业。不过，其他民用快递业务和部分商用物流活动大幅减少。这会进一步影响下游的生产活动和依托快递行业的消费需求。

交通运输活动受到限制进一步影响生产活动。这种影响主要来自三个方面：交通管制导致员工不能及时返岗，导致企业难以开工；交通管制导致产业链相关活动减弱，上游产品不能及时到位，被迫延迟复工；疫情管控禁止大规模人员聚集，导致企业被迫停工或延迟复工。不同行业的企业在产业链中的位置不同，对交通管制和最终需求的反映不一样，因而会有差异化的影响结果。技术密集型企业受到的影响可能较小，劳动密集型企业受到的影响较大。依赖物流的企业会受到较大影响。现金流相对较少的小企业、微型企业应对突发收入风险的能力较弱，全年净收入的下降幅度可能较大。根据国家统计局的数据，2020年1~2月制造业增加值同比下降了15.7%，在公布的三个产业门类中是降幅最大的行业。

为了平衡疫情防控和经济发展，各级政府在2月初已经开始推出许多促进复工复产的政策[1]。浙江省、广东省等外来务工人口较多地区在疫情得到基本遏制之后，在2月中旬甚至派包机接农民工返工[2]。这些措施使得规模以上企业的复工率恢复较快。按照各地区公布的数据，2月中下旬许多地区规模以上企业的复工率已经超过了80%[3]。不过，中小企业的复工速度较慢，截至2月25日的复工率只有30%[4]。

居民消费的恢复过程在不同行业会有不同的表现。餐饮、零售、居民服务等行业可能会随着疫情解除，以相对较快的速度反弹。这些行业或经济活动的特点是，营业收入在不同月份相差不大，短期冲击不会产

---

[1] 如《关于支持新型冠状病毒感染的肺炎疫情防控有关税收政策的公告》，财政部、税务总局公告2020年第8号，http://bmfw.www.gov.cn/sfyhzck/index.html。

[2] 如《160名务工人员乘包机前往浙江省——省人社厅多项举措促进农民工安全就业》，http://hrss.jl.gov.cn/zqbmzyq/zccs/202002/t20200224_6859340.html，《我市采用民航包机输送157名农民工赴粤返岗》，《运城日报》，https://www.sohu.com/a/376468180_120207504。

[3] 《全国复工地图最新版来了！广东等6省规上企业复工率超80%，又一个100%的城市出现！》，《21世纪经济报道》，https://mp.weixin.qq.com/s/7nSbi-60nV97V16Ix_17ig。

[4] 根据2020年2月25日国务院联防联控机制发布会的文字实录，"对240万户使用云平台和电商平台的中小企业监测显示，全国中小企业的复工率目前只有30%左右"，见http://www.gov.cn/xinwen/gwylflkjz30/index.htm。

生长远影响。但是，一些特殊经营活动可能只是在几个特定时期进行，如依托节假日的旅游业、房屋短租及其相关的经济活动可能遭遇较大冲击。如果触发现金流不足问题，可能形成长远影响，导致破产或持久性贫困。

不过也需要注意，虽然疫情管控导致实体经营活动大幅下降，但是以下几类经济活动应该不会受到很大影响。一是依托互联网的一部分经营活动，其中的一部分甚至有可能更加活跃，如网络游戏、网络媒体、部分依托互联网的社区服务等。二是拥有固定合同或长期合同的员工，尤其是大中型国有企业、机关事业单位的工作人员，其工资待遇一般是固定的，这些单位应对短期风险的能力较强，一般不太可能因为短期冲击发生资金链断裂问题，短期内不会影响工资发放。三是以自产自销方式生活的农村居民。四是提供长租服务的租赁业（不同于短租），暂时性人流减少不会对经营收入产生太大影响。

另外，政府在 2 月初已经考虑到疫情对经济活动的潜在影响，并不断推出支持企业生存的政策措施，例如增加补贴、增加对小微企业贷款、减少增值税、减少社保缴费等。还有部分地区统一安排企业雇员返回工作岗位。这些措施能够有效防范现金流不足问题，保障企业较快复工，防止企业破产和裁员，显然会减弱疫情在企业层面的影响，最终降低疫情对居民收入和贫困的影响。

**3. 与经济活动有关的劳动力**

从收入角度看，以上影响最终会作用于不同类型的就业人群。结合本章数据，我们将他们归纳为五类人群：工资性收入劳动者、非农经营活动人员（企业主）、自营就业者、外出务工劳动力和出租房屋者。

对工资性收入劳动者（或称"雇员"）需要考虑其异质性，并不是所有雇员都可能遭受明显影响。主要区分是：固定员工或长期合同员工；短期合同员工、没有合同的员工或按业务量（或业务时间）计算薪酬的员工。对于前者，如果所在企业规模较大、能够应对短期风险，他们也不会遭受疫情的短期冲击。对于后者，疫情的影响显然更为显著，少工作一个月，全年收入就会减少一定比例。本章主要关注后者收入下降的幅度和可能性。

非农经营活动人员可能遭受冲击，主要因为所在企业的经营活动受到抑制，下游需求下降，上游成本上升，进而导致 2020 年的经营性收入下降、经营成本上升，净收入可能减少。不同行业、不同类型企业、不同地区的疫情影响存在较大差异，因而不同类型经营活动的利润可能遭受不同程度的冲击。疫情影响对于生产活动和消费活动的持续时间可能不同。在疫情收尾阶段，这两大类经济活动对应的经营净收入可能存在不同程度的恢复期，全年核算的收入下降幅度可能不一样。

自营就业者在社区管控的情况下更容易遭受冲击。能够借助互联网开展经营活动的自营就业者可能受影响较小，甚至一部分会增收；不能或难以借助互联网开展线上服务的自营就业者，可能受影响较大。后者包括食杂店、便利店，以及一些不能在网上进行的居民服务活动经营者等。

在以上三类劳动力以外，还有两种特别的分类——外出务工劳动力和出租房屋者。外出务工劳动力主要指不在户籍地工作的自营就业者和雇员。因为工作地点不在老家，相比本地劳动力，可能会更多地受到交通管制的影响。疫情对他们的影响与他们的复工时间可能有较大关系。人口流动受到限制导致的另外一个结果是租房需求下降。如果影响时间过长，会对以租房收入为主要经济来源的家庭造成较大影响。不过需要注意，我们主要以家庭收入为出发点，这里特指非经营性租房行为。经营性租房行为实际上已经被归入前述经营活动或自营就业者范围内。疫情对非经营性租房需求是否产生显著影响可能取决于管制时间的长短。如果时间较短，影响可能不大。

### 4. 不同类型劳动力收入下降，引起不同家庭收入下降

由于劳动力收入下降，其所在家庭的收入和消费会发生变化。在以家庭人均收入核算的收入分布中，低收入家庭和高收入家庭的劳动力构成存在差异。因而，不同类型劳动力遭遇的收入下降问题在不同家庭收入组中会出现不同的表现。我们特别关注的是那些处于贫困线附近的家庭。

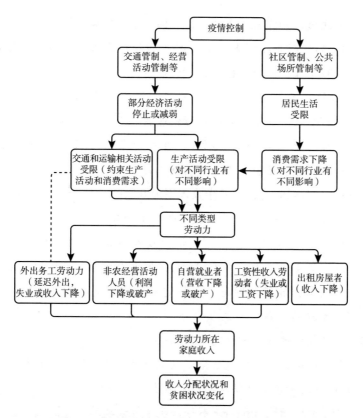

**图 8-1　疫情控制对收入分配和贫困的影响机制**

## （二）如何识别：模拟模型的设定

模拟模型的基本思路是，在可获得的微观数据中找出受疫情影响的经济活动对象，并推断疫情对不同经济活动对象的影响。其中，因为疫情在不同地区和不同行业的影响存在较大异质性，需要区分不同地区和不同行业。一些影响发生在居民现住地，一些影响发生在就业地点。因而，地区类别分别包括现住地地区和工作地区。基于这个考虑，本章模型设定如下关键指标。

X1 经济活动类别和对应的人群和符号。

——P1 工资性收入劳动者，工资性收入大于 0，剔除有固定合同和长期合同的雇员，剔除机关事业单位、国有企业的雇员。

——P2 第一产业经营者，第一产业经营净收入不为 0，剔除机关事业单位、国有企业的雇员，剔除自营就业者。

——P3 第二产业经营者，第二产业经营净收入不为 0，剔除机关事业单位、国有企业的雇员，剔除自营就业者。

——P4 第三产业经营者，第三产业经营净收入不为 0，剔除机关事业单位、国有企业的雇员，剔除自营就业者。

——P5 自营就业者，经营净收入不为 0。

——P6 出租房屋者，出租房屋净收入不为 0。

——P7 外出务工人员，寄回、带回收入不为 0。注意，这里对应的人群不是外出务工劳动力。因为在农村家庭调查中，一些外出务工的人可能没有被记为家庭成员。拘泥于"劳动力"的识别可能会低估外出务工行为对农村家庭的影响。

X2_ 1 现住地地区：现住地省份编码。

X2_ 2 工作地区：按问卷数据中的工作地点及其省份编码判断。

X3 行业：问卷中就业活动的行业分类。

——P1、P2、P3、P6、P7 不分行业，只分地区。

——P4、P5 按问卷中就业人员所在行业确定，不能识别为服务业所属行业的单独归类，其受影响幅度假定是全国平均水平。

X4_ S0 疫情的影响（基准方案）：针对七类经济活动人群，假定疫情的影响分别如下。

——P1 疫情可能导致工资率下降，但在基准方案中假定工资率不变。疫情可能导致劳动时间下降，在基准方案中疫情对劳动时间的影响按照工作地点一级响应解除时间推断。具体解释见第三节。

——P2 按照现有信息，疫情对农业生产活动的影响较小，基准模型设定为不变。

——P3 不同地区有不同影响，按照国家统计局公布的 2~4 月总利润下降比例推断。其中，国家统计局公布了 1~4 月总利润累计值和同比增长率，需要折算为 2 月、3 月、4 月分别的总利润和同比增长率。然后据此估算疫情对工业部门总利润的影响。具体解释见第三节。

——P4 不同行业、不同地区有不同影响。按照中小微企业调查报告的相关数据进行推断。

——P5 不同行业、不同地区有不同影响。不同地区的平均影响来自北京大学根据支付宝大数据得到的调查报告，不同行业的比例关系根据清华大学五道口研究院根据数百万中小微企业数据调查报告推断。具体见第三节。

——P6 我们没有获得很可靠的数据用于反映租房市场的具体情况。根据各行业的表现，疫情会对旅游行业造成较大影响，酒店的经营收入会大幅下降。相应变化已经体现在 P4 中。家庭层面的"出租房屋收入"主要对象是非经营性租房行为，对象多数是普通租户或民宿。根据第四次经济普查数据公告，民宿的从业人员只有 2.6 万人，占比不足 1%，因此普通租户的租房行为大多是长租。由于我国疫情控制比较及时，绝大多数地区的长租市场应该不会受到显著影响。因而，基准模型设定 P6 不变。

——P7 劳动时间减少比例。按照百度迁徙大数据推断每个省份外出务工劳动力延迟外出天数的概率分布，然后推断每个家庭外出务工延迟时间。工资率的下降比例假定不变。

X4_ S1 疫情影响的其他情况 A：在基准方案基础上，P1 和 P7 的工资率下降 5%。

X4_ S2 疫情影响的其他情况 B：在基准方案基础上，假定出租房屋净收入下降 10%。

# 三　数据

为了估计新冠疫情的影响，我们将影响分为两个维度：第一，影响的时间跨度；第二，特定时期内的影响深度。起始时间以 2020 年 1 月 23 日为准，结束时间为各地区宣布一级响应结束的日期。这对不同地区、不同人群的影响程度差异很大。我们区分了以下几组。首先，根据百度的每日人口迁徙数据，我们估计了典型省份农民工延迟返岗天数的概率分布。其次，根据国家统计局的规模以上企业经济数据，我们估计了疫情对大型企业的总体影响。最后，根据清华大学中国人民银行研究生院道口经济复苏指数（互联网金融实验室等 2020），我们估计了疫情对各地区中小微企业的影响。第四，根据北京大学数字金融研究院和蚂蚁集团研究院的研究报告（2020），基于蚂蚁集团支付宝数据，获得了疫情对个体经营者的影响。

本章的家庭收入信息来自中国家庭收入调查 2018 年数据，其中包含详细的收入来源、支出、劳动就业信息，可以识别疫情背景下的主要经济活动对象。根据 2018－2020 年期间的农村人均可支配收入实际增加率，本章将 2018 年收入和消费推算到 2020 年，以此作为没有疫情影响时的情形。其中，2018－2020 年的实际收入增长率来自 2019 年统计公报[①]，并假定没有疫情影响的 2019－2020 年收入增加率与 2018－2019 年相同。为了尽可能区分不同收入组收入增加率的差异，居民家庭按照家庭人均可支配收入划分为五等分组，分别按实际增长率推算至 2020 年（见表 8-1）。

表 8-1　2018~2019 年的农村居民人均可支配收入

| | 2018 年 | 2019 年 | 名义增长率（%） | 实际增长率（%） | 推算的 CPI | 推算 2018~2020 年实际增长率（%） |
|---|---|---|---|---|---|---|
| 人均可支配收入 | 14617 | 16021 | 9.60 | 6.20 | 1.032 | 12.78 |
| 五等分组 | | | | | | |
| 最低 Lowest | 6440 | 7380 | 14.60 | 11.04 | | 23.30 |
| 中低 Lower | 14361 | 15777 | 9.86 | 6.45 | | 13.32 |
| 中间 Middle | 23189 | 25035 | 7.96 | 4.61 | | 9.44 |
| 中高 Higher | 36471 | 39230 | 7.56 | 4.23 | | 8.63 |
| 最高 Highest | 70640 | 76401 | 8.16 | 4.80 | | 9.83 |

资料来源：人均可支配收入、五等分组人均可支配收入、名义增长率、实际增长率来自 2018 年和 2019 年国家统计局统计公报，其他根据计算得到。

---

① 参见：国家统计局，中华人民共和国 2019 年国民经济和社会发展统计公报，http://www.stats.gov.cn/tjsj/zxfb/202002/t20200228_ 1728913.html。

## 四　国内疫情对收入分布和贫困的影响

### （一）疫情对农村居民收入的冲击

**1. 对人均收入的总体影响**

国家统计局公布了 2020 年第一季度农村家庭人均可支配收入为 4641 元，同比下降 4.7%。考虑到，2019 年第一季度收入增加率为 6.9%[①]，疫情大概使得 2020 年第一季度农村居民收入增加率下降 11.6%。后三个季度疫情情况已经有所减轻，疫情对农村全年收入的影响大概率在 10% 以内。根据本章模型，疫情使得农村家庭人均可支配收入在全年下降 7.0%（见表 8.11）。这个结果的含义是，如果农村收入增长率在没有疫情时仍维持 2019 年增速（6.2%），那么在有疫情，并且政府不增加任何额外收入补偿措施的情况下，今年全年农村居民的实际收入增长率可能是 -0.8%（等于 6.2% 减去 7.0%）。考虑到经济恢复情况和全面消除农村贫困问题的政策目标，后三个季度农村居民的收入增长率很可能高于过去趋势。那么，2020 年全年最终观测到的实际收入增长率很可能大于零[②]。最终数值取决于后三个季度的经济恢复情况和政府收入补偿政策力度。

**2. 不同收入组、不同收入来源的影响**

从不同收入组的结果看，最低收入组遭遇的冲击最大。全部可支配收入在最低收入组的下降比例达到 -8.8%，其次是中高收入组，-7.6%。最高收入组受疫情的影响只有 -6.6%。与此同时，不同收入来源在不同收入

---

①　数据来源：国家统计局网站。

②　2020 年 4 月国际货币基金组织发布《世界经济展望》，其中预测中国 2020 年实际经济增长率为 1.2%。2020 年 6 月再次发布《世界经济展望》，中国经济增长率被更正为 1.0%，所有经济体中唯一正增长。这两个预测结果与本章估算的农村居民收入增长率一致。2020 年 4 月报告的网址：https：//www.imf.org/zh/Publications/WEO/Issues/2020/04/14/weo-april-2020。2020 年 6 月报告的网址：https：//www.imf.org/zh/Publications/WEO/Issues/2020/06/24/WEOUpdateJune2020。

组的变化比例存在很大差异。第三产业经营净收入在最低收入组的下降比例最高，达到了-20.6%。其他收入组的下降比例都没有低于-6%。我们在模型中为不同地区和不同行业的非农经营活动设定了不同的参数。因而，这里的结果表明，那些容易被疫情影响的行业大多数分布于最低收入组。家庭外出从业人员寄回带回收入也是在最低收入组下降比例最大，低于-8.0%。

从不同收入来源的影响看，家庭外出从业人员寄回带回收入、工资性收入和来自第二产业的经营净收入的下降比例最大，约为-7%。第二产业经营净收入在最高收入组下降最多。主要是从事第二产业经营活动的家庭的收入水平普遍都比较高。这与表8.6和表8.7体现的特征是一致的。

**3. 工资率下降和出租房租收入下降的影响**

在基准模型中，我们假定雇员的工资率不变，住户出租房屋收入也不变。如果这两个指标发生变化，疫情对收入分布的影响结果会略微发生改变。其中，工资率的影响最大。

假定工资率下降5%（表8.12），在工作时间下降的乘数作用下，工资性收入会下降13.8%，家庭外出从业人员寄回带回收入会下降10.6%。这两个数值分别比基准模型多了3个百分点以上。因为工资率变化，疫情对全部农村家庭人均可支配收入的影响大幅扩大，从-7.0%扩大至-8.8%。其中一个很重要的原因是，获得工资性收入的劳动者和获得家庭外出从业人员寄回带回收入的家庭人口比例非常高（见表8-5）。

如果设定出租房屋净收入下降10%（表8-13），疫情对家庭人均可支配收入的影响比例变化不大，仅变化0.1个百分点。其主要原因是，获得出租房屋净收入的家庭人口比例不高，只有不到3%（见表8-5）。并且出租房屋净收入在全部农村家庭收入中的份额很小，只有0.6%（见表8-5）。

### 表 8-2　2020 年没有疫情影响时的收入构成

单位：元

| 收入来源（家庭人均值） | 所有 | 五等分组 | | | | |
|---|---|---|---|---|---|---|
| | | 最低 | 中低 | 中间 | 中高 | 最高 |
| 可支配收入 | 17196 | 4371 | 10002 | 13984 | 19464 | 38151 |
| 一工资性收入 | 7297 | 2304 | 4055 | 6371 | 9451 | 14302 |
| 一经营性净收入 | 5766 | 532 | 3014 | 4220 | 5624 | 15435 |
| ——第一产业 | 3601 | 677 | 2379 | 3224 | 3609 | 8114 |
| ——第二产业 | 320 | -251 | 56 | 69 | 295 | 1432 |
| ——第三产业 | 1844 | 106 | 578 | 928 | 1720 | 5889 |
| 一财产性净收入 | 516 | 143 | 242 | 259 | 465 | 1471 |
| ——出租房屋净收入 | 113 | 15 | 31 | 54 | 98 | 369 |
| 一转移净收入 | 3617 | 1392 | 2692 | 3134 | 3924 | 6944 |
| ——家庭外出从业人员寄带回收入 | 1757 | 841 | 1524 | 1730 | 1856 | 2833 |

资料来源：根据 CHIP2018 和 2019 年统计公报相关数据推算至 2020 年水平。具体推算方法可见正文。

### 表 8-3　疫情对收入来源的影响比例，基准模型

单位：%

| 收入来源（家庭人均值） | 所有 | 五等分组 | | | | |
|---|---|---|---|---|---|---|
| | | 最低 | 中低 | 中间 | 中高 | 最高 |
| 可支配收入 | -7.0 | -8.8 | -6.7 | -7.2 | -7.6 | -6.6 |
| 一工资性收入 | -10.5 | -11.2 | -11.4 | -11.3 | -11.2 | -9.4 |
| 一经营性净收入 | -5.5 | -11.3 | -3.4 | -3.6 | -5.0 | -6.4 |
| ——第一产业 | 0.0 | 0.0 | 0.0 | 0.0 | 0.0 | 0.0 |
| ——第二产业 | -7.0 | \ | -3.7 | -2.4 | -2.7 | -6.9 |
| ——第三产业 | -5.1 | -20.6 | -6.0 | -4.3 | -4.1 | -5.1 |
| 一财产性净收入 | 0.0 | 0.0 | 0.0 | 0.0 | 0.0 | 0.0 |
| ——出租房屋净收入 | 0.0 | 0.0 | 0.0 | 0.0 | 0.0 | 0.0 |
| 一转移净收入 | -3.5 | -4.9 | -4.1 | -4.3 | -3.5 | -2.7 |
| ——家庭外出从业人员寄带回收入 | -7.2 | -8.1 | -7.3 | -7.7 | -7.4 | -6.5 |

表 8-4　疫情对收入来源的影响比例，基准模型+工资率下降 5%

单位：%

| 收入来源（家庭人均值） | 所有 | 五等分组 | | | | |
|---|---|---|---|---|---|---|
| | | 最低 | 中低 | 中间 | 中高 | 最高 |
| 可支配收入 | -8.8 | -11.5 | -8.7 | -9.2 | -9.6 | -7.9 |
| 一工资性收入 | -13.8 | -14.8 | -14.9 | -14.8 | -14.7 | -12.3 |
| 一经营性净收入 | -5.5 | -11.3 | -3.4 | -3.6 | -5.0 | -6.4 |
| ——第一产业 | 0.0 | 0.0 | 0.0 | 0.0 | 0.0 | 0.0 |
| ——第二产业 | -7.0 | \ | -3.7 | -2.4 | -2.7 | -6.9 |
| ——第三产业 | -5.1 | -20.6 | -6.0 | -4.3 | -4.1 | -5.1 |
| 一财产性净收入 | 0.0 | 0.0 | 0.0 | 0.0 | 0.0 | 0.0 |
| ——出租房屋净收入 | 0.0 | 0.0 | 0.0 | 0.0 | 0.0 | 0.0 |
| 一转移净收入 | -5.1 | -7.2 | -6.1 | -6.2 | -5.1 | -3.9 |
| ——家庭外出从业人员寄带回收入 | -10.6 | -12.0 | -10.7 | -11.3 | -10.8 | -9.5 |

表 8-5　疫情对收入来源的影响比例，基准模型+出租房屋净收入下降 10%

单位：%

| 收入来源（家庭人均值） | 所有 | 五等分组 | | | | |
|---|---|---|---|---|---|---|
| | | 最低 | 中低 | 中间 | 中高 | 最高 |
| 可支配收入 | -7.1 | -8.9 | -6.8 | -7.2 | -7.6 | -6.7 |
| 一工资性收入 | -10.5 | -11.2 | -11.4 | -11.3 | -11.2 | -9.4 |
| 一经营性净收入 | -5.5 | -11.3 | -3.4 | -3.6 | -5.0 | -6.4 |
| ——第一产业 | 0.0 | 0.0 | 0.0 | 0.0 | 0.0 | 0.0 |
| ——第二产业 | -7.0 | \ | -3.7 | -2.4 | -2.7 | -6.9 |
| ——第三产业 | -5.1 | -20.6 | -6.0 | -4.3 | -4.1 | -5.1 |
| 一财产性净收入 | -2.2 | -1.1 | -1.3 | -2.1 | -2.1 | -2.5 |
| ——出租房屋净收入 | -10.0 | -10.0 | -10.0 | -10.0 | -10.0 | -10.0 |
| 一转移净收入 | -3.5 | -4.9 | -4.1 | -4.3 | -3.5 | -2.7 |
| ——家庭外出从业人员寄带回收入 | -7.2 | -8.1 | -7.3 | -7.7 | -7.4 | -6.5 |

## （二）疫情收入分布影响的进一步观察

图 8-2 报告了疫情对贫困发生率和不同收入段的冲击。其中，左侧第一个图形的黑色曲线是观测得到的收入分布，左侧比较波折的折线是遭遇

疫情冲击以后的收入分布（按冲击前的收入分布排序）。其中横坐标是收入额度，纵坐标是累计概率密度，经济含义是所在家庭按收入从小到大排序以后在收入分布中的位置——0 表示最低收入端，1 表示最高收入端。左侧竖线是国家统计局的绝对贫困标准，即 2995 元每人年（绿色竖线）；右侧竖线是绝对贫困标准的两倍（紫色竖线）。它们分别与收入分布的交点是对应的收入贫困发生率——靠下的横线是按国家统计局标准计算的收入贫困发生率，靠上的横线是按两倍贫困标准计算的贫困发生率。从中可以注意到，疫情对每个收入段都产生了影响，高收入组的家庭也有可能因为疫情陷入贫困，不过比例不会很高。图 8-2 中间和右侧图形是对此结果的进一步解释。

　　中间靠左图形有三条曲线，分别是收入发生变化的概率，收入变化以后陷入绝对贫困的概率，以及收入变化后陷入两倍绝对贫困线以下的概率。这三条曲线都是采用非参数方法——局部回归模型（LOESS）——拟合得到的估计值，反映了每个收入段的平均特征。可以注意到两个特征，一是，非贫困家庭遭遇疫情冲击的概率非常高；二是，非贫困家庭遭遇冲击以后陷入贫困的概率普遍不高，只有极少数非贫困家庭陷入贫困的概率超过 5%，并且在高于贫困标准之后快速下降。这意味遭遇疫情冲击以后的返贫比例不会很高。

　　为什么大多数人口的返贫概率很低呢？因为贫困线附近家庭遭遇疫情冲击以后的收入下降幅度不大，详见中间靠右图形。其中有三条曲线，分别是每个家庭的收入下降幅度，所有家庭在不同收入段的平均下降幅度，以及收入发生变化家庭的平均下降幅度。两个结果：一是，高收入段的下降幅度更大；二是，最低 20% 家庭的平均下降幅度约为 500 元左右，最高 20% 家庭的平均下降幅度超过了 2000 元。由于低收入家庭遭遇冲击以后的收入下降幅度不大，冲击以后收入低于绝对贫困标准的概率不会很高。

　　不过，当贫困标准较高时（例如贫困标准设定为 2 倍官方标准），疫情对收入的冲击会相对较大。主要有两个原因：一是，收入分布的概率密度在靠近中位数附近更高，即家庭人均收入越靠近中位数，收入变化覆盖的家庭会更多；二是，高收入家庭遭遇疫情冲击以后，收入下降的额度比较高。根据图 8-2 的第三个图可以观察到后者的特征。

中国经济发展的新阶段：机会与选择

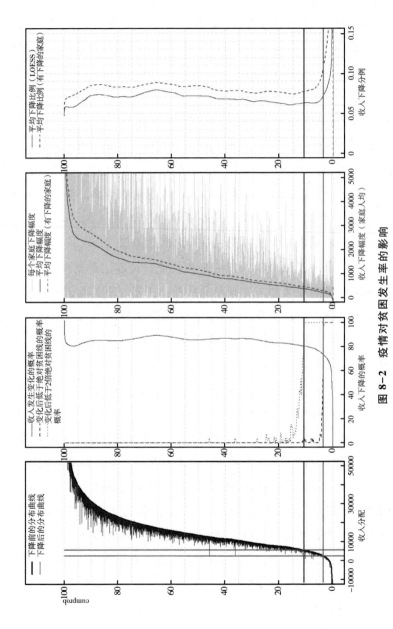

**图 8-2  疫情对贫困发生率的影响**

说明：①已经推算为 2020 年情况，详见数据说明部分。②这是一次模拟的结果，不是全部模拟的平均水平。由于模拟模型考虑了随机过程，曲线部分特征与前一小节的表格可能略有差异。但基本特征是一致的。

170

图8-3中曲线是特定经济活动对象收入下降以后，全部家庭的人均可支配收入的下降比例。虚线表示有下降家庭的人均可支配收入的下降比例。前者反映了特定经济活动遭遇疫情影响以后对全部收入分布的影响。后者可以反映特定经济活动在不同家庭中的影响程度差异。纵坐标是不同分位点，反映低收入和高收入家庭的差别。

从图示看，疫情对没有固定合同或长期合同的工资性收入（P1）的影响最大，并且主要影响了绝对贫困人口。对于非贫困人口，中高收入组的影响相对较大。疫情对外出寄回带回收入（P7）的影响也很大，并且贫困人口所遭遇的影响明显高于非贫困组。这说明临时性的工资性劳动和外出务工对于贫困家庭具有重要意义。

经营净收入和出租房屋收入对收入分布的影响都很小，P4、P5和P6的黑色曲线都几乎贴近0。其中，经营活动显然在中高收入的影响较大，对低收入影响相对较小。出租房屋净收入在中低收入的影响相对较大，P6的红色虚线在中低收入组的比例略高。这说明，出租房屋净收入在中低收入家庭的重要性相对较大。如果疫情没有得到有效控制，以至于严重影响了对居民出租房屋的长期需求，中低收入组中以出租房屋收入为主的家庭会遭遇较大影响。

### （三）截至目前，疫情对现行贫困标准的贫困发生率影响不大

表8-6报告了疫情对人均收入和贫困状况的影响。疫情的影响总结如下：第一，若按照国家贫困标准，疫情使得收入贫困发生率增加了0.38个百分点。考虑到影响的随机性，图8-4报告了绝对贫困发生率遭遇影响大小的概率分布。可见，若考虑到不同经济活动对象在收入分布中的真实分布情况，疫情对绝对贫困发生率的影响为0.3~0.45，影响不大。第二，疫情使得收入差距扩大，收入基尼系数扩大了0.44个百分点，泰尔指数扩大了0.0032。第三，当贫困标准更高时（例如2倍贫困标准），疫情引起的返贫家庭更多。在2倍贫困标准下，低于2倍收入贫困标准的家庭比例增加了1.71个百分点。

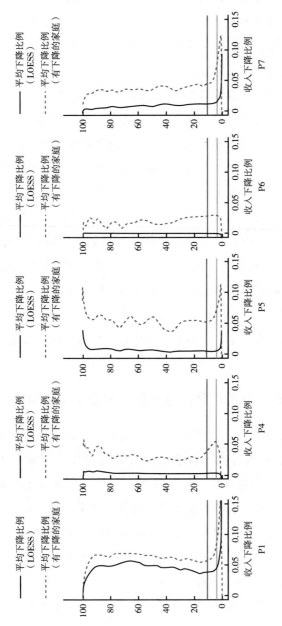

**图 8-3 疫情对不同经济活动对象影响的相对比例**

说明：①已经推算为 2020 年情况，详见数据说明部分。②这是一次模拟的结果，不是全部模拟的平均水平。由于模拟模型考虑了随机过程，曲线部分特征与前一小节的表格可能略有差异。但基本特征是一致的。

**表 8-6　疫情对收入贫困和收入分布的影响**

| | 贫困发生率(%) | | | | | | | |
|---|---|---|---|---|---|---|---|---|
| | 绝对贫困标准 | 2 倍绝对贫困标准 | 3 倍绝对贫困标准 | 中位数的 50% | 人均收入（元） | 中位数收入（元） | 基尼系数 | 泰尔指数 |
| **不同状态下的统计指标** | | | | | | | | |
| 不变 | 3.73 | 10.83 | 25.28 | 14.30 | 17196 | 13889 | 0.3892 | 0.2494 |
| 下降 50% | 3.84 | 11.60 | 26.91 | 14.30 | 16590 | 13418 | 0.3908 | 0.2501 |
| 下降 100% | 4.10 | 12.54 | 28.69 | 14.49 | 15984 | 12921 | 0.3936 | 0.2526 |
| **疫情的影响** | | | | | | | | |
| 下降 50% | 0.11 | 0.77 | 1.63 | 0.00 | −606 | −472 | 0.0016 | 0.0007 |
| S.D. | (0.03) | (0.05) | (0.07) | (0.07) | (4) | (16) | (0.0001) | (0.0004) |
| 下降 100% | 0.38 | 1.71 | 3.42 | 0.20 | −1212 | −969 | 0.0044 | 0.0032 |
| S.D. | (0.04) | (0.08) | (0.1) | (0.11) | (8) | (24) | (0.0003) | (0.0007) |

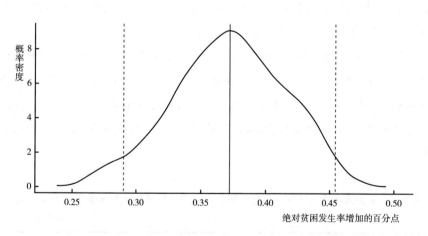

**图 8-4　疫情对农村收入贫困发生率的影响，绝对贫困标准**

## 五　进一步讨论：哪类人、哪项收入更容易因疫返贫？

不同人群在农村居民中的比例不同，他们的收入在农村家庭收入中的分量也不同（见表 8.8）。那么，每类人群在遭遇疫情冲击以后，农村贫困发生率增加幅度会存在差异。这个差异能够指引扶持政策找到更应该重点瞄准的群体。表8-7报告了全国农村居民在某类人群收入下降一定比例以后，贫困发生率增加的百分点。由于中部地区遭遇的疫情更重，表8.18特别报告了中部地区农村居民的情况。总体结果是三个方面：

第一，当单个群体收入下降比例不高时（例如30%以内），农村贫困发生率不会增加太多。但是当下降幅度超过50%以后，农村贫困发生率会大幅上升。这个结果意味着，短期的疫情冲击不会对农村贫困发生率造成严重影响；但是若没有得到有效控制，因疫致贫的人口比例会非常高。

第二，在单个收入下降10%左右时，农业生产经营劳动力（P2）、没有固定合同或长期合同的雇员（P1）、自营劳动者（P5）、获得外出从业人员寄回带回收入（P7）对贫困发生率的影响相对较大。由于农业生产经营活动具有季节性，截至目前疫情的影响应该不大。在目前已知的疫情影响下，没有固定合同或长期合同的雇员（P1）、自营劳动者（P5）和外出务工行为（P7）是更需要重点关注的对象。

第三，中部地区的没有固定合同或长期合同雇员（P1）、外出务工劳动力（P7）、自营劳动者（P5）在遭遇收入冲击更容易导致因疫返贫。显而易见的问题是，这三类人在低收入群体中普遍存在。再加上中部地区的疫情更为严重，中部地区在此次疫情中的返贫比例会明显高于其他地区。

表8-7　单类人群收入下降一定比例时，全国农村居民绝对贫困发生率的增加幅度

单位：%

| | 在收入下降相对水平不同时的影响 | | | | | | | |
|---|---|---|---|---|---|---|---|---|
| | 1% | 5% | 10% | 15% | 20% | 30% | 50% | 100% |
| 全部收入下降幅度 | 0.02 | 0.13 | 0.44 | 0.70 | 1.02 | 1.83 | 5.49 | 63.18 |
| 单个收入来源下降幅度 | | | | | | | | |
| P1 | 0.01 | 0.03 | 0.13 | 0.23 | 0.33 | 0.54 | 1.54 | 17.87 |
| P2 | 0.00 | 0.00 | 0.09 | 0.15 | 0.24 | 0.36 | 0.97 | 7.70 |
| P3 | 0.00 | 0.00 | 0.00 | 0.00 | 0.02 | 0.02 | 0.02 | 0.17 |
| P4 | 0.00 | 0.00 | 0.00 | 0.04 | 0.04 | 0.04 | 0.08 | 0.92 |

|  | 在收入下降相对水平不同时的影响 | | | | | | | |
|---|---|---|---|---|---|---|---|---|
|  | 1% | 5% | 10% | 15% | 20% | 30% | 50% | 100% |
| P5 | 0.00 | 0.00 | 0.05 | 0.08 | 0.12 | 0.19 | 0.33 | 3.00 |
| P6 | 0.00 | 0.00 | 0.00 | 0.00 | 0.00 | 0.00 | 0.01 | 0.06 |
| P7 | 0.01 | 0.03 | 0.05 | 0.11 | 0.16 | 0.24 | 0.65 | 4.25 |

说明：P1-P7 按照第二部分介绍的七类经济活动对象。

# 六　总结和讨论

根据中国家庭收入调查数据和多个途径的第三方信息，本章研究了近期我国农村贫困状况和低收入人群分布状况，估算了疫情对主要经济活动对象的分别影响，综合测算了疫情对农村居民收入分布和贫困状况的影响。研究发现：新冠疫情在上半年的冲击预计使得全年农村居民人均可支配收入下降 7%左右（基准模型），其中最低收入组遭遇的影响最大。如果 2020 年农村居民实际收入增长率与 2019 年相似，那么疫情可能会抵消全部实际增长，使得 2020 年的实际收入增长率在 0%附近。如果疫情会导致工资率明显下降，疫情对农村收入的影响会大幅加重。

按照现行官方贫困标准，疫情会使得农村收入贫困发生率增加 0.38个百分点。理解这个结果要注意三个方面：第一，现行贫困标准在收入分布的相对位置比较低，贫困标准附近的人口比例不多，因而看起来影响不大。如果采用两倍贫困标准，疫情会使得收入贫困发生率上升 1.7 个百分点。第二，2020 年疫情很快得到了有效控制，没有使得负面影响扩大化。如果疫情持续更长时间，返贫比例会更高。并且，随着疫情持久时间更长，疫情对贫困的边际影响会大幅增加。第三，为了弥补疫情对绝对贫困的负面影响，政府最低需要增加 62 亿元人民币的转移支付。

本章还区分了七类主要经济活动对象，其中没有固定合同或长期合同的工资性收入劳动力（P1）受到疫情影响最大，获得外出人员寄回带回收入的人口也遭遇较大影响。此外，大部分农村家庭的收入来源中包含了农业经营收入（含自产自销收入）。疫情对农业生产经营的影响不明显，但是如果疫情没有被及时控制以至于影响农业生产，超过70%农村家庭会遭遇疫情更大冲击，返贫问题可能更严重。疫情的及时控制以及2020年2月较早重视农业耕作等措施在一定程度上保障了农村家庭的最基本生活需要。

本章结果有两个方面启示：第一，为了避免未来同类疫情对居民收入和贫困的影响扩大化，要防范疫情的影响时间过长、影响深度加大。同时应尽可能减轻重点经济活动的正常运转，防止弱势劳动力的工资率遭遇明显影响。结合截至撰稿时间，我国政府及时控制住了疫情，这是防范疫情产生更严重影响的重要保障。第二，我国低收入人群规模仍然较大，许多劳动力的收入来源比较脆弱。在全面建成小康社会和消除绝对贫困的背景下，缓解相对贫困、提高低收入人群收入水平、提升社会保障水平和公共服务均等化水平等是未来一段时间内的重要工作。

## 参考文献

21 Data Journalism Lab. 2020. 'The LatestVersion of the National Map of Resumption of Work Is Here! The Resumption Rate of Enterprises in 6 Provinces Including Guangdong Has Exceeded 80%, and Another 100% City Has Appeared!' *21st Century Business Herald*, 25 February. Available from: mp. weixin. qq. com/s/7nSbi-60nV97V16Ix_17ig.

Chen, Zhigang, Yue Zhan, Yumei Zhang and Shenggen Fan. 2020. 'Impact of COVID-19 on Global Food Security and Countermeasures.' [In Chinese]. *China Rural Economy* (5): 2-12.

Chinazzi, Matteo, Jessica T. Davis, Marco Ajelli, Gioannini Corrado, Maria Litvinova, Stefano Merler, Ana Pastore Y. Piontti, Kunpeng Mu, Luca Rossi, Kaiyuan Sun, Cécile Viboud, Xinyue Xiong, Hongjie Yu, M. Elizabeth Halloran, Ira M. Longini, jr, and Alessandro Vespignani. 2020. 'The Effect of Travel Restrictions on the Spread of the 2019 Novel Coronavirus (COVID-19) Outbreak.' *Science* 368 (6489): 395-400. doi. org/10. 1126/ science. aba9757.

Department of Human Resources and Social Security (HRSS). 2020. '160 Migrant Workers Take Chartered Flights to Zhejiang Province: Various Measures of the Provincial

Department of Human Resources and Social Security to Promote Safe Employment of Migrant Workers. ' Media release, 24 February. Changchun, China: Jilin Provincial Department of Human Resources and Social Security. Available from: hrss. jl. gov. cn/ zqbmzyq/zccs/ 202002/t20200224_6859340. html.

Fang, Hanming, Long Wang and Yang Yang. 2020. *Human mobility restrictions and the spread of the novel coronavirus (2019-NCOV) in China.* NBER Working Paper No. 26906. Cambridge, MA: National Bureau of Economic Research. doi. org/10. 3386/w26906.

International Monetary Fund (IMF) . 2020a. *World Economic Outlook, April 2020: The Great Lockdown.* Washington, DC: IMF. Available from: www. imf. org/en/Publications/ WEO/ Issues/2020/04/14/weo-april-2020.

International Monetary Fund (IMF) . 2020b. 'A Crisis Like No Other: An Uncertain Recovery. ' *World Economic Outlook Update*, June. Washington, DC: IMF. Available from: www. imf. org/en/Publications/WEO/Issues/2020/06/24/WEOUpdateJune2020.

Internet Finance Laboratory (IFL) , Industrial Finance Research Center, Smart Finance Research Center and Beijing Daokou Jinke Technology Company Limited. 2020. *Economic Recovery of Small, Medium, and Micro Enterprises under the Pandemic: Analysis Based on the Operational Data of Millions of Small, Medium and Micro Enterprises.* [In Chinese] . Beijing: Graduate School of People's Bank of China, Tsinghua University.

Liang, Xiao, Scott Rozelle and Hongmei Yi. 2022. 'The Impact of COVID-19on Employment and Income of Vocational Graduates in China: Evidence from Surveys in January and July 2020. ' *China Economic Review* 75. doi. org/10. 1016/j. chieco. 2022. 101832.

Liu, Hongbo, Jianliang Di and Ran Wang. 2022. 'Research on the Impact of COVID-19 on Residents' Consumption. ' [In Chinese] . *Statistical Research* 39 (5): 38-48.

Liu, Shijin, Yang Han and Dawei Wang. 2020. 'Analysis of the Impact Path of the New Coronavirus Pandemic Based on the Input-Output Structure and Countermeasures. ' [In Chinese] . *Journal of Management World* 36 (5): 1-12.

Liu, Zhibiao. 2020. 'The NewTrend of Economic Globalization and the Reconstruction of Global Industrial Chain Clusters under the New Coronavirus Pandemic. ' [In Chinese] . *Jiangsu Social Sciences*: 1-8.

Meituan Research Institute. 2020. *Looking at the Resumption of Work and Consumption Recovery in My Country's Catering Industry during the Pandemic from 15, 265 Questionnaires.* [In Chinese] . March. Beijing: Meituan Research Institute.

Meng, Qi. 2020. 'The Impact of the Global Public Health Crisis on China's Participation in Global Value Chains. ' [In Chinese] . *Finance & Economics* (5): 77-91.

Ministry of Finance (MoF) and State Taxation Administration (STA) . 2020. 'Announcement on Tax Policies to Support the Prevention and Control of the Novel Coronavirus Pneumonia Epidemic. ' Announcement No. 8, 8 March. Beijing: Government of the People's Republic of China. Available from: www. chinalawandpractice. com/2020/ 03/08/ ministry-of-finance-and-state-administration-of-taxation-announcement-on-taxpolicies-to-support-the-prevention-and-control-of-the-novel-coronavirus-pneumonia-epidemic/? slreturn = 20220905012758.

National Bureau of Statistics of China (NBS) . 2018. *Statistical Bulletin on National Economic and Social Development.* Beijing: China Statistics Press.

National Bureau of Statistics of China (NBS) . 2019. *Statistical Bulletin on National Economic and Social Development.* Beijing: China Statistics Press. Available from: www. stats. gov. cn/tjsj/zxfb/202002/t20200228_1728913. html.

Peking University Institute of Digital Finance and Research Institute of Ant Group. 2020. *Calculation of the Total Number of Self-Employed Households in China and Assessment of the Impact of the New Coronavirus Pandemic: Also on the Value of Financial Technology in 'Stabilizing the Economy'* . [In Chinese] . Beijing: Peking University.

Qiu, Yun, Xi Chen and Wei Shi. 2020. 'Impacts of Social and Economic Factors on the Transmission of Coronavirus Disease 2019 (COVID-19) in China.' *Journal of Population Economics* 33 (4): 1127-72. doi. org/10. 1007/s00148-020-00778-2.

Wang, Feng and Min Wu. 2021. 'The Impacts of COVID-19 on China's Economy and Energy in the Context of Trade Protectionism.' *International Journal of Environmental Research and Public Health* 18 (23): 12768. doi. org/10. 3390/ijerph182312768.

Wang, Huan, Markus Zhang, Robin Li, Oliver Zhong, Hannah Johnstone, Huan Zhou, Hao Xue, Sean Sylvia, Matthew Boswell, Prashant Loyalka and Scott Rozelle. 2021. 'Tracking the Effects of COVID-19 in Rural China over Time.' *International Journal for Equity in Health* 20 (35) . doi. org/10. 1186/s12939-020-01369-z.

Wang, Nalin. 2020. 'Research on the Impact of the New Coronavirus Pandemic on Migrant Workers in Hunan.' [In Chinese] . *Rural Economy and Science-Technology* 31 (9): 274-76.

World Health Organization (WHO) . 2022. 'Weekly Epidemiological Update on COVID-19: 13 July 2022.' *Emergency Situational Updates*, Edition 100. Geneva: WHO. Available from: www. who. int/publications/m/item/weekly-epidemiological-update-on-covid-19 13-july-2022.

Xinhua. 2020. 'Xi Jinping Presided Over the Meeting of the Political Bureau of theCPC Central Committee, Studied the Prevention and Control of the New Crown Pneumonia Epidemic, and Arranged the Overall Planning of Epidemic Prevention and Control and Economic and Social Development.' *Xinhua News Agency*, 21 February. Available from: www. gov. cn/xinwen/2020-02/21/content_5481871. htm.

Xu, Xianchun, Zihao Chang andYa Tang. 2020. 'A Look at the Impact of the New Coronavirus Pandemic on China's Economy based on Statistics.' [In Chinese] . *Economic Perspectives* 5: 41-51.

Xuwei, Pei. 2020. 'Our City Uses Civil Aviation Charter Flights to Transport 157 Migrant Workers to Guangdong to Return to Work.' *Sohu*, 28 February. Available from: www. sohu. com/a/376468180_120207504.

Yang, Zihui, Yutian Chen and Pingmiao Zhang. 2020. 'Macroeconomic Shock, Financial Risk Transmission and Governance Response under Major Public Emergencies.' [In Chinese] . *Journal of Management World* 36 （5）：13-35.

Zhang, Xiaobo and Ruochen Dai. 2020. '60% of Companies' Cash FlowCan't Last for 3 Months：Peking University Investigates What Small, Medium and Micro Enterprises Need Most. ' [In Chinese] . Press release. Beijing：China Enterprise Innovation and Entrepreneurship Survey Project Alliance （ESIEC）, National Development Institute of Peking University and School of Economics of Central University of Finance and Economics.

Zhang, Yumei, Xinshen Diao, Kevin Z. Chen, Sherman Robinson and Shenggen Fan. 2020. 'Impact of COVID-19 on China's Macroeconomy and Agri-Food System：An Economy-Wide Multiplier Model Analysis.' *China Agricultural Economic Review* 12 （3）：387-407. doi. org/10. 1108/CAER-04-2020-0063.

Zhang, Yumei, Yue Zhan, Xinshen Diao, Kevin Z. Chen and Sherman Robinson. 2021. 'The Impacts of COVID - 19 on Migrants, Remittances, and Poverty in China：A Microsimulation Analysis. ' *China & World Economy* 29 （6）：4 - 33. doi. org/10. 1111/ cwe. 12392.

Zhu, Wuxiang, Ping Zhang, Pengfei Li and Ziyang Wang. 2020. 'The Dilemma of Small, Medium and Micro Enterprises and the Improvement of Policy Efficiency under the Shock of the Pandemic：Analysis Based on Two National Questionnaire Surveys. ' [In Chinese] . *Journal of Management World* 36 （4）：13-26.

# 第9章
# 新冠疫情对中国劳动力市场的影响：
# 基于个体追踪调查的分析

张丹丹

## 一 引言

新型疫情是一场全球性公共卫生危机。截至 2020 年 12 月底，新冠疫情波及了 218 个国家，全世界确诊的人数超过了 8300 万（WHO，2020）。为应对疫情，各国各自采取了不同的防控措施。一些国家和地区采取了比较严格的疫情防控措施，疫情因此得到迅速控制。在另一些国家和地区，政府管控措施则较为松散。问题的关键是，公共卫生防控措施是否会带来经济损失，以及在多大程度上会导致经济损失并由此产生额外的健康成本？

在评估公共卫生政策的福利影响时，需要考虑的两个关键组成部分是健康成本和经济成本。多项研究表明，严格控制社交距离和人员流动可以有效控制病毒的传播，从而挽救生命。然而，这种干预措施如何影响劳动力市场中的个人福利仍属未知。因此，评估新冠疫情应对措施对劳动力市场的影响，具有重要的科学和政策意义。

　　新冠疫情的传播导致经济活动大幅放缓。世界银行等国际组织在
2020 年都下调了全球经济增长预期。截至 2020 年底，中国的经济复苏远
远领先于大多数其他国家。中国采取了严格的疫情防控措施，有效遏制了
病毒的传播，带来了显著的健康效益（Qiu et al. , 2020；Fang et al. ,
2020；Tian et al. , 2020；Chinazzi et al. , 2020；Lai et al. , 2020；Xiang et
al. , 2020；Chen et al. , 2020；He et al. , 2020；Qi et al, 2020）。

　　突如其来的新冠疫情也对中国经济发展带来了不利的影响。最直接的
冲击体现在劳动力市场上。春节后返乡劳动力无法及时返城复工，再加上
人们的消费需求大幅度下降，造成劳动力短缺和劳动力需求下降同时发
生，结构性失衡较为严重，这使得很多企业无法正常开工，全国劳动力市
场面临前所未有的压力。不少研究分析了 2020 年 2 月企业复工率低的问
题以及个体经营者遭受的短期损失。此外，国家统计局公布的城镇月度调
查失业率显示，2020 年 2 月中国的城镇调查失业率处在高位。但以上研
究和数据只反映了疫情对劳动力市场的短期就业冲击，随着此后疫情防控
的效果逐渐凸显，这些短期的就业冲击是否能尽快消退？不同就业群体在
疫情冲击下受到的影响有何不同？此前的研究对这些问题缺乏系统的讨
论。回答这些问题将有助于厘清防控措施的成本及收益，从而为政策制定
提供依据。

　　本章利用对从业者群体的个体追踪调查数据，全面分析了 2020 年中
国劳动力市场遭受的冲击和恢复的过程。第一，描述了中国劳动力市场恢
复的过程；第二，分析了疫情防控对复工的影响；第三，对不同类型的从
业者进行异质性分析，用于评估劳动力市场中弱势群体的状况。第四，探
讨了从业人员的就业不足对其心理健康产生的影响。研究结果将有助于世
界各地的政策制定者设计有效措施，以应对由类似外生冲击导致的经济
放缓。

　　本章首先描述了总体和各类不同从业者群体工作状态的动态变化，发
现复工率由 2020 年 3 月初的 63.1% 上升至 6 月中旬的 84.2%，至 11 月底
则攀升至 89.7%；失业率则由 6 月中旬的 11% 下降至 11 月的 4.4%。这些
数字显示了中国劳动力市场的 V 形反转。

随后，本章通过使用每日个人层面的面板数据，采用双重差分（DID）方法来量化防控措施对劳动力市场的影响。DID 方法使我们能够比较不同地区的动态差异。接下来，利用不同调查时间的横截面数据，通过将 6 月、11 月的个人工作状态与疫情防控数据进行回归，来估计疫情防控对复工的累积影响。估计结果显示，疫情防控与复工的可能性呈负相关。虽然横截面分析在短期内检测到了这种不利影响，但到了 11 月已检测不到负面影响。然后，本研究将重点转移到心理健康上。基于固定效应模型的估计结果表明，封控导致的失业总体上恶化了中国劳动力，尤其是失业者的心理健康状况。这一不利影响在 6 月达到了最严重的水平，但在 11 月却微不足道，这表明对 2020 年底失业的中国工人就业复苏的乐观预期。

本章研究的贡献在于，首先，有助于加深疫情防控措施对劳动力市场的影响的理解。由于数据限制，现有的研究很少能够对此问题进行因果分析。本研究使用最新的员工跟踪数据来解决这一问题，并验证了防控政策确实对复工产生了负面影响，公共卫生政策存在经济成本。其次，这项研究有助于讨论失业对劳动力心理健康的影响。与 Clark 和 Oswald（1994）、Winkelmann 和 Winkelmann（1998）、Kassenboehmer 和 Haisken DeNew（2009）以及 Gili 等（2013）的研究一致，本研究发现就业不足会损害心理健康。然而这些负面影响随着经济复苏而减弱，这意味着短期经济波动仅有短期影响，一旦经济复苏，就无法检测到事后影响。最后，本研究使用的数据是新收集的个人层面的数据。

本章的其余部分组织如下：第二节对相关文献进行了综述，第三节讨论了数据，并提供了样本的汇总统计数据，第四节是实证框架，第五节介绍结果，第六节是总结。

## 二　文献综述

尽管在疫情期间，不同国家的防控措施的严格程度各不相同，但文献已经达成共识，即公共卫生措施确实可以遏制病毒的传播。Qiu 等

（2020）发现，中国的防控政策有效地减少了感染人数，避免了约1400万人感染和56万人死亡。Fang等（2020）估计，武汉的防控政策使该市以外的感染人数减少了64.8%。Tian等（2020）得出结论，那些采取控制措施的城市的确诊病例明显少于其他城市。Chinazzi等（2020）使用模拟方法证明，武汉的防控将新冠病毒在中国的传播速度减缓了三到五天，外部病例减少了80%。同样，Lai等（2020）指出，如果没有实施防控措施，中国的确诊病例数将是实际67倍。根据中国、韩国、意大利、伊朗、法国和美国的数据，Hsiang等（2020）的研究揭示，除美国外，大多数国家的疫情防控措施都奏效了，美国的措施未能如预期那样奏效。

新冠疫情的经济代价不容忽视。在美国，2020年2月至5月，1400万人失业（Borjas和Cassidy，2020）。Coibion等（2020）揭示，在全球范围内，2020年4月有2亿人失业，远远超过2008年全球金融危机对劳动力市场的负面冲击。在实施严格防控政策的印度，个人收入减少了57%，工作时间减少了73%（Lee et al.，2020）。尽管韩国在疫情期间没有采取防控政策，但Aum等（2020a）发现，确诊病例每增加0.1%，就业劳动力就会减少2%~3%。此外，Aum等（2020b）还研究了不同流行病控制措施的成本和收益，并得出结论：关注最弱势群体的福利是最经济、有效的方法。

此外，越来越多的研究关注疫情期间的心理健康，得出的结论是心理健康状况恶化，尤其是女性、年轻人、移民和非正式就业人群。Wang等（2020a）在中国进行了一项在线调查，发现在疫情期间，焦虑、抑郁和压力水平显著增加，其中女性和年轻人相对更严重。Ahmed等（2020）对1074名中国人进行了抽样调查。结果显示，大多数受访者的焦虑和抑郁程度有所增加，21~40岁的人的心理健康受影响更大。Brodeur等（2020）利用谷歌搜索统计数据发现，在疫情期间，美国和欧洲的人们比平时更频繁地搜索"无聊"、"孤独"、"焦虑"和"悲伤"等关键词。Gualano等（2020）、Rossi等（2020）、Pieh等（2020）发现，与疫情前相比，奥地利人的抑郁和焦虑水平分别增加了5倍和3倍，人们的生活质量和幸福感也变低。Kumar等（2020）和Nanda（2020）发现，移民在防

控期间的心理健康状况较差，主要是因为失业后缺乏社会保障。Holmes
等（2020）认为，保持社交距离增加了自残行为的发生率，失业、收入
冲击和贫困加剧了这种影响。

## 三 数据来源和说明

### （一）数据来源

本章使用的数据来自"疫情、复工与心理健康"调查，由北京大学
国家发展研究院研究团队借助"腾讯企鹅智库"的在线调查平台展开。
研究团队从该平台上的 10 万人以上活跃微信用户中筛选出符合研究条件
的被访者并进行追踪调查。本研究的目的是分析疫情对劳动力市场的影
响，因此，被访者选择的是 2019 年底处于就业状态且年龄在 16~65 岁的
从业群体。基期调查于 2020 年 3 月初进行，研究团队随机抽取了从业人
员样本并进行问卷投放，最终问卷回收率为 56.8%，共得到样本观测值
5866 个，其中有效样本观测值 5674 个。调查内容涉及从业人员的详细个
人和家庭基本信息、疫情期间的生活安排、复工情况、心理健康和行为测
度。2020 年 6 月中旬，研究团队对全部样本进行了第一次追踪调查，追
踪成功率为 93.5%。11 月底，研究团队对样本进行了第二次追踪调查，
追踪成功率为 95.1%。三次调查全部信息齐备的样本观测值共计 4539 个。
本章的分析将基于基期 2020 年 3 月初收集的 5674 个样本观测值、6 月中
旬追踪的 5027 个样本观测值以及 11 月底追踪的 4539 个样本观测值构成
的三期非平衡面板数据展开。

尽管"腾讯企鹅智库"平台上的从业者微信用户覆盖了全国所有省
区市和各行各业，对就业群体具有广泛的代表性，但是其用户具有网民群
体的年轻、高学历等特征。根据《中国统计年鉴 2019》公布的 2018 年底
全国城镇就业人口分地区分行业的分布情况看，基期 5674 个样本观测值
中北京、上海和广东三地的代表性略高，信息和 IT 行业从业人员代表性
过高，而批发和零售业的代表性过低。为了使抽样样本具有更好的代表

性，我们采用 2015 年 1% 全国人口抽样调查微观数据，计算了从业人员在省份、行业、性别、年龄、教育、户口类型共 6 个维度的多重分组权重，并利用此权重对调查样本进行了加权处理，用加权处理后的调查样本可以对全国的情况进行推断。调整权重后，基期 5674 个样本中男性占 60%，平均受教育年限为 13 年，平均年龄为 35.5 岁，已婚比例为 68.8%；城镇户籍非农劳动力占 48.8%，农民工群体占比 25.2%；58.6% 从事白领工作，私企员工超过 30%，个体经营者占 12.4%；2019 年平均月收入为 6279 元。从地区分布来看，5674 个样本来自 31 个省区市，覆盖了 325 个地级市，占全国 334 个地级市的 97.3%，说明调查样本有广泛的区域代表性。

描述性统计分析

表 9-1 第（1）列是 5674 个基线样本的（未加权）个体特征的汇总统计数据，50.7% 的基线样本为男性，平均年龄为 34 岁，平均受教育水平为 14.5 年，53.8% 具有大学及以上学历，66.2% 已婚，69.5% 至少有一个孩子，61.4% 拥有城市户口，25.2% 为农村外出务工人员，2019 年，32.5% 的人在私营部门工作，12.4% 的人是个体经营者，平均月薪为 6280 元。第（2）列和第（3）列是 2020 年 6 月和 2020 年 11 月追踪样本与基线样本之间的特征差异。此外，还进行了 t 检验，以衡量追踪样本是否随机选择的。如图所示，在追踪样本和基线样本之间没有发现系统性差异，这表明差异不受任何广泛的个体特征的影响。

**表 9-1　三次调查的样本比较**

| 变量 | (1)<br>基线<br>（2020 年 3 月） | (2)<br>t 检验（2020 年<br>6 月与 2020 年 3 月） | (3)<br>t 检验（2020 年<br>11 月与 2020 年 3 月） |
|---|---|---|---|
| 人口学特征 | | | |
| 男性（%） | 50.67 | -0.36 | -1.10 |
| 年龄（岁） | 34.29 | 0.24 | 0.32 |
| | (8.22) | (8.21) | (8.19) |
| 受教育年限（年） | 14.53 | 0.01 | 0.03 |
| | (2.31) | (2.28) | (2.29) |

**续表**

| 变量 | (1)<br>基线<br>(2020年3月) | (2)<br>t检验(2020年<br>6月与2020年3月) | (3)<br>t检验(2020年<br>11月与2020年3月) |
|---|---|---|---|
| 受教育水平(%) | | | |
| 　文盲或小学 | 0.65 | 0.01 | -0.01 |
| 　初中 | 7.01 | -0.31 | -0.18 |
| 　高中 | 18.06 | 0.10 | -0.48 |
| 　大学 | 25.50 | 0.28 | 0.12 |
| 　研究生及以上 | 48.77 | -0.07 | 0.56 |
| 已婚(%) | 66.21 | 0.68 | 0.53 |
| 至少有一个小孩(%) | 63.31 | -0.63 | -0.20 |
| 城市户口(%) | 61.40 | 0.15 | 0.73 |
| 农村外出务工人员(%) | 19.49 | -0.41 | -0.27 |
| 2019年平均月薪(元) | 6735.45 | 12.07 | 27.51 |
| 职业(%) | | | |
| 　高级管理人员 | 10.19 | 0.08 | -0.19 |
| 　专业技术人员 | 26.00 | -0.26 | -0.24 |
| 　店员 | 15.02 | -0.34 | -0.69 |
| 　商务人员 | 9.69 | 0.21 | 0.37 |
| 　服务人员 | 17.43 | 0.08 | 0.11 |
| 　生产或运输工人 | 9.31 | -0.20 | -0.10 |
| 　个体经营户 | 8.69 | 0.37 | 0.60 |
| 　农业、林业、畜牧业或渔业从业人员 | 1.59 | 0.15 | 0.20 |
| 　其他 | 2.10 | -0.09 | -0.06 |
| 人数 | 5674 | | |

注：此表中的所有数字都未加权；括号内为标准差；由于样本损耗，第二轮调查（5027）和第三轮调查（4539）的样本量小于基线调查（5674）；所有t检验均基于基线调查中收集的信息。

**表 9-2　2019 年 11 月至 2020 年 11 月关键变量的动态变化**

| 变量 | 2019年11月 | 2020年3月 | 2020年6月 | 2020年11月 |
|---|---|---|---|---|
| 就业状况 | | | | |
| 工作状态(%) | 100 | 63.06 | 84.22 | 89.69 |
| 工作强度<br>（与2019年相比，%） | 100 | 51.63 | 80.2 | — |

续表

| 变量 | 2019 年 11 月 | 2020 年 3 月 | 2020 年 6 月 | 2020 年 11 月 |
|---|---|---|---|---|
| 每周工作小时数 | — | 27.36 | 41.50 | 43.47 |
| | | (22.00) | (17.94) | (18.32) |
| 工作状态(%) | | | | |
| 在工作场所工作 | 100 | 44.12 | 75.45 | — |
| 在家工作 | 0 | 18.95 | 8.76 | — |
| 未返回工作岗位 | 0 | 29.44 | 4.73 | — |
| 失业的 | 0 | 7.50 | 11.05 | 4.40 |
| 心理健康 | | | | |
| 心理健康(0~36) | 24.09 | 23.86 | 25.30 | 24.09 |
| | (6.61) | (7.15) | (6.68) | (6.61) |
| 月收入 | | | | |
| 过去一个月的月收入 | 6278.59 | 4043.01 | 5130.38 | 5867.07 |
| | (7066.23) | (8972.31) | (10155.52) | (5850.42) |
| 2019 年平均月收入百分比 | 100 | 64.39 | 81.71 | 85.18 |
| 新冠肺炎认知 | | | | |
| 自我报告感染新冠肺炎的概率(%) | | 9.70 | 9.53 | 1.38 |
| | | (0.18) | (0.17) | (0.02) |
| 人数 | 5674 | 5674 | 5027 | 4539 |

注：括号内为标准误。关于工作状态的信息在第三轮调查中以不同的方式收集。相应的信息是根据标准化的就业衡量标准收集的。

表 9-2 显示了 2020 年三轮调查中中国劳动力福利的动态模式，包括复工、收入冲击和心理健康状况的变化，以及 2019 年 11 月的初步结果。2020 年 3 月，2019 年所有在职从业人员的复工率低至 63.1%，这表明当时超过三分之一的劳动力无法工作。6 月中旬，复工率达到 84.3%，到 11 月底，已升至 89.7%。这些结果表明，中国劳动力市场的复工速度呈 V 形复苏。

6 月中旬，11% 的劳动力自我报告失业。根据标准失业指标（仅适用于第三轮调查），2020 年 11 月失业率为 4.4%。此外，考虑到非疫情原因，笔者采用了一种不同的方法来计算基于基线样本（5674 个样本）的失业率：假设在前几轮调查期间因非疫情原因而失业的受访者如果可以被追踪，也会在第三轮调查期间中失业。这为我们提供了对 2020 年 11 月的失业率的一系列估计。无论失业率如何计算，我们都可以很容易地得出结论，失业率在 6 月份达到最高水平，此后大幅下降。

在失业人员中，78% 是女性，83% 是有子女的已婚男性和女性。这表明，有孩子的已婚从业人员尤其是女性，在与疫情相关的就业冲击中承受着更大的负担。

## 四　方法论与模型设定

本研究使用 DID 模型来确定疫情防控措施对复工速度的影响。首先，在基线回归中，使用以下模型估计实验组城市和对照组城市之间个人复工概率的相对变化（公式 9.1）。

$$work_{ijt} = \alpha + \beta\, lockdown\_policy_{jt} + \gamma\, COVID - 19_{jt} + \delta_i + \lambda_t + \varepsilon_{iij}$$

（公式 9.1）

在公式 9.1 中，$work_{ijt}$ 是一个虚拟变量，如果城市在日期 $t$ 的个人 $i$ 已返回工作岗位，则等于 1，否则为零；$lockdown\_policy_{jt}$ 是一个虚拟变量，指示在日期 $t$ 城市 $j$ 是否实施了城市或社区封控。如果实施了城市封控或社区封控，则封控虚拟值为 1，否则为零。因此，系数 $\beta$ 衡量封控政策的平均效果。为了分别估计城市间流动限制（城市封控）和城市内流动限制（社区封控）的影响，我还将两个虚拟变量包括在公式 9.1。$COVID\text{-}19_{jt}$ 中，这是城市 $j$ 在日期 $t$ 的新冠肺炎确诊患者总数，用于控制时变疾病传播。$\delta_i$ 是城市固定效应，$\lambda_t$ 表示日期固定效应。$\varepsilon_{iij}$ 是误差项。

城市固定效应 $\delta_i$ 是城市特定的虚拟变量，可以控制每个城市特定的时间不变混杂因素。例如，可以通过引入城市固定效应来控制城市的地理条件、短期产业和经济结构、收入和自然禀赋。日期固定效应 $\lambda_t$ 是一个虚拟变量，用于解释特定日期所有城市常见的冲击，如国家假日和宏观经济状况。由于回归中包括了地点和时间固定效应，系数 $\beta$ 估计了在实施封控政策前后，实验组城市和对照组城市之间复工概率的差异。笔者还在回归中添加了一组时变个体控制变量，以检查结果的稳健性。

到目前为止，本研究关注的是防控政策对个体从业人员是否复工的影响。为了衡量防控政策对劳动力市场行为的边际影响，如工作量和工作时间，笔者使用 2020 年 6 月和 11 月的横截面数据构建了以下模型（公式 9.2）。

$$Y_{ijp}^{\tau} = \theta + \gamma \, lockdown\_days_j + Y_{ijp}^{\tau-1} + \eta \, X_i + \omega \, COVID-19_j + \rho_p + \varepsilon_{ijp}$$

（公式 9.2）

在公式 9.2 中，左侧表示个人 $i$ 在 $j$ 市的工作强度或工作小时数。$t$ 表示调查波次，即 2020 年 6 月或 11 月。工作量是通过调查时间 $t$ 相对于 2019 年同期的工作量百分比来衡量的。工作小时数是调查时间 $t$ 一周的总工作小时数。关键自变量是 $lockdown\_days_j$，它表示 $j$ 市实施城市封控的天数。$X$ 是一组可能影响个人劳动力市场表现的特征，包括性别、年龄、受教育年限、婚姻状况、子女数量、户口类别等。为了捕捉疫情影响，将新冠肺炎纳入模型，该模型在调查时间 $t$ 以 log（1+总确诊病例）计量；$\rho_p$ 是省级固定效应，用于控制省级的异质性。

关于公式 9.2，可能会有人担心，城市层面的一些未观察到的因素与封控的时间长短有关，并与工人的劳动力市场表现相关。为了处理潜在的遗漏变量问题，本研究控制了滞后因变量——即公式 9.2 中的 $Y_{ijp}^{\tau-1}$——以梳理出时不变的城市级未观测因素。

在心理健康方面，据推测，失业会通过以下三个渠道影响心理健康。第一，对心理健康产生直接影响；第二，通过个人工资降低使个人现有的心理健康问题恶化；第三，在疫情期间，外出工作可能会增加感染的风险，从而影响心理健康，这一渠道反过来也表明，失业可以通过降低工作场所感染的风险以某种方式改善心理健康。失业对从业人员心理健康的净影响取决于负面和正面影响的程度。

通过采用所有三轮调查数据，本章构建了一个固定效应（FE）模型来分析工作状态的变化是否会导致心理健康问题。与单时间点横截面数据相比，固定效应模型使我们能够梳理出个体的时不变异质性，并在一定程度上使我们能够推断因果关系。模型如公式 9.3a 和公式 9.3b 所示。

$$MH_{ij,m} = \alpha + \beta_1\, unemployment_{i,m} + \beta_2\, not\_return\_to\_work_{i,m}$$
$$+ \gamma\, COVID - 19_{j,m} + \delta_i + \lambda_m + \varepsilon_{ij,m} \qquad (公式\ 9.3a)$$

$$MH_{ij,m} = \alpha + \beta_1\, unemployment_{i,m} + \beta_2\, not\_return\_to\_work_{i,m} + \gamma\, COVID - 19_{j,m}$$
$$+ \eta_1\, inc_{i,m-1} + \eta_2\, infection\_risk_{i,m} + \delta_i + \lambda_m + \varepsilon_{ij,m} \qquad (公式\ 9.3b)$$

在公式中，$MH_{ij,m}$ 是标准的心理健康测量；关键的自变量是一个人是否失业（失业，$unemployment_{i,m}$），还未返岗（或度假）（$not\_return\_to\_work_{i,m}$）。为了捕捉疫情流行效应，我将 $COVID\text{-}19_{j,m}$ 纳入模型中，该模型在调查月 m 中以 log（1+总确诊病例）计量，$\delta_i$ 是个人固定效应，$\lambda_m$ 是调查波次对应的虚拟变量，测量基本群体（2019 年底就业）的心理健康状况的时间趋势。

公式 9.3b 纳入了收入（$inc_{i,m-1}$，log［1+上个月的工资收入］/1000）和感染的自我评估风险（$infection\_risk_{i,m}$），以控制工作状态可能影响心理健康状态的渠道。

$\beta_1$ 衡量失业者与保持工作状态者相比心理健康水平的变化。$\beta_2$ 捕捉了尚未返回工作岗位（或正在度假）的人与保持相同工作状态的人之间心理健康状态相对变化的差异。

固定效应模型的优点是它可以处理由时不变的未观测因素引起的内生性。然而，可能存在一些未观察到的时变因素，这些因素同时与一个人的工作状态和心理健康状态相关，如一些宏观层面的需求冲击。然而，这项分析是基于一个非常有限的时期（3~5 个月）。从短期来看，对具有空间异质性的时变因素的忽视可能不会导致任何有偏差的估计。

# 五 估计结果

表 9.3 通过拟合 DID 模型（公式 9.1）总结了面板回归结果。在第（1）列中，我们发现城市封控与复工的可能性降低显著相关（2020 年上半年）。在一个城市/社区实施完全或部分封控（即城市之间的流动受到限制）后，与对照组相比，复工的概率下降了 13.2 个百分点。

表 9-3　城市/社区封控对复工的影响：2 月 3 日至 6 月 15 日

| 因变量 | 复工 | | | |
|---|---|---|---|---|
| | （1） | （2） | （3） | （4） |
| 城市封控（完全封控/部分封控） | −0.132*** | −0.132*** | | |
| | （0.037） | （0.037） | | |
| 城市封控（完全封控/部分封控/检查站） | | | −0.070** | −0.072** |
| | | | （0.032） | （0.033） |
| 社区封控 | | −0.012 | | 0.010 |
| | | （0.017） | | （0.019） |
| log(1+新冠确诊病例) | −0.006 | −0.006 | −0.004 | −0.005 |
| | （0.006） | （0.006） | （0.006） | （0.006） |
| 城市封控+社区封控（F 检验） | | −0.144*** | | −0.062* |
| 个人固定效应 | 是 | 是 | 是 | 是 |
| 日期固定效应 | 是 | 是 | 是 | 是 |
| 观察数 | 673618 | | | |
| 个体数 | 5027 | | | |
| $R^2$ | 0.681 | 0.681 | 0.681 | 0.681 |

* 在 10%水平上显著，** 在 5%水平上显著，*** 在 1%水平上显著。

注：（1）～（4）列使用复工的每日面板数据集估计（返岗数据）；括号中是按城市级别聚集的标准误。

（2）至（4）列中进一步显示了不同的封控措施是否对复工有不同的影响。在第（2）列中，回归中同时包括了城市和社区封控。纳入社区封控虚拟变量（其系数在统计上不显著）后，城市封控的规模和统计显著性水平基本上没有变化。（3）列和（4）列中重新定义了城市封控，将在主要城市入口设立检查站视为城市封控，并重复（1）列和（2）列中的步骤。如表 9-3（3）列和（4）列所示，城市封控的估计系数变化幅度较小（−7 个百分点），统计显著性水平降至 5%。表 9.3 中基于不同模型的结果比较表明，更严格的防控措施对劳动力市场有负面影响并推迟了复工。

基于横截面数据（公式 9.2）的城市封控时间长度影响的估计结果，即封控天数的估计结果如表 9-4 所示，估计了三种不同的模型：复工、工作强度和工作时间。（1）~（3）列和（4）~（5）列分别是基于第二轮和第三轮调查的估计结果。如表 9.4（1）列所示，较长时间的城市封控与复工呈负相关。为期 10 天的城市封控使 6 月中旬的复工率下降了 1.4 个百分点。但这种负面影响仅在短期内观察到，到 2020 年 11 月底，这种负面影响是无法检测到的［见（4）列］，这表明城市封控只在相对较短的时间内产生负面影响。在（2）列中，本研究估计了城市封控对工作强度的影响。在那里，城市封控时间的系数是负的，具有统计学意义。额外 10 天的城市封控使工作的从业人员百分比减少了 1.9%（与 2019 年同期相比）。关于工作时间［（3）和（5）列］，Tobit 估计结果为负，但 2020 年 6 月和 11 月的总体结果微不足道。这可能表明封控的影响被 3 月的工作时间所吸收，对以后的工作时间变化没有进一步影响。

表 9-4　封控天数对工作状态的影响：横截面分析

| 因变量 | 2020 年 6 月 | | | 2020 年 11 月 | |
| --- | --- | --- | --- | --- | --- |
| | LPM 模型：复工 | LPM 模型：工作强度 | Tobit 模型：工作小时数 | LPM 模型：复工 | Tobit 模型：工作小时数 |
| | （1） | （2） | （3） | （4） | （5） |
| 城市封控天数（10 天） | -0.014 * | -1.926 ** | -0.680 | 0.002 | -0.117 |
| | （0.006） | （0.801） | （0.440） | （0.005） | （0.323） |
| 居家工作 | -0.045 *** | | | -0.078 *** | |
| | （0.012） | | | （0.022） | |
| 封控使得无法工作 | -0.140 *** | | | -0.224 *** | |
| | （0.015） | | | （0.037） | |
| 失业 | -0.451 *** | | | -0.315 *** | |
| | （0.035） | | | （0.027） | |
| 封控下的工作强度 | | 0.242 *** | | | |
| | | （0.014） | | | |
| 封控下的工作小时数 | | | 0.272 ** | | 0.417 *** |
| | | | （0.015） | | （0.021） |
| 个体固定效应 | 是 | 是 | 是 | 是 | 是 |

续表

| 因变量 | 2020 年 6 月 | | | 2020 年 11 月 | |
|---|---|---|---|---|---|
| | LPM 模型：复工 | LPM 模型：工作强度 | Tobit 模型：工作小时数 | LPM 模型：复工 | Tobit 模型：工作小时数 |
| | （1） | （2） | （3） | （4） | （5） |
| 行业/职业/省份固定效应 | 是 | 是 | 是 | 是 | 是 |
| 观察值个数 | 5027 | 5027 | 5027 | 4539 | 4539 |
| $R^2$ 或伪 $R^2$ | 0.174 | 0.183 | 0.019 | 0.155 | 0.031 |

* 在 10%水平上显著

** 在 5%水平上显著

*** 在 1%水平上显著

注：基于 LPM 模型来估计列（1）、（2）和（4）。列（3）和（6）是通过在零处左删失 Tobit 模型来估计的。本表中的所有模型都控制了 log（1+确诊病例级），（1）列中的"复工"指的是在工作场所或家中工作的人，而第（4）列中则指的是过去一周内曾从事有偿工作的人。（2）列中的工作强度定义为当前工作量与 2019 年同期相比的比值。工作小时数表示过去一周的工作小时数（每日工作小时数×一周内的工作日）。个体控制变量包括性别、年龄及其平方、受教育年限、婚姻状况、子女数量和户口类型。括号中是按城市级别聚类的标准误。

　　DID 估计的基本假设是，实验组和对照组之间的就业情况差异，在不考虑疫情的情况下会保持稳定，差异来自宏观经济情况等系统性差异。因此，本章研究了封控前两个群体的就业情况趋势，并调查了这两个群体是否确实具有可比性。由于样本数据主要集中在 2020 年 2 月，分析只能从 2020 年 2 月 3 日开始，因此不足以测试平行趋势。尽管如此，我们仍然能够研究解除封控的情况，并在解除封控之前测试上述平行趋势假设是否成立。对此，本章进行了一项事件研究，并构造了公式 9.4。

$$work_{ijt} = \alpha + \sum_{k=m, k \neq -1}^{M} \beta_k \cdot D_{jt,k} + \gamma\, COVID - 19_{jt} + \delta_i + \lambda_t + \varepsilon_{ijt}$$

（公式 9.4）

　　在公式 9.4 中，$D_{jt,k}$ 是一组虚拟变量，指示城市 j 是否已在日期 t 解除封控。公式 9.4 中省略了 $k=-1$ 的虚拟变量，因此解除封控后的效果与城市解除封控前一天有关。参数 $\beta_k$ 估计了在政策废除 k 天后解除封控的效果。笔者在方程中包括了处理效应之前的虚拟变量，测试了在解除封控之前，治疗是否影响了就业水平。直观地说，系数 $\beta$ 衡量的是解除封控的城市和在 k 期内保持封控的城市之间的就业状况与解除封控前一天的差异的差异。如果封控减少了就业，当 $k \geqslant 0$（即封控解除）时，$\beta$ 将为正。如果预处理趋势是平行的，当 $k<-1$ 时，$\beta$ 将接近于零。

在图 9-1 中，在解除封控前一天，两组之间的复工趋势没有可观察到的系统性差异——也就是说，提前期（$k<-1$）的估计系数接近零，在统计上不显著。这一发现意味着平行趋势假设很可能在我的设定中成立。相比之下，封控解除后，趋势发生了变化——也就是说，滞后项（$k \geqslant 0$）变为正且具有统计学意义。此外，我观察到，随着滞后时间的增加，差异会越来越大，这表明解除封控后对就业产生了累积影响。

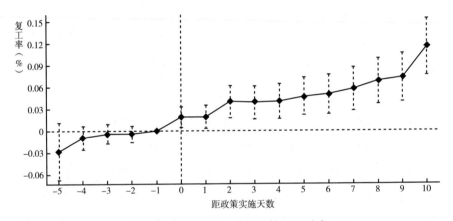

**图 9-1　事件研究：平行趋势假设测试**

注：该图展示了使用事件研究方法得出的结果（公式 9.4）。回归中包含封控虚拟变量的领先项和滞后项。回归中省略了表示解除封控政策前一天的虚拟变量。图中标记了估计系数及其95%的置信区间。

图 9-2 是异质性分析的结果。本研究考虑了以下特征：30 岁以下、农村外出务工人员、有 18 岁以下子女、个体经营者和各种行业类别，将城市封控指标与回归中的每个异质性维度分别进行了交互，然后在图 9-2 中给出了预测影响及其 95% 置信区间。具体而言，城市封控对农村外出务工人员、30 岁以下的从业人员、工薪阶层（非个体经营者）、制造业、零售业和批发业的从业人员以及有 18 岁以下子女的从业人员的失业影响

更大。其他因素如性别、婚姻状况、受教育水平和远程工作等不存在显著异质性。

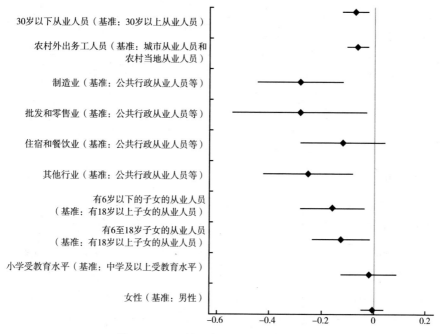

**图 9-2　不同从业人员群体的异质性分析**

注：图中的每一行都代表了城市封控与各种群体指标之间的相互作用项的系数。点和线分别表示估计值和 95% 置信区间。

在验证了城市封控对复工产生的负面影响后，本章研究了在封控期间延迟复工和失业是否与一个人的心理健康状况呈负相关（公式 9.3a 和公式 9.3b）。相应的回归结果如表 9-5 所示。

**表 9-5　延迟复工和失业对心理健康的影响**

| 变量 | 心理健康 | | | |
|---|---|---|---|---|
| | （1） | （2） | （3） | （4） |
| 失业 | -1.920*** | -1.594*** | -1.609*** | -1.519*** |
| | （0.297） | （0.309） | （0.308） | （0.449） |

续表

| 变量 | 心理健康 | | | |
|---|---|---|---|---|
| | （1） | （2） | （3） | （4） |
| 未返回工作岗位 | −0.977*** | −0.871*** | −0.926*** | −0.670*** |
| | （0.182） | （0.185 | （0.186 | （0.212 |
| log（1+工资） | | 0.412*** | 0.399*** | 0.542*** |
| | | （0.117） | （0.117） | （0.125） |
| 感染概率 | | | −0.019*** | −0.019*** |
| | | | （0.004） | （0.004） |
| 失业（第二波调查） | | | | −0.932* |
| | | | | （0.489） |
| 未返回工作岗位（第二波调查） | | | | −0.734 |
| | | | | （0.452） |
| 失业（第一波调查） | | | | 1.429** |
| | | | | （0.607） |
| 未返回工作岗位（第一波调查） | | | | −0.699 |
| | | | | （0.507） |
| log（1+确诊病例数） | 0.023 | 0.015 | 0.011 | 0.014 |
| | （0.045） | （0.045） | （0.045） | （0.045） |
| 第二轮调查 | −0.205 | −0.231 | −0.223 | −0.125 |
| | （0.216） | （0.217） | （0.216） | （0.217） |
| 第三轮调查 | 0.534** | 0.465** | 0.288 | 0.237 |
| | （0.218） | （0.220） | （0.223） | （0.225） |
| 个体特征控制变量 | 是 | 是 | 是 | 是 |
| 个体固定效应 | 是 | 是 | 是 | 是 |
| $R^2$ | 0.020 | 0.022 | 0.025 | 0.028 |
| 观察值个数 | 15240 | | | |

注：*在10%水平上显著，**在5%水平上显著，***在1%水平上显著；估计结果基于三轮调查中的所有样本（基线调查中的5674个样本、第二轮的5027个样本和第三轮的4539个样本）。基本群体是就业群体，指的是2020年3月和6月在工作场所或家中工作的从业人员以及11月就业的。个人特征控制变量包括婚姻状况、受教育年限和子女数量。括号中是按城市级别聚类的标准误。

表9-5（1）列显示，失业与一个人的心理健康状况呈负相关，系数为−1.92。未重返工作岗位也使个人心理健康水平恶化，尽管其程度低于失业率（−0.98）。这两个系数都是负的，在1%的水平上是显著的，这意

味着更不利的工作状态对个人的心理健康产生了不利影响。在（2）～（4）列中，通过将上述渠道作为回归中的额外解释变量以及工作状态变量，估计了失业对心理健康的直接影响。（2）列是收入冲击，一旦将收入冲击（1+工资）包括在内，失业/无法重返工作岗位的影响程度就会降低。接下来，将感染的可能性添加到收入冲击中。感染新冠肺炎的概率系数在1%的水平上是负的和显著的，这意味着上班可能会增加感染新冠肺炎的概率。因此，纳入感染风险变量使失业和不重返工作岗位系数变大，而工作状态的直接影响仍然是负的，在1%的水平上具有统计学意义。在（4）列中，为了衡量对心理健康的不利影响可能如何随着时间的推移而变化，进一步纳入了每个调查轮次的虚拟变量与工作状态之间的相互作用项。结果表明，失业对心理健康的不利影响往往会随着时间的推移而减弱，在2020年11月没有检测到负面影响。

# 六 结论

本章利用自2020年上半年中国劳动力市场上超过5600名从业人员的动态就业信息，系统地分析了新冠疫情防控措施对中国劳动力市场的影响。研究表明，从业者的复工比率从3月初的63.1%增加到6月中旬84.2%，截至11月底恢复到89.7%；从业者失业比率从6月中旬的11%，下降到11月底的4.4%。疫情冲击下的就业趋势呈现V形特征，尽管中国就业形势一度受到疫情的猛烈冲击，复工率在2月曾低至12%，但随着疫情防控的有利开展，中国劳动力市场活力平稳恢复，到2020年末就业趋势整体向好。这期间，中国劳动力受到疫情的冲击显现出周期性失业问题，失业者家庭负担重，失业周期长，在劳动力市场上处于不利的地位，需引起足够的重视，避免其陷入长期失业甚至贫困状态。建议重点关注劳动力市场上的弱势群体，制定有针对性的帮扶政策，切实做好"六稳"工作、完成"六保"任务，避免社会分化和不平等的加剧。

此外，本文利用回归分析方法厘清了防控措施对复工进度的因果影响，以及就业损失对从业者心理健康的影响，并分析了影响机制。同时，失业会显著影响从业者的心理健康。但分析表明心理冲击具有短期性，失业对从业群体的心理健康状况影响在 2020 年末有了明显的好转。

综上所述，外生冲击下需更多地考虑经济成本和民生问题，在实时监测疫情发展的同时，关注就业等民生指标，并根据各地实际情况有针对性地制定具有短期时效性和灵活性的救助政策。当从业者的就业、收人和心理健康面临短期冲击时，建议对受疫情冲击较大的行业和部门进行短期帮扶，并推动为受损企业减负的政策，减少企业被动裁员的可能性；对于失业和收人受到严重冲击的群体，建议通过转移支付、就业扶助等政策手段尽快提高其福利水平和获得感。

# 第 10 章
# 中国实现碳中和的战略和路径

张永生　禹　湘

2020 年 9 月 22 日，中国国家主席习近平在第 75 届联合国大会上宣布，中国将力争在 2030 年前实现"碳达峰"、2060 年前实现"碳中和"。这一承诺体现了中国的大国担当，是中国全面建设社会主义现代化国家的重大战略机遇。正如习近平主席在大会上所说，绿色转型需要生产和消费模式的革命，也伴随着巨大挑战。

## 一　中国为何提出双碳目标

中国的双碳目标并不是气候谈判的工具，而是表明了中国作为一个大国的责任。这是中国进入新发展阶段的战略选择，是党的十八大以来发展观深刻变化的结果（Zhang et al. , 2021）。

### （一）从被要求行动到想要行动的转变

在应对气候变化方面，中国已经从受到其他国家的减排压力转变为主动作为。在应对气候变化的早期，中国主要关注国内环境问题，对全球气候变化的关注不够。普遍的发展概念是，减少碳排放将影响经济增长，而经济增长被认为是最高优先事项。尽管自 1983 年以来，环境保护一直是一项基本国策，但由于传统工业化模式下环境保护与经济发展之间的冲突，经济的快速发展造成了严重的环境问题。

面对日益严重的环境问题，中国政府意识到传统的发展模式是不可持续的，减少碳排放符合自身利益。党的十八大以来，生态文明发生了深刻的变化，生态文明观上升到了前所未有的高度。中国不断提高对环境保护的认识，出台了严格的环境政策，提出了 2030 年前实现碳达峰、2060 年前实现碳中和的目标。

### （二） 中国应对气候变化的雄心和责任

中国的双碳目标体现了中国作为一个大国应对气候变化的雄心和责任。它反映了中国新的发展理念和信心，表明中国正在从学习西方国家转向引领国际潮流。

习近平主席在 2015 年巴黎气候峰会上发表重要讲话，指出经济增长与有效应对气候变化是加互促进的，是各国合作共赢而非零和博弈。

中国的气候雄心反映了其内外方针的政策一致性：从内部发展观到外部行动、从国内行动到国际气候变化行动的一致。

## 二 碳中和是发展模式的深刻转型

### （一） 实现全球碳中和的进程

140 多个国家承诺实现碳中和，标志着全球发展模式的深刻转变。这些国家的碳排放量约占世界总量的 75%，涉及人口约占世界人口的 60%，经济总量占全世界的 75%。

更重要的是，这些国家中约 70% 是发展中国家。根据传统的发展模型，碳排放量预计将先达到峰值，然后下降，呈倒 U 形曲线。许多发展中国家对碳中和的承诺以及通过低碳模式推动经济增长的决心，可以被视为对传统发展理论的颠覆性、划时代的变革（Zhang，2021）。

在过去关于发展的讨论中，重点是提高效率、产业升级和所谓的沿微笑曲线上行。诚然，一个国家可以升级到产业链的顶端，并通过将高碳排放产业转移到其他发展中国家或地区来减少其生产侧的碳排放。然而，由于需要进口高碳排放的产品，其消费侧碳排放不会减少太多。这种产业升级对全球应对气候变化和碳减排几乎没有实质性好处。生态文明理念下的"绿色转型"是指发展内容和方式的转变。

## （二）回归发展初心

当物质财富达到一定水平时，增长的内容和方式就会发生变化。然而，如果新的增长模式没有出现，经济增长就必须依靠物质消费主义或过度消费。因此，在凯恩斯主义的意义上，所谓的现代经济活动的很大一部分就像是不断挖坑并将其重新填满，这意味着高 GDP 增长不会带来福祉的改善。现代经济活动遵循高增长、低福利、高环境成本的模式。如果不从根本上改变这种模式，不可持续的问题就不能简单地通过提高效率来解决（Zhang，2021a）。

经济发展的初衷是改善民生、帮助人们过上更好的生活。什么是美好的生活？人们不仅有物质需求，还有许多非物质需求，这些需求必须通过不同的发展理念来满足。除了有形的物质资源，还有无形的资源，如知识、健康的环境和文化。绿色转型是发展观念、资源观念、生产消费观念、商业模式和政策的系统性转变。

需求包括市场需求和非市场需求。GDP 是以市场为导向的增长的衡量标准。因此，如果增长目标过于偏重于 GDP，经济发展将不可避免地进入过度物质化的状态，大量非物质需求将无法得到满足。这种增长不仅会影响人民的福祉，还会造成巨大的环境问题。

实现碳中和的全球共识和行动将彻底重建传统工业时代的经济体系和空间格局。随着发展内容和方式的变化，传统经济体系将被重塑。无论是工业和服务业等产业概念，还是城市和村庄等空间概念，都将发生巨大的变化，互联网的兴起将加速这些变化。能源、交通、建筑和农业的发展内容和方式也将发生深刻变化（Zhang，2021）。

# 三  实现碳中和的机制

## （一）碳中和将促进经济跨越

中国 2060 年碳中和目标显示了中国最高领导人的政治决心，并带来了强烈的市场预期。无论是受影响最大的行业、新兴绿色产业、政府还是企业，都对碳中和抱有很高的期望。市场预期的形成非常重要，因为有了稳定的预期，人们将采取一致行动，许多预期将自我实现，尽管无法准确预测从现在到 2060 年将出现哪些具体技术，以及实现碳中和的确切途径是什么（Zhang，2021）。

绿色转型将推动经济朝着更具竞争力的结构发展。例如，从化石能源向新能源的转变，从化石燃料汽车向电动汽车的转变，将使中国经济更有竞争力。党的十八大后，中国放弃了"先污染后治理"的传统观念，不再担心保护环境会影响经济增长。"十四五"期间，中国经济保持了较高的增长速度，环境质量有了很大改善。保护环境可以改善人民福祉，这是市场无法衡量的。这些改善可能不会反映在 GDP 中，但居民认为它们是福祉的无形改善（Zhang，2021）。

## （二）碳中和与新征程的开始

全球对碳中和的共识和行动标志着传统工业时代的结束和绿色发展新时代的开始。这一历史性变化恰逢中国开始建设社会主义现代化强国征程的起点。对中国来说，这是一个历史性的机遇。过去，当中国人谈论实现现代化时，大多在谈论追赶西方国家。然而，西方尚未实现人与自然和谐共存的现代化新标准。例如，发达国家的碳排放量高，在联合国可持续发展目标方面表现不佳。这意味着中国可以缩小与发达国家在绿色转型竞争中的差距。

在绿色发展的新时代，中国在许多行业中都具有优势，包括光伏、风能、电动汽车、机器人、5G 和互联网技术、高铁和特高压输电。中国目前有 3.72 亿辆汽车在路上行驶，汽车年销量约为 2500 万辆，电动汽车有巨大的增长机会。更重要的是这将带来生活方式的改变（Zhang，2021）。

正如 40 年前很难想象改革开放会带来的巨大变化一样，从现在到 2060 年实现碳中和，中国很可能会创造一个新的绿色发展奇迹。40 年来，中国从西方经济和工业发展的历史中吸收了很多经验和教训，但这种模式是不可持续的。未来 40 年，中国将踏上可持续绿色发展的新征程。如果说工业革命是西方对世界的重大贡献，那么绿色发展革命可以为中国提供一个为世界做出新的重大贡献的机会（Zhang，2021）。

## 四　中国制造业转型的双碳目标与挑战

中国化石燃料能源消费占比 85%，工业碳排放约占国内碳排放的 70%；因此，实现双碳目标最直接的挑战将是能源和工业的转型。根据 2021 年 9 月 22 日发布的《中共中央 国务院关于完整准确全面贯彻新发展理念做好碳达峰碳中和工作的意见》，到 2025 年，非化石燃料能源消费占比将达到 20%，到 2030 年将达到 25%，风能和太阳能发电总装机容量将达到 12 亿千瓦以上。到 2060 年，非化石燃料能源消费的占比将超过 80%。对中国能源转型已有大量的研究和情景分析。在本章中，我们将重点关注中国的双碳目标和制造业（Zhang，2021）。

中国制造业面临的最大挑战是如何同时实现双碳目标与保持制造业仍占 GDP 的一定份额和 GDP 增长。2020 年，制造业占中国 GDP 的 27%；到 2035 年，GDP 将翻一番，从 2020 年的 100 万亿元增至约 200 万亿元。如果制造业在经济中的份额保持稳定，到 2030 年碳达峰（工业碳达峰会更早出现），那么到 2035 年，新增的 27 万亿元制造业 GDP 相当于要实现零碳排放，这是一个巨大的挑战。目前，工业碳排放（包括能源部门）占中国总量的 70%，主要来自六个高耗能行业。如果将直接、间接和加工碳排放包括在内，这些行业的碳排放量约占工业碳排放总量的 80%。实现上述目标将在很大程度上取决于制造业的转型。制造业不能像过去那样发展，必须大大提高产品的附加值。

碳中和会增加中国制造业的成本吗？就总体成本而言，绿色转型将使整个社会的成本降低。这里的成本包括外部成本、隐性成本、长期成本、机会成本以及福利损失。这些成本以前没有反映在商品价格中。在传统的发展模式下，企业似乎具有较低的成本和较高的效率，但一旦考虑到上述成本，传统模式就会产生高成本经济。绿色转型主要是通过考虑所有成本来"重新计算分类账"。因此，许多概念将被重新定义，政策影响将是重大的。自 2010 年以来，中国一直是世界上最大的制造商——世界工厂。长期以来，中国承担了环境成本，以牺牲环境和人民福祉为代价来维持制造业的竞争力。

如果将碳排放计入成本，这会降低中国制造业在全球的相对竞争力吗？总的来说不会，因为现在正在努力实现碳中和的不仅是中国。中国制造业的整体竞争力不会因为双碳目标而下降，但某些行业和产品会受到影响。然而，在其他新兴领域，如太阳能、风能和智能电动汽车领域，双碳目标将大大提高中国制造业的全球竞争力。

双碳目标预计将带来相对价格的大幅调整。绿色转型意味着经济结构的大幅调整，高碳经济的比重将下降，低碳经济的比重将增加。这种调整将通过改变高碳产品和低碳产品的相对价格来实现：前者的价格将上涨，而后者的价格将下跌。这是重新优化整个社会资源配置的过程。可以预期，未来高碳工业产品的生产成本和价格将继续增加，而需求将减少。与此同时，新能源、智能电动汽车等新兴绿色产业的产品价格正在大幅下跌，未来新能源的成本将非常低（Zhang，2021）。

# 五　将双碳目标纳入生态文明规划

2021 年 3 月 15 日，习近平主席在中央财经委员会第九次会议上强调，要把碳达峰和碳中和纳入生态文明总体规划。许多人将碳中和理解为用新能源取代化石燃料能源，而没有意识到碳中和需要生产方式和生活方式的全面而深刻的转变。只有将其纳入生态文明总体规划，才能实现双碳目标（Zhang，2021）。

### （一）为什么要将双碳目标纳入生态文明规划？

如果双碳目标不被纳入生态文明的规划，它将很难实现。双碳目标的先决条件是用新能源取代化石燃料能源，但这需要系统性转变。例如，能源转型必须涉及政府的环境监管、定价、碳排放交易和绿色技术创新系统、商业模式、能源用户电气化、金融、财政和税收系统以及绩效评估。它还涉及运输系统等其他领域。排除其中任何一项都会使转型变得不可能。

如果双碳目标不被纳入生态文明规划，其推广可能会出错。我们真正需要解决的是转变传统的、不可持续的发展模式，这种模式导致气候变化、高资源消耗、生物多样性丧失和环境污染。气候变化只是不可持续发展的一个方面，应对气候变化还必须有助于解决其他不可持续问题。如果不纳入生态文明规划，双碳目标就不一定能促进其他不可持续问题的解决，甚至可能加剧这些问题。除了气候系统，生物多样性、环境和资源等任何一个子系统的崩溃都可能导致全球生态系统的崩溃。

### （二）污染控制和碳减排必须相辅相成

尽管向新能源的过渡将大大减少碳排放，但其所需的基础设施和设备的生产将需要大量的资源消耗，并可能造成环境破坏。目前，人们更多地关注新能源发电本身的碳排放，而忽视了新相关产业的快速发展，这将带来对关键矿产和其他资源的需求大幅增加。根据国际能源署（IEA，2021）的一份报告，光伏发电对矿产的需求约为同等发电量的天然气发电的 5 倍；生产电动汽车对矿产的需求是传统汽车的 6 倍。

实现 2050 年全球净零碳排放目标将使矿产总需求增加 6 倍。因此，解决气候变化问题将减少一些资源的消耗，并解决一些环境问题（例如，减少煤炭燃烧也将改善空气质量），但这将增加其他资源的消耗并可能引发新的环境问题。

因此，假设我们已经完全转向可再生能源，其成本远低于化石燃料能源，这并不意味着不可持续的问题已经解决，因为使用新能源也会带来巨大的资源消耗和环境破坏。例如，随着能源价格的降低，人们将使用更多的电器，即使这些电器的生产和使用不排放二氧化碳，生产过程也会消耗资源，并对环境产生其他影响。使用的能源越多，所带来的资源消耗和污染问题就越多。

# 六　实现碳中和的战略与机制

为实现碳中和，中国采取了"1+N"措施，并制定了详细的时间表和路线图。

## （一）碳中和战略

要实现碳中和，必须真正理解碳中和的实质，才能从战略上避免走错路。其他问题更具技术性，相对容易解决（Zhang，2021）。

第一个问题是信心。由于中国的工业化尚未完成，一些人担心碳中和目标是否会阻碍这一进程。经济学家通常相信市场的力量，如果能源资源枯竭，新形式的能源和资源将在市场上自发出现。到2060年实现碳中和基本上相当于假设全球化石燃料能源将在2050年或2060年耗尽。这样，摆在我们面前的问题是，在这些条件下，我们如何才能创造一个繁荣的世界？此外，目前太阳能和风能发电的成本几乎与煤电的成本相同，未来还会大幅下降。在电动汽车、互联网、5G技术和机器人的支持下，一旦化石燃料能源耗尽，创造一个繁荣的新世界应该是可能的。

第二个问题是战略方向。实现碳中和有两种途径。一种是低碳排放和低中和，这意味着碳捕获和储存技术将用于抵消剩余排放。另一种是高碳排放和高中和，这意味着我们依赖碳捕获和储存技术照常发展。碳中和的根本目标是实现可持续发展。碳减排只是其中的一部分，如果我们只关注碳减排，就无法解决其他不可持续的问题。

第三个问题是实现碳中和的时间窗口。碳达峰和碳中和的逻辑并不相同，碳中和不一定会在碳达峰之后。我们必须按照碳中和的要求转变生产方式和生活方式，以实现碳排放的更早达峰和更低峰值。由于中国要在

2035 年前实现现代化，这一时期是我们实现绿色转型的机会之窗。如果不能在这个时间段内实现这一转变，我们将陷入高碳状态，延迟转变的成本将高得多。

第四个问题是碳中和路线图。虽然中国应该实现到 2030 年达到碳峰值和到 2060 年实现碳中和的目标，但不同行业和地区的情况会有所不同，需要制定不同的计划。路线图涉及许多技术问题，包括中国能源系统改革、成本效益分析和减排曲线的斜率。实现碳中和，既不能走传统道路，也不能盲目前进（Zhang，2021）。

### （二）　实现碳中和的机制

从传统发展模式跳到新的绿色模式，就像从旧分工跳到新分工、从化石燃料能源跳到可再生能源、从传统汽车跳到智能电动汽车。这种转变有几个先决条件。

首先是政府的决心。中国领导人对历史发展趋势有了深刻的认识。与此同时，中国的政府体系为将这一愿景转化为政策和行动提供了制度保障。

其次是新的市场约束。严格限制碳排放意味着改变市场对企业的约束，从而改变企业的行为。

最后是稳定市场预期，这将指导市场参与者的行为。目前，市场已经发出了明确的回应：由于化石燃料代表了过去的能源，相关的融资变得越来越困难。新能源和电动汽车代表着未来，将有大量投资进入这个市场。在市场预期稳定的情况下，实现碳中和将自动具备有利条件（Zhang，2021）。

### （三）　两大政策方向

第一个政策方向是促进低碳经济的发展。新能源和智能电动汽车的发展将遇到许多困难，包括新能源运营不稳定、互联网安全、电价等瓶颈问题，必须解决。

第二个政策方向是特别重视公正的绿色转型。尽管从长远来看，绿色转型是一个战略机遇，但许多行业将受到严重影响。化石燃料行业将首当其冲地受到转型的影响，包括煤炭、石油和一些重化工行业和相关地区，涉及特定的就业群体。中国必须采取有力措施帮助转型，并提供职业培训和资金支持（Zhang，2021）。

# 七  结论

中国对碳中和的承诺为其进入新的发展阶段提供了战略机遇。碳中和不仅面临巨大挑战，也为中国建设社会主义现代化强国提供了战略机遇。全球对碳中和的共识和行动标志着传统工业时代的结束和绿色发展新时代的开始。碳中和将给中国经济带来变革，有望在未来40年创造高质量发展奇迹。能否实现这一目标取决于中国能否实现发展模式的根本转变。

## 参考文献

International Energy Agency（IEA）. 2021. *The Role of Critical Minerals in Clean Energy Transitions*. World Energy Outlook Special Report. Paris：IEA.

Zhang, Yongsheng. 2021a. 'Carbon Neutrality is a Strategic Opportunity for China, andIt Is Expected to Open the Next 40-Year Development Miracle.' ［In Chinese］. *Sina Finance*, 19 April. Available from：baijiahao. baidu. com/s? id = 1697457997 869646643&wfr = spider&for = pc.

Zhang, Yongsheng. 2021b. 'Carbon Neutral Technological Innovation：Urgent Need for New Business Thinking and Business Models.' ［In Chinese］. *Sino-Singapore Jingwei*, 28 May. Available from： baijiahao. baidu. com/s? id = 1699355799815847129&wfr = spider&for = pc.

Zhang, Yongsheng. 2021c. 'The Overall Competitiveness of China's Manufacturing Industry Will Not Decline Due to the "Dual Carbon" Goal.' ［In Chinese］. *Sino-Singapore Jingwei*, 28 May. Available from：baijiahao. baidu. com/s? id = 1700972656 077807508 &wfr = spider&for = pc.

Zhang, Yongsheng. 2021d. '2060 CarbonNeutrality, Creating a Green and Prosperous New World.' ［In Chinese］. *Sohu*, 31 May. Available from： www. sohu. com/a/ 469558899_100042088.

Zhang, Yongsheng. 2021e. 'Carbon Neutrality is Not Simply Replacing Fossil

Energywith New Energy.'［In Chinese］. *Beijing News*, 15 July. Available from: baijiahao. baidu. com/s? id=1705336029848922139&wfr=spider&for=pc.

Zhang, Yongsheng. 2021f. 'Carbon Neutrality: Strategic Opportunities for China's Development.' In He Yongjian and Jing Chunmei (eds), *China Carbon Neutralization Progress Report*. Beijing: Social Sciences Literature Press.

Zhang, Yongsheng, Chao Qingchen, Chen Ying, et al. 2021. 'China's Carbon Neutrality Will Lead Global Climate Governance and Green Transition.' *International Economic Review* (3): 9-26.

Zhang, Yongsheng and Yu, Xiang. 2021. 'The Strategy and Pathway towards Carbon Neutrality in China.' In Xie Fuzhan (ed.), *Analysis and Forecast of China's Economic Situation* (2022). Social Sciences Document Press.

# 第 11 章
# 碳排放交易市场的机制和发展：
# 欧盟与中国的比较

尚昊成　唐方方

## 一　碳排放交易市场的历史与结构

### （一）全球碳排放交易市场简史

20 世纪 60 年代，Crocker（1966）和 Dales（1968）提出了污染权交易的想法，允许排放权作为普通商品进行交易。美国是第一个实践这一想法以解决污染问题的国家。美国 1990 年《清洁空气法修正案》通过引入二氧化硫排放交易计划，开始了首次使用市场监管来控制环境问题的大型实验（Burtraw & Fueyo Szambelan，2009）。德国、澳大利亚和英国也是首批建立排放交易计划（ETS）的国家。

《京都议定书》于 1998 年 3 月 16 日至 1999 年 3 月 15 日开放签署，在截止日期之前有 84 个国家签署加入。根据该议定书，承担义务的缔约方（附件 B 缔约方）已经接受了限制或减少温室气体排放的目标。这些目标被表述为第一个承诺期（2008~2012 年）的允许排放水平或分配额度，允许排放量按照配额计算。

正如《京都议定书》第 17 条规定，碳排放交易允许拥有剩余排放单位（允许排放但未"使用"）的国家向已超过目标的国家出售这种剩余能力。因此，一种新型商品以排放减少或消除的形态创造出来。由于二氧化碳是主要的温室气体，所以人们简单地称之为"碳交易"。现在碳排放就像其他商品一样被追踪和交易，形成了所谓的"碳市场"。

2012 年《京都议定书》到期后，碳排放交易计划继续快速增长。截至 2022 年 8 月，全球各国已实施或计划实施约 32 个碳排放交易计划，覆盖 38 个国家（World Back，2022），交易规模约为 2700 亿美元。这些系统中最大的是欧盟、北美（西部气候倡议和区域温室气体排放倡议）及中国的系统。欧盟碳配额在 2021 年底每吨达到 80 欧元以上，是 2020 年底价格的两倍还多。随着价格的飙升和交易量小幅上升，欧盟碳配额交易额达到创纪录的 7600 亿欧元，约占 2021 年全球碳配额交易总额的 90%。表 11-1 显示了全球碳排放交易发展的主要事件。

表 11-1　全球碳排放交易发展主要事件

| 年份 | 主要事件 |
| --- | --- |
| 1998 | 签署《京都议定书》<br>美国芝加哥建立减排市场体系 |
| 2002 | 英国发起碳排放交易计划 |
| 2003 | 芝加哥气候交易所成立<br>澳大利亚发起新南威尔士州温室气体减排计划 |
| 2005 | 《京都议定书》生效<br>欧盟碳排放交易计划启动<br>挪威碳排放交易计划启动<br>日本自愿碳排放交易计划启动 |
| 2007 | 挪威、冰岛和列支敦士登加入欧盟碳排放交易计划<br>美国加利福尼亚州和加拿大魁北克省发起西部气候倡议 |
| 2011 | 日本埼玉县发起碳排放交易计划 |
| 2012 | 印度发起绩效、实施和交易机制（IND PAT）<br>巴西圣保罗宣布实施碳排放交易计划<br>美国加利利亚启动碳排放交易计划 |

续表

| 年份 | 主要事件 |
|------|---------|
| 2013 | 加拿大魁北克启动碳排放交易计划<br>哈萨克斯坦发起碳排放交易计划,巴西里约热内卢发起碳排放交易计划<br>中国碳排放交易计划一期工程启动(试点包括北京、上海、天津、广东和深圳)<br>中国碳排放交易计划一期工程启动(新增湖北、重庆两个试点) |
| 2014 | 韩国碳排放交易计划(KETS)启动 |
| 2015 | 《巴黎协定》通过<br>中国碳排放交易计划一期工程(新增四川、福建两个试点) |
| 2016 | 中国发起全国性碳排放交易计划 |
| 2021 | 中国全国性碳排放交易计划启动 |

直到 2022 年，全球还没有统一的碳排放交易计划，但现有的碳排放交易计划已发展开来并相互连接。尽管主要的发展中经济体已制定了碳中和的目标，但它们的碳排放交易计划进展并不大。作为碳排放量最高的国家，中国精心设计了一个日程表，并逐渐成为碳排放交易市场的先驱。本章稍后将提供更多有关欧盟碳排放交易计划的详细信息。

### （二）碳排放交易市场的作用

尽管目前有 6 种公认的温室气体，但排放交易市场被统称为碳市场。碳市场分为自愿碳市场（VCM）和合规碳市场（CCM），这两种市场在监管、市场规模和其他因素方面存在显著差异（Varsani & Gupta，2022）。

自愿碳市场是不受监管的市场，包括个人、公司和政府在内的实体能在自愿的基础上从项目开发商那里购买碳汇，以实现碳补偿和碳中和。公司可以自愿购买由私人标准认证的碳汇，作为其可持续发展战略的一部分。与合规碳市场相比，自愿碳市场的规模小得多。自愿碳市场也没有监管和透明度要求。缺乏高质量的碳信用额度（具有高环境和社会完整性的项目）阻碍了这类市场的增长。

合规碳市场也被称为碳排放交易计划（ETS），是全球碳排放交易市场的主流。基于市场的机制，监管机构免费或通过拍卖向受监管公司分配有限数量的碳配额。单位碳配额通常允许其所有者排放 1 吨温室气体（主要是二氧化碳）。减排技术更为先进的企业可将其未使用的碳配额出售给其他方，以弥补其超额排放量。通过制定交易规则和提出交易要求，监管机构允许市场以最佳方式决定交易行为（购买配额或减少排放），并逐步降低碳配额供给。合规碳市场的目标正是为了建立这种在气候变化中降低碳排放和将外部成本内部化的路径。

与传统的资本市场一样，一个成熟的碳排放交易市场有一个一级市场和一个二级市场。在一级市场上，监管机构通常会免费或通过拍卖向受监管实体分配配额，以敦促其遵守碳排放限制。根据欧盟委员会（EC，2022）的数据，2022 年 5 月，流通中的碳配额总量为 1449214182 吨。一旦受到监管，企业就会获得配额。它们可以（根据其排放需求）在二级市场上使用现货或衍生品合约如期货、期权和掉期等进行交易。

碳金融产品丰富多样，表 11-2 提供了一些例子。

表 11-2　碳金融产品的主要类别

| 一级市场 | 二级市场 | 融资市场 | 配套市场 |
| --- | --- | --- | --- |
| 碳配额<br>（分配/拍卖） | 即期交易<br>远期交易<br>目录产品主题基金及衍生品 | 碳承诺<br>碳回购<br>碳积累 | 碳（或气候）保险 |

资料来源：作者整理。

在欧盟碳排放交易计划中，最受欢迎的交易产品是碳排放（CE）期货，流动性最好，市场份额最大，可以避免信息缺失问题和保护投资者免受市场风险。图 11-1 显示了典型的碳排放期货交易流程。

## 二　来自欧盟与中国的证据

作为先行者，欧盟碳排放交易计划是全球最成熟、功能最齐全的碳排放交易市场。它始于 2005 年，覆盖欧盟约 40% 的碳排放量。目前它是世

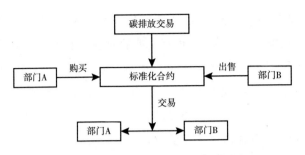

**图 11-1 典型的碳排放期货交易流程**

资料来源：作者整理。

界上最大的区域性碳排放交易市场。中国的碳排放量在 2005 年超过美国，2020 年居世界首位（见图 11-2）。为应对气候变化带来的挑战和责任，中国于 2021 年启动了全国性碳排放交易计划，是所有发展中国家中进展最快的。

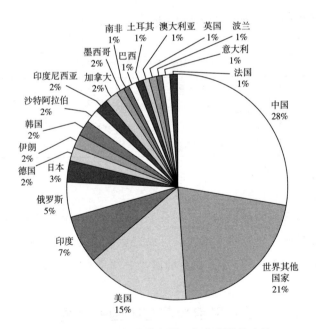

**图 11-2 2020 年世界各国二氧化碳排放占比**

数据来源：联合国碳排放统计。

## （一）欧盟碳排放交易计划：发挥主导作用

### 1. 发展路径

欧盟碳排放交易计划的重要性，在于其作为欧盟气候变化政策的"基石"作用，它也是其他碳排放交易计划的样板。1997 年，欧盟国家承诺到 2012 年（《京都议定书》到期时），碳排放量比 1990 年低 8％。为使该计划切实可行，1998 年 6 月，欧盟委员会发布了气候变化报告，提出不晚于 2005 年启动碳排放交易计划。2003 年 10 月 13 日，欧洲议会通过第 2003/87/EC 号决议，确认欧盟碳排放交易计划于 2005 年启动。

欧盟碳排放交易计划是一个"总量管制与交易"计划，该计划对涵盖的实体每年可排放的特定温室气体总量设定了绝对限制或"上限"。随着时间的推移，这个上限会降低，以减少总排放量。自 2005 年该计划推出以来，它所涵盖的主要部门排放量减少了 42.8％。

欧盟碳排放交易计划从 2005 年 1 月 1 日到 2020 年底经历了三个阶段，现在处于第四个阶段。

（1）第一阶段（2005~2007 年）：干中学

第一阶段是为期三年试点阶段，旨在为碳配额交易创造基本的基础设施并建立定价机制，目标是发现和分析该计划中的潜在缺陷，并使成员国熟悉规则。在此阶段，欧盟碳排放交易计划在没有可靠的排放数据的情况下设定了过高的碳配额。

（2）第二阶段（2008~2012 年）：正式阶段一

成员国之间的贸易被批准以满足《京都议定书》要求。监管机构使用经审计的排放数据，为各企业设定排放上限，并逐步减少碳配额供应。3 个非欧盟国家（冰岛、挪威和列支敦士登）也加入了该计划。2008 年，全球金融危机抑制了经济活动，需求降低导致碳配额价格下跌。

（3）第三阶段（2013~2020 年）：正式阶段二

2012 年 12 月，《多哈修正案》为《京都议定书》参与国的第二承诺期（2012~2020 年）增加了新的减排目标。欧盟碳排放交易计划遵循了这一修正案，并设定了两个目标：

（1）到 2020 年，与 2005 年相比减排 21%；

（2）到 2030 年，与 2005 年相比减排 43%。

欧洲议会和欧洲理事会最近批准的减排目标如下：

（1）到 2030 年，根据《欧洲绿色协议》，温室气体比 1990 年至少减排 55%；

（2）到 2050 年，实现《欧洲绿色协议》中的碳中和目标。

由于这些目标更加雄心勃勃和具有挑战性，这一阶段主要侧重于调节碳配额过剩供应。在欧盟委员会以下改革的支持下，碳配额价格有所上涨：

（1）2014 年引入核减机制，旨在提高碳配额价格，从而激励投资低碳技术，2014 年、2015 年和 2016 年，经拍卖的碳配额分别比原计划减少 4 亿吨、3 亿吨和 2 亿吨；

（2）将市场稳定储备作为长期解决方案，该储备于 2019 年 1 月开始运作。它通过调整拍卖的配额供应，解决了之前配额过剩的问题，并提高了该系统对重大冲击的抵御能力；2014~2016 年，9 亿吨碳配额被转移到储备中，而非被拍卖。

（4）第四阶段（2021~2030 年）：正式阶段三

该阶段将实施更严格的政策措施，以减少碳排放。与之前的 1.74%相比，配额供应上限将以每年 2.22%的速度递减。该阶段还侧重于为低碳创新提供两种融资机制，以帮助能源密集型行业向低碳经济转型（Aither，2022）：

（1）创新基金，协助行业创新技术；

（2）现代化基金，协助 10 个低收入欧盟成员国的投资，以促进低碳经济发展，提高能源效率，实现能源系统的现代化。

表 11-3 详细介绍了欧盟碳排放交易计划四个阶段的特点。

表 11-3　欧盟碳排放交易计划（ETS）的四个阶段

|  | 第一阶段 | 第二阶段 | 第三和第四阶段 |
|---|---|---|---|
| 区域 | 所有欧盟成员国 | 所有欧盟成员国加上冰岛、挪威和列支敦士登 | 所有欧盟成员国加上冰岛、挪威和列支敦士登 |
| 行业 | 能源密集型行业，包括炼油、钢铁、铝、水泥、石灰、玻璃、陶瓷、纸浆、纸张等生产行业 | 第一阶段行业加上民用航空 | 第二阶段行业加上石化、碳捕获、碳储存以及一些其他化工行业 |
| 排放物 | 二氧化碳 | 二氧化碳和一氧化二氮（自愿） | 二氧化碳、一氧化二氮和四氟化碳 |

## 2. 机制和规则

欧盟碳排放交易计划是一个总量管制与交易计划，该计划对计划涵盖的温室气体总排放量设定上限。随着时间的推移，上限会降低，因此总排放量会下降。交易方获得或购买碳配额，并相互交易。2012 年，欧盟碳排放交易计划将上限分为两部分：固定配额上限和追加上限。在每个合规周期后，成员必须交出足够的配额来覆盖其所有排放量，否则将面临高额罚款。如果公司减少排放，它可以保留剩余的配额来满足其未来的需求，或进行交易。

拍卖是向参与欧盟碳排放交易计划的企业分配碳配额的默认方法。然而，在该计划的前两个阶段，由于缺乏可靠的排放数据，所有配额都是根据经济状况免费分配给成员的。在第三阶段，拍卖成为发电行业获取配额的主要方法。对于其他行业，从免费分配到拍卖的过渡正在逐步进行。一些配额在 2020 年及以后仍将继续免费分配。

监测、报告和核查系统（MRV）也是该计划的关键部分。2004 年 1 月 29 日，欧洲议会通过了第 2004/156/EC 号决议，并制定了第一阶段的 MRV 规则。实验期结束后，实施了第 2007/589/EC 号决议，适用于第二阶段。成员国必须在每个合规周期内提交排放报告。该报告必须在次年 3 月 31 日前由经认证的 MRV 部门进行审计和核实。一经核实，运营商必须在当年 4 月 30 日前交出等量的碳配额。

欧盟碳排放交易计划具有非常严格的处罚措施。2005年，违规处罚设定为每吨二氧化碳40欧元。最近的处罚为每吨罚款100欧元，远高于目前的交易价格。此外，交易方必须在次年补足差额。与典型的金融市场相比，处罚是碳排放交易市场的一个显著特征，这与管理温室气体排放的动机是一致的。

理论上，配额的价格应确定减排的边际成本，以满足欧盟碳排放交易计划规定的上限。然而，欧盟碳排放交易计划配额（EUAs）的价格最近出现大幅波动，在2017年之前的10年里，配额的价格一直在每吨二氧化碳10欧元上下波动（见图11-3）。从2017年开始，价格开始上涨。新冠疫情期间，全球经济活动一度下滑，然而，随着各国货币政策的极度扩张，配额价格与其他大宗商品一样迅速上涨。配额价格现在与其他全球金融市场目标（如石油）的相关性更加密切，不仅体现了脱碳进展，还对宏观经济变化和政策有影响。

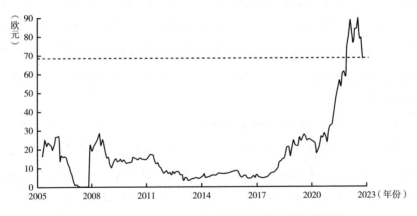

**图11-3　2005~2022年欧盟碳排放交易计划配额价格**

数据来源：Trading Economics（2022）。

### 3. 总结

欧盟碳排放交易计划是目前所有碳排放交易市场中最完善、功能最齐全的，我们可以从它的进展中学到很多东西。

第一，欧盟碳排放交易计划的建立依赖于稳定的政治和经济目标，特别是欧盟应对气候变化的承诺。然而，俄乌冲突和欧盟高通胀导致的2022 年全球能源危机使气候议程陷入困境。许多欧洲国家已经将严格的气候承诺放在一边，增加了燃煤发电。这些行动是否会影响欧盟碳排放交易计划尚不确定。

第二，统一和发达的金融体系对该计划的成功也至关重要。碳配额和其他金融产品以欧元定价，因此所有欧盟成员国都可以进行交易而不会产生额外的财务负担。

第三，欧盟的经验可能不易移植到其他地区，例如，建立统一的亚洲碳排放交易计划将更加困难。亚洲的金融体系中，中国和日本等大型经济体没有互通，也没有单一的区域货币，这使得跨境贸易更加困难。此外，亚洲国家之间的经济条件、人口结构和产业优势与欧洲国家有很大不同，排放水平也各不相同。像印度和越南等一些国家仍在经历快速的工业化，并排放大量温室气体，而日本已经进入后工业化时代。截至 2022 年 8 月，虽然中国、日本和韩国都有国内碳排放交易计划，但还没有建立统一的亚洲碳排放交易计划。

应对气候变化的道德和政治责任也是建立欧盟碳排放交易计划的重要动力。与自然形成的金融市场不同，碳排放交易计划是一个刻意建立的系统，来自对气候变化和净零排放目标的关注。欧盟需要的是可持续和环保的经济，碳排放交易计划是实现这一目标的工具。从政治角度来看，其在应对气候危机方面的合作不受大多数国际争议的影响。欧盟碳排放交易计划的先驱地位使欧盟拥有了一种政治工具，可以影响其他经济问题并加强其话语权。

然而，并非所有主要国家都愿意承担责任或有兴趣发展碳排放交易计划。作为一个大型碳排放国，美国负有重大责任并几乎拥有建立国内碳排放交易市场的所有优势：稳健的金融体系、先进的环境技术和提供透明排放数据的潜力。然而，2017 年 8 月 4 日，特朗普政府向联合国发出正式通知，表示美国打算在法律允许的情况下尽快退出《巴黎协定》。尽管拜登政府重新加入了《巴黎协定》，并承诺在气候变化问题上发挥领导作用，但截至目前，美国仍然没有建立全国性的碳排放交易计划。

第四，欧盟碳排放交易计划另一个优点是，作为一个成熟的碳排放交易市场，它支持各类国际合作。2014~2017年，欧盟委员会与中国合作开展了一个为期3年的项目，以支持中国碳排放交易计划的设计和实施。该项目为能力建设提供了技术援助，并支持了现有的7个区域性试点和全国性的碳排放交易计划的建立。

在2015年欧盟—中国峰会上，欧盟和中国就气候变化问题发表联合声明，同意进一步加强在碳市场方面的双边合作。在此背景下，欧盟委员会和中国国家发展和改革委员会就2017~2020年的新项目达成一致，建立欧盟和中国碳排放交易政策对话与合作平台。该平台旨在提供能力建设和培训，以支持中国实施和发展全国性的碳排放交易计划。

韩国碳排放交易计划（KETS）于2014年启动，涵盖该国66%的温室气体排放总量。这是未在《联合国气候变化框架公约》（UNFCCC）附件一约束下的国家中的第一个合规性碳排放交易计划。欧盟委员会通过一个侧重于建设韩国碳排放交易计划必备能力的技术援助项目，对韩国提供支持。

## （二）中国的碳排放交易计划：一颗冉冉升起的新星

与欧盟一样，中国碳排放交易计划的发展是一个渐进的过程。2000~2020年，中国的碳排放交易取得了巨大进步，全国性碳排放交易计划于2021年开始实施。

### 1. 发展路径

中国碳排放交易计划的建立分为三个步骤。

（1）2000年之前：怀疑和缺乏动力

《联合国气候变化框架公约》于1994年3月21日生效，早于《京都议定书》。该框架对各国的温室气体排放设定了不具约束力的限制，且不包含任何执行机制。中国对这一框架采取了被动态度。原因很复杂，部分原因是在20世纪90年代，中国国内没有温室气体排放的相关法律。当时，中国正进入快速增长期，环境保护被忽视或被视为"不必要的成本"。《京都议定书》是中国态度的转折点，中国意识到在该议定书下采取行动的经济潜力，渴望加入清洁发展机制（CDM）以应用新技术。

（2）2001~2010 年：改变观念

2002 年，中国签署了《京都议定书》，并加入了清洁发展机制（CDM）。2009 年，时任国务院总理温家宝出席了哥本哈根气候变化大会，承诺到 2020 年，中国单位 GDP 的二氧化碳排放量将比 2005 年减少 40%~45%。

（3）2011 年至今：取得巨大进展

2010 年后，中国试点并启动了国内碳排放交易计划。中国没有直接建立统一的市场，而是首先在主要城市和省份建立了碳排放交易试点。2011 年，7 个试点获准在 2013~2015 年开始碳交易。2017 年 12 月 9 日，中国宣布启动全国性碳排放交易市场，并在北京和武汉建立了两个碳排放交易中心，但直到 2021 年才真正开始交易。

2021 年 7 月 16 日，中国全国性的碳排放交易计划开始交易，已有的区域试点将逐步融入全国碳市场。短期内，试点将继续与全国性市场并行，以覆盖未被纳入后者的行业和实体。从中长期来看，随着更多行业被纳入中国碳市场，已纳入区域试点的实体有望被纳入全国性计划。

中国碳排放交易计划从发电行业的 2162 家企业开始，该行业每年温室气体排放量为 40 亿吨，这意味着中国的碳排放交易市场规模超过了欧盟，成为世界上最大的碳排放交易计划。碳配额以人民币定价。在开放日，交易开盘于每吨 48 元人民币，收盘于每吨 52.80 元人民币，达到每日价格变动 10% 的上限（见图 11-4）。

根据生态环境部统计，自碳排放交易计划正式实施以来，碳配额交易量高达 1.94 亿吨，交易总价值接近 85 亿元（12.3 亿美元）。2022 年 7 月 15 日，碳配额价格收盘于每吨 58.24 元，——相比首个交易日上涨了 14%。

中国碳排放交易计划的排放上限是自下而上设定的：所有覆盖实体的配额之和构成上限。这是一个基于强度的上限，并根据生产水平的变化而变化。据估计，2019 年和 2020 年，全国性碳排放交易计划排放上限为每年 4500 万吨二氧化碳。

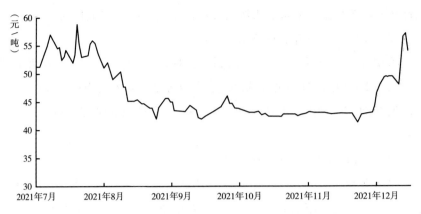

**图 11-4　2021 年中国碳排放交易计划碳配额价格**

资料来源：Slater 等（2022）。

2021 年，生态环境部概述了集中制定上限和分配配额的可能性，这意味着未来可能采取自上而下的上限设定方式。中国碳排放交易计划的配额分配有两种方式（ICAP，2022）。

一是免费分配。有四种不同的基准：300 兆瓦以下的常规燃煤电厂、300 兆瓦以上的常规燃煤电厂、非常规燃煤电厂和天然气电厂。实体获得的配额为其 2018 年产量的 70% 乘以相应的基准系数。后续，配额进行了调整，以反映 2019 年和 2020 年的实际发电量。单位负荷（产量）调整系数为负荷率低于 85% 的实体分配了更多的配额。

二是拍卖。目前是通过自由配置进行的，未来将引入拍卖机制并逐步扩大，但目前尚无时间表。

中国碳排放交易计划中的交易有两个不同的阶段：2021 年 7 月至 9 月为准备阶段，2021 年 10 月至 12 月中旬为实际交易阶段。随着被覆盖实体在一年中逐渐获得配额，10 月至 12 月中旬需求开始增加，配额短缺的运营商开始寻找配额并购买。

在第一个履约周期内，中国碳排放交易计划的 MRV 系统建立并进行了测试。根据生态环境部的数据，第一年的履约率为 99.5%。不遵守碳排放交易计划要求的企业，除了要在第二年补齐差额外，还可能被处以 10 万元~50 万元的罚款。这远低于欧盟碳排放交易计划的罚款。生态环境部表示，钢铁、金属、采矿和石化等其他高碳排放行业将在 2025 年前纳入全国性碳排放交易计划。

### 2. 特征

中国碳排放交易计划的结构与欧盟碳排放交易计划非常相似。碳排放交易计划试点为建立全国性碳市场提供了丰富的经验。中国全国性碳排放交易计划在第一个履约周期内的运行是稳定的，但与欧盟碳排放交易计划相比，仍然是一个实验项目。鉴于中国在温室气体排放中的巨大比重，扩大和规范该计划还有很长的路要走。

### 3. 高水平合规

早在 2013 年，各试点合规率就不理想，几乎所有试点方案都经历了延迟合规，可能是因为被覆盖的实体缺乏相关经验，处罚力度弱可能是另一个原因。2015 年，大多数试点项目按时完成了合规义务。表 11-4 和表 11-5 分别展示了部分试点项目 2013 年和 2015 年的合规性总结结果。

国家碳排放交易计划在第一个周期保持了试点项目的高合规率。我们可以预计，在建立了更好的监管、报告和核查系统（MRV）和采取更严格的处罚措施后，即便覆盖更多的行业，合规水平也将继续提高。

**表 11-4　2013 年中国部分碳排放交易计划试点项目合规性总结**

| | 预期合规日期 | 合规率 | 公告日期 | 处罚情况 |
|---|---|---|---|---|
| 上海 | 6 月 30 日 | 100%（191/191） | 6 月 30 日公布合规率 | 无 |
| 深圳 | 6 月 30 日(后延期至 7 月 10 日) | 99.4%（631/635） | 7 月 3 日公布合规实体名单 | 无 |
| 广东 | 7 月 15 日 | 98.9%（182/184） | 7 月 15 日公布合规率；8 月 6 日公布合规实体名单 | 2 个实体受处罚 |
| 天津 | 5 月 31 日(后延期至 7 月 25 日) | 96.5%（110/114） | 7 月 28 日公布合规率；8 月 15 日公布合规实体名单 | 无 |
| 北京 | 6 月 15 日 | 97.1%（403/415） | 6 月 19 日公布合规实体名单；9 月初公布合规率 | 12 个实体受处罚 |

表 11-5　2015 年中国部分碳排放交易市场试点项目合规性总结

|  | 预期合规日期 | 实际合规日期 | 合规率 |
|---|---|---|---|
| 上海 | 6 月 30 日 | 6 月 30 日 | 100%（191/191） |
| 深圳 | 6 月 2 日 | 6 月 30 日 | 99.8%（635/636） |
| 广东 | 6 月 2 日 | 6 月 8 日 | 100%（186/186） |
| 天津 | 5 月 31 日 | 7 月 1 日 | 100%（109/109） |
| 北京 | 6 月 5 日 | 6 月 15 日 | 99% |

**4. 交易量快速成长，但流动性低**

在全国性碳排放交易计划建立前，试点方案交易量很小。根据国际碳行动伙伴关系（ICAP）2019 年年报，截至 2018 年 12 月 31 日，所有试点方案的累计交易量达到 2.82 亿吨二氧化碳。广东是最大的试点，在交易量和交易价值方面占据最大份额（9430 万吨和 2.83 亿美元）。在全国性碳排放交易计划启动后，交易量迅速增长，第一年的交易量为 19.4 亿吨二氧化碳，几乎是试点方案累计交易量的 8 倍。

中国碳排放交易计划的换手率仅为 3%，远低于欧盟碳排放交易计划（2020 年超过 80%），中国企业碳交易的意愿和动力有很大的增长空间。

**5. 渐进式覆盖范围**

在试点期间，中国通过在试点计划中增加新行业来扩大市场覆盖面。例如，2016 年，上海计划覆盖水路运输，2015 年，北京计划覆盖一些公共交通。试点计划还降低了纳入门槛。目前全国性碳排放交易计划包括 2000 多家发电实体。生态环境部宣布在未来几年内纳入更多行业，但还没有严格的时间表。

**6. 数据质量需要提高**

2022 年 7 月 13 日，在全国性碳排放交易计划启动一周年前夕，全国碳市场建设工作会议召开。生态环境部在会上宣布，下一阶段碳市场的工作重点将放在数据质量管理、加快能力建设、建立碳市场数据日常质量管控机制等方面上（MEE，2022）。我们可以看到，中国目前对待环境数据问题认真负责，数据质量问题应该很快会有明显改善。

### 7. 总结

根据以往的数据分析，中国碳排放交易计划和欧盟碳排放交易计划至少有两个主要相似之处。

（1）一个庞大而统一的市场

大规模的能源消耗和温室气体排放使得碳配额的交易量很大。根据规模经济理论，一旦更多的国家加入欧盟碳排放交易计划、中国碳排放交易计划，覆盖更多的行业，就可以期待碳市场的更高效率。然而，如何监管一个更大的碳市场（从数据质量到监管、报告和核查过程），这是政策制定者面临的新课题。

（2）强烈的政治动机

市场机制比庇古税制度更有优势，也更透明。欧盟强烈希望成为气候变化问题的领导者，而中国则致力于建设生态文明。政治动机推动了碳排放交易市场的发展。鉴于当前的气候危机，温室气体排放管理和相应的交易方案可能会在国际政治中变得越来越重要。

# 三　结论和进一步讨论

本章总结了全球碳排放交易市场的历史和发展，并讨论了欧盟和中国这两个主要市场。尽管这两个地区有着不同的经济和政治背景，但它们的碳排放交易计划是成功的，并且具有巨大的潜力。

其他温室气体排放量高的国家和地区，如印度和美国，应承担主要的气候行动责任，并制定建立自己的碳排放交易计划的日程表。联合国环境规划署和政府间气候变化专门委员会等国际机构，应鼓励不同地区之间就碳排放交易体系进行对话与合作，并制定建立全球碳排放交易市场的路线图。气候变化是地球上所有国家共同面临的挑战，因此，谁都不能逃避应对气候变化的责任，发展碳市场是承担责任的方式之一。

# 参考文献

Aither. 2022. *EU ETS: Phase 4 in a Glimpse.* 13 May. Aither. Available from: www. aither. com/eu-ets-phase-4-in-a-glimpse/.

Burtraw, Dallas and Sarah Jo Fueyo Szambelan. 2009. *U. S. emissions trading markets for SO2 and NOx.* RFF Discussion Paper. Washington, DC: Resources for the Future. doi. org/10. 2139/ssrn. 1490037.

China News Network. 2022. 'Eight Departments: Carry Out the Supervision and Random Inspection of Inspection and Testing Institutions in 2022. ' [In Chinese] . *Qianlong News*, [Beijing], 3 September. Available from: china. qianlong. com/2022/0903/7588126. shtml.

Crocker, T. D. 1966. 'The Structuring of Atmospheric Pollution Control Systems. ' *The Economics of Air Pollution*61: 81-84.

Dales, J. H. 1968. *Pollution, Property & Prices: An Essay in Policy-Making and Economics.* Toronto, ON: University of Toronto Press.

European Commission (EC) . n. d. Market Stability Reserve. *EU Emissions Trading System (EU ETS)* . Brussels: EC. Available from: ec. europa. eu/clima/eu-action/eu-emissions-trading-system-eu-ets/market-stability-reserve_en.

European Commission (EC) . 2022. 'ETS Market Stability Reserve to Reduce Auction Volume by over 347 Million Allowances between September 2022 and August 2023 (Update) . ' *News Article*, 12 May. Brussels: Directorate-General for Climate Action. Available from: climate. ec. europa. eu/news - your - voice/news/ets - market - stability - reserve-reduce-auction-volume-over-347-million-allowances-between-september-2022-05-12_en.

International Carbon Action Partnership (ICAP) . 2019. *Emissions Trading Worldwide: Status Report 2019.* Berlin: ICAP.

International Carbon Action Partnership (ICAP) . 2020. *Emissions Trading Worldwide: Status Report 2020.* Berlin: ICAP.

International Carbon Action Partnership (ICAP) . 2022. *China National ETS.* September. Berlin: ICAP. Available from: icapcarbonaction. com/en/ets/china-national-ets.

Ministry of Ecology and Environment (MEE) . 2022. 'National Carbon Market Construction Work Conference Held in Beijing. ' *Shanghai Observer*, 16 July. Available from: sghexport. shobserver. com/html/baijiahao/2022/07/16/799615. html.

Slater, H. , D. De Boer, G. Qian and W. Shu. 2022. *2021 China Carbon Pricing Survey.* Beijing: ICF. Available from: www. chinacarbon. info/wp - content/uploads/2022/ 02/EN_ 2021-China-Carbon-Pricing-Survey-Report. pdf.

Song, Min, Fang-Fang Tang and Zhang Sheng (eds) . 2020. *Green Finance.* [In Chinese] . Wuhan, China: Wuhan University Press.

Tang, Fang-Fang and Xu Yongsheng (eds) . 2019. *Carbon Finance: Theory and Practice.*

[In Chinese]. Wuhan, China: Wuhan University Press.

The Paper. 2022. 'With the Proliferation of Fraudulent Testing Data, What Will Be the Focus of the Upcoming Annual Inspection Agency Supervision and Spot Check?' *The Paper*, [Shanghai], 6 September. Available from: www. thepaper. cn/newsDetail_ forward_19788284.

Trading Economics. 2022. *EU Carbon Permits*. New York, NY: Trading Economics. Available from: tradingeconomics. com/commodity/carbon.

Union of Concerned Scientists (UCS). 2022. *Each Country's Share of CO2 Emissions*. 16 July 2008 [Updated 14 January 2022]. Cambridge, MA: UCS. Available from: www. ucsusa. org/resources/each-countrys-share-co2-emissions.

United Nations Framework Convention on Climate Change (UNFCCC). n. d. *The Doha Amendment*. Bonn, Germany: UNFCCC. Available from: unfccc. int/process/the-kyoto-protocol/the-doha-amendment.

Varsani, Hitendra D. and Rohit Gupta. 2022. *Introducing the Carbon Market Age*. [Blog], 8 June. New York, NY: MSCI. Available from: www. msci. com/www/blog-posts/ introducing-the-carbon-market/03227158119.

World Bank. 2022. *Carbon Pricing Dashboard*. [Online]. 10 September. Washington, DC: World Bank Group. Available from: carbonpricingdashboard. worldbank. org/map_data.

# 第 12 章
# 中国的碳中和转型及其对
# 澳大利亚的影响

彭秀健　施训鹏　冯胜昊　James Lawrence

作为世界上最大的发展中国家，中国正在朝着到 2030 年实现碳达峰、到 2060 年实现碳中和的宏伟气候目标迈进。鉴于中国是澳大利亚铁矿石的最大买家，也是澳大利亚煤炭和液化天然气（LNG）的最大买家之一，预计这种气候努力将对澳大利亚产生深远影响。本章探讨了中国向碳中和的转型将如何在国家和州层面以及行业层面影响澳大利亚经济。我们的模拟表明，尽管中国对澳大利亚化石燃料的进口将大幅下降，但这些变化对澳大利亚经济的影响微乎其微。然而，采矿业以及那些依赖化石燃料生产的州和地区将受到相对更大的影响。

## 一　引言

2020 年 9 月，中国政府宣布，中国将采取更有力的政策和措施，在 2030 年前实现碳达峰，并努力在 2060 年前实现碳中和。这是中国首次承诺实现净零碳排放。此后，人们广泛关注探索实现这些目标的途径及其对中国潜在的能源和经济影响（He et al.，2020；EFC，2020）。作为世界上最大的二氧化碳排放国，中国要在不到 40 年的时间内实现净零碳排放，需要能源和经济部门进行实质性的结构性改革，这将给中国经济带来重大挑战。

此外，由于生产和贸易结构、贸易量、部门排放强度的差异，由此产生的经济影响和排放变化可能因贸易伙伴而异（Liu et al.，2016；Meng et al.，2018）。澳大利亚就是一个可能特别容易受到中国气候政策变化跨境影响的国家。2007 年底，中国超过日本成为澳大利亚最大的贸易伙伴，2009 年成为澳大利亚最大的出口市场（DFAT，2022a），对中国的商品出口从 2000 年的 60 亿澳元增长到 2019 年的 1490 亿澳元，占 2019 年澳大利亚出口总额的 38.2%，而同期从中国进口的商品从 91 亿澳元增长至 795 亿澳元，约占进口总额的 24.7%（DFAT，2020）。

了解国内外气候行动的影响显然与澳大利亚的利益相关。首先，其作为液化天然气和煤炭出口国的全球领先地位所带来的收入正受到世界其他地区从化石燃料向可再生能源转型的挑战，尤其是其主要化石燃料客户：中国、日本和韩国。其次，了解这些影响可以为澳大利亚在国内实现公正的能源转型提供信息（UN，2021）。在澳大利亚的联邦制度下，公正的能源转型将涉及支持受到负面和不成比例影响的脆弱地区社区，例如化石燃料开采行业集中的地区（Carley et al.，2018）。如果大量社区对能源转型感到不满，国家议程将面临重大阻力。鉴于澳大利亚新工党政府已立法规定到 2030 年将碳排放量减少 43%（与 2005 年的水平相比），研究这些影响是及时的。这大大高于前几届政府 26% 的减排目标，具有约束力。2022 年 6 月，国家电力市场（NEM）——一个批发电力市场和实体电力系统——前所未有地暂停，这提醒人们，无序的能源转型可能会对公共生活造成严重干扰（AEMO，2022）。

尽管有许多关于澳大利亚和中国之间碳排放关系的研究，但对于中国的碳中和转型将如何影响澳大利亚经济、产业和地区，以及铁矿石等关键的商品出口，还有待研究。大多数相关研究都集中在具体排放上，如 Chen 等（2016）、Wang 等（2019）和 Huang 等（2020）。只有少数一般均衡研究，如 Xiang 等（2017）和 Tian 等（2022），侧重于经济和贸易政策。Kemp 等（2021）的研究估计了中国、日本和韩国对从澳大利亚进口化石燃料需求变化的影响。然而，大数研究既没有讨论中国的气候政策变化如何影响澳大利亚的铁矿石出口，也没有讨论对澳大利亚地区和部门的影响。

本章用 CGE 模型研究了中国碳中和转型对澳大利亚 2023～2060 年的影响。具体而言，考察了中国对澳大利亚一些关键能源和矿产（包括煤炭、液化天然气、铁矿石和有色金属）的进口需求变化对澳大利亚经济的影响。研究结果有可能为联邦和州一级的决策者以及行业和社区领导者提供信息。

本章结构如下：第二节从澳大利亚的角度概述了中国的气候政策；第三节简要介绍了研究方法；第四节介绍碳中和转型下中国对澳大利亚化石燃料和矿物进口需求变化的政策冲击和模拟结果；第五节是结论和政策影响。

# 二　澳大利亚视角下的中国气候政策

自 2006 年以来，中国一直是世界上最大的二氧化碳排放国。2009年，在《联合国气候变化框架公约》（UNFCCC）哥本哈根缔约方大会（COP）上，（中国宣布了其首个碳减排目标：到 2020 年将碳排放强度在 2005 年的基础上降低 40%～45%。2015 年，中国在写入《巴黎协定》的《国家自主贡献计划》中承诺，到 2030 年将碳排放强度从 2005 年的水平上降低 60%～65%。2020 年，中国承诺到 2060 年实现碳中和（Shi et al.，2021b）。中国的全国性碳排放交易计划（ETS）于 2021 年 7 月首次亮相。在 2021 年 10 月发布的一份政策规划文件中，中国明确提出，到 2030 年，单位国内生产总值的二氧化碳排放量将比 2005 年下降 65% 以上，非化石燃料能源占比将达到约 25%，风能和太阳能发电的总装机容量将超过1200 吉瓦。到 2060 年，非化石燃料能源将占中国能源消费总量的 80% 以上。2021 年 11 月，中国提供，双碳目标是中国追求生态文明的重大成就。

中国有国内利益，也有国际压力，要求尽早采取强有力的减排行动。国内空气、水和土壤污染与能源消耗密切相关，据估计，与基线情景相比，到 2030 年，强有力的气候政策可以将与 PM2.5 和臭氧相关的死亡人数减少 23%（Yang et al.，2021）。通过创新和创造高质量的就业机会，绿色增长可能成为新的增长动力（Stern & Xie 2022）。新冠疫情后的"绿色复苏"也可能鼓励采取强有力的行动应对气候变化。持续的疫情还创造了一个低利率环境，适合通过公共投资的基础设施促进经济增长；绿色基础设施投资一举两得（ADB，2022；IEA，2020；EAF，2020）。全球政治经济变化是刺激中国采取气候行动的另一个因素。中国在许多"一带一路"倡议共建国家的电力部门拥有重要的资产，其中许多国家也宣布了净零碳排放目标。鉴于这些潜在的收益，有人呼吁中国在"十四五"（2021~2025 年）期间碳达峰（Yu et al.，2018）。

在这样的呼声中，要求立即停止新的燃煤发电建设的呼声尤其高涨（Morgan et al.，2022）。中国的煤炭产业政策确实表明了其对气候行动的态度。随着控制碳排放的力度不断加大，中国自 2016 年以来一直在推动煤炭产能削减，作为其供给侧改革的一部分（Shi et al.，2020；Wang et al.，2022）。此外，中国加大了对工作场所安全违法行为的处罚力度，也导致了煤炭产量降低（Shi & Yang，2022）。

与此同时，中国在电力行业大型非化石燃料基础设施项目的发展方面迈出重大步伐。自 2019 年以来，共有 11 个新的核电项目获得批准，其中包括 21 个机组。在 2022 年夏季出现区域电力短缺之后，国家能源局一直在积极推动新核能项目，在金沙江、澜沧江和黄河沿线建设新的水电项目，以及跨省电力传输项目（NEA，2022）。

地方政府可能会采取过于激进的减排政策，原因至少有两个。首先，由于减排已成为一项政治任务，而且没有适当的标准，中央政府机构不会冒险调整目标或缓解实现目标的压力。其次，地方政府领导人将倾向于过度交付目标以保护他们的利益，因为成本将由排放得到控制的工厂承担，这些工厂几乎没有权力抵制政治决策。作为一个中央集权的大国，中国的国家政策目标往往通过省、市、县的层级分解到下级政府。自从中国承诺到 2030 年实现碳达峰。到 2060 年实现碳中和以来，许多城市、公司和机构都提出了激进的减排计划（Shi et al.，2021b）。然而，对中国来说，尽早在各地都实现碳达峰可能不是最好的方案。由于中国幅员辽阔，各省份在社会经济发展和能源系统方面存在显著差异，一些省份不太可能跟上碳达峰的步伐（Shi et al.，2021b）。区域间的竞争导致了强有力的运动式碳减排，损害了当地经济。

尽管过于激进有危害，但重要的是要认识到，无论是碳达峰还是碳中和，都不能被视为理所当然。中国的很多新增投资已投入 5G、高铁和特高压输电项目，可以说这些项目可以减少碳排放，但 2020 年初，206 吉瓦的新燃煤发电也获得了批准（Gosens & Jotzo，2020）。最近的电力短缺正在进一步考验决策者的决心。在 2021 年的冬天和 2022 年的夏天，一些地方出现了严重的电力短缺。极端天气、燃煤发电厂的淘汰以及缺乏及时和负担得起的煤炭供应，都造成了这种短缺（Shi & Yang，2022）。能源安全需求和低碳发展需求之间似乎存在对立。政策倾向是明确的：无论何时前者面临风险，后者都必须让步，至少在短期内是这样。2022 年第一季度，中国各省级政府共批准了新增 8.63 吉瓦煤电产能。技术和供应链管理也可能对双碳目标构成严重挑战。据报道，中国科技部专家已经确定了一份支持这些目标的关键技术清单，其中 36% 处于示范阶段，50% 仍处于研发阶段或仍处于概念阶段（He，2022）。风力发电装置所需的一些稀土矿物，如钕、镨和镝，可能面临供应短缺。中国的锂、钴、镍和锰储量对电动汽车锂电池生产很重要，也可能遇到发展瓶颈（He，2022）。

除了这些挑战之外，由于 2022 年的能源价格飙升、2021 年末的电力危机和乌克兰危机的持续，全球似乎有重新规划能源转型的势头。2022 年，中国重申了煤炭作为中国能源战略重要组成部分的重要性。尽管中国宣布将从 2026 年开始削减煤炭消费，但中国不会简单地对煤炭"急刹车"，因为绿色转型将是一个漫长而艰巨的过程。"十四五"期间的能源目标将不再每年评估一次，并允许一定的灵活性（Shi，2022）。尽管如此，中国的调整并不一定会危及其气候承诺。由于一个快速增长的主要发展中国家以前没有在各种不确定性中实现碳达峰的经验，试错过程是难免的。理性务实的行动计划比激进的行动计划更具可持续性（Shi，2022）。

作为世界第二大经济体，中国的减排努力将不可避免地通过供应链影响其他国家的经济，尤其是那些与其经济联系密切的国家。澳大利亚的商品出口严重依赖中国市场。2019 年，铁矿石、有色金属、煤炭和液化天然气占澳大利亚商品出口总额的四分之三以上。对于这四种商品，2019年，中国分别贡献了澳大利亚出口总额的 82%、35%、21% 和 32%（见表12-1）。

**表 12-1　澳大利亚 4 种商品出口中的对华出口占比**

单位：%

| | 2017 | 2018 | 2019 | 2020 | 2021 | 2019 年单项对华出口占澳大利亚总出口的比重 |
|---|---|---|---|---|---|---|
| 铁矿石 | 81.88 | 81.22 | 82.16 | 80.92 | 81.96 | 52.9 |
| 有色金属 | 31.24 | 34.59 | 35.47 | 32.26 | 18.23 | 4.4 |
| 煤炭 | 20.64 | 21.41 | 21.44 | 20.60 | 0.04 | 9.2 |
| 液化天然气 | 26.31 | 31.23 | 32.43 | 32.38 | 36.10 | 10.9 |

大多数关于中澳环境问题的研究都集中在具体碳排放上，而不是气候政策。Chen 等（2016）表明，香港和北京从中国和澳大利亚的许多城市进口了大量的二氧化碳排放。Wang 等（2019）模拟了中国和澳大利亚在四种不同政策情景下贸易中的隐含二氧化碳排放，结果表明，以研发为重点的情景可以显著降低隐含碳。Huang 等（2020）估计了中澳贸易中的具体二氧化碳排放量，发现贸易量的增加导致了这些具体排放量的增长，而排放强度的下降缓解了这种增长。

与澳大利亚和中国相关的一般均衡研究考察了经济或贸易政策，但没有考察净零碳排放政策。Xiang 等（2017）基于可计算的部分均衡模型分析了中澳自由贸易协定（ChAFTA）的影响，模拟结果表明，ChAFTA 将使澳大利亚对中国的煤炭出口增长 35.7%，使中国对澳大利亚的煤炭出口增加 19.9%。Jayanthakumaran 和 Liu（2016）以及 Tan 等（2013）指出，中澳贸易对全球碳减排做出了重大贡献。Tian 等（2022）估计，涵盖中国和澳大利亚等国的《区域全面经济伙伴关系协定》将使全球碳排放量增加约3.1%。Shi 等（2021a）以中澳贸易为例，研究了重新安排供应链对经济和碳排放的影响。他们发现，这两个国家的净零碳排放将导致澳大利亚煤炭出口的大幅下降和液化天然气出口的小幅下降，而对澳大利亚 GDP 的影响相对较小。

# 三 方法论

本章研究了中国从澳大利亚进口的四大主要商品（见表 12-1）的变化将如何影响澳大利亚经济和区域发展。我们使用了澳大利亚的多区域模型维多利亚大学区域模型（VURM），以及最新的 2018 年数据库，探讨如果中国在 2060 年前对化石燃料和矿物进口的需求进行调整，对澳大利亚的经济会有何种影响。中国进口需求的变化是从使用 CHINAGEM-E 模型的碳中性模拟中得到的。正如 Feng 等（2021）所讨论的，CHINAGEM-E 模型是 CHINAGEM 模型的延伸，CHINGEM 模型是中国经济的动态 CGE 模型。CHINAGEM-E 模型是为了分析中国的能源和气候变化相关问题而开发的。它的特点是加入了分类能源部门、更详细和更新的数据库、新的发电嵌套结构、能源和碳排放账户、碳税以及碳捕获和储存机制（CCS）。Feng 等（2021）详细讨论了这些情景中使用的假设，包括宏观经济封闭、能源效率和偏好冲击、CCS 假设和碳排放途径。尽管这些假设是通过查阅文献做出的，但它们存在不确定性。对这些假设中的每一个进行彻底分析都超出了像 Feng 等（2021）所做的情景分析的范围。相反，Feng 等（2021）通过改变关键的基本假设，测试了 14 种替代的碳中和情景。他们发现，当前研究中使用的核心模拟场景结果在测试假设的合理变化范围内是稳健的。

VURM 由澳大利亚维多利亚大学政策研究中心开发。正如 Adams 和 Dixon（2015）以及 Adams（2021）所解释的那样，VURM 是澳大利亚六个州和两个地区的自下而上的模型。在这个模型中，每个地区经济都被建模为一个独立的经济体，包括特定地区的家庭、行业、价格等。这些地区通过模型决定的州际贸易以及劳动力和资本流动的变化而联系在一起。

在 VURM 中，投资被分配到各个行业，以最大限度地提高投资者（家庭、公司）的回报率，以最小化成本的方式为每个行业配置资本。在用于本研究的 VURM 版本中，有 81 个行业部门。每个州都有一个代表性的议会和政府。还有一个联邦政府。最后，还有外国行为者，他们的行为由各州产品的出口需求曲线和各国的供给曲线概括。

作为 CGE 模型，VURM 将每个区域生产商品的供需确定为优化经济主体行为的结果。区域产业选择劳动力、资本和土地，在竞争激烈的市场中经营，以实现利润最大化。在每个地区，一个有代表性的家庭根据家庭的偏好、相对价格和可支配收入购买特定的商品。区域间贸易、区域间迁徙和资本流动将每个区域的经济联系在一起。政府在联邦财政框架内运作。

VURM 提供了经济变量的连续年度数据，特定年份的结果用于更新下一年的数据。该模型包含一系列将当期资本存量与上期资本存量和净投资联系起来的方程。同样，债务与上期和当期的借贷/储蓄有关，地区人口与人口自然增长以及国际和州际移民有关。

最后，除了其经济核心外，VURM 还包含一些增强功能，以促进对环境问题的建模，包括：

（1）能源和温室气体排放核算模块；

（2）碳税和碳配额价格；

（3）运输和固定能中的燃料替代方程；

（4）澳大利亚国家电力市场（NEM）；

（5）允许将减排措施（针对燃烧和非燃烧排放）作为温室气体排放价格函数的参数。

VURM 还包括一个自上而下的工作机制，用于生成基本情况前景以及脱碳对 88 个 4 级统计地区（SA4）实际地区生产总值（GRP）和地区就业的影响。SA4 旨在输出各种区域数据，包括 2021 年澳大利亚人口和住房普查的数据。有关自上而下机制的详细信息，请参阅 Adams（2021）。

我们使用 Adams（2021）的澳大利亚零排放情景（AZES）作为基线

情景。Adams（2021）模拟了澳大利亚到2050年实现温室气体净零排放对澳大利亚经济的影响。他模拟了2021～2050年的两种情景。第一种是"基本情景"，在一切照旧的假设下对澳大利亚经济的未来发展进行了建模。第二种是"零排放情景"，由于澳大利亚和世界其他地区采取行动，到2050年将净碳排放量逐步降至零，该情景偏离了基本情景。由于VURM是一个单一的国家模型，它考虑了世界其他地区（RoW）通过对商品和服务的出口需求表进行外部定位，并对进口产品实行外部外币价格。对于国际贸易，在基本情况下，Adams（2021）假设世界其他地区对澳大利亚产品的需求与最近的趋势一致。在AZES中，Adams（2021）假设澳大利亚的大多数主要贸易伙伴都在追求零排放。然而，他将中国和印度排除在外，认为它们只采取了有限的步骤。然而，考虑到北京已经采取的官方声明和政策行动（将在下一节中总结），这一假设将被修改，至少在中国方面是这样。

本研究试图通过在AZES之上的净零转型期间震惊中国的进口需求变化来填补这一空白。具体来说，我们将AZES作为我们的新基础，而中国的碳中和情景（CCNS）是我们的新政策情景。两个模拟结果之间的差异是中国碳中和转变对澳大利亚的影响。

## 四 中国碳中性转型对澳大利亚
## 经济、产业和地区的影响

### 1. 中国碳中性转型与澳大利亚化石燃料和矿产出口

我们研究了中国进口需求在净零转型期的变化对澳大利亚的经济影响。我们使用CHINAGEM-E模型，从最近对中国2020～2060年脱碳努力的研究中得出进口需求的变化。为了研究中国碳中和努力的经济影响，冯等人（2021）首先设计了一个企业即经济（BAU）情景，作为比较政策结果的基准，并设计了一种核心政策情景，即碳中和情景（CNS）。

Feng等（2021）的CNS模拟结果表明，实现碳中和需要中国的能源结构发生显著变化。煤炭在一次能源消费中的份额将从2020年的57%下降到 2060 年的 12.3%，而非化石燃料的份额将几乎翻四番，达到 74%。在非化石燃料能源中，太阳能和风能的增长将最大，其份额将从 2020 年的不到 1% 和 3% 分别增加到 2060 年的 31% 和 22%。CNS 的总电力输出更高，其中非化石燃料能量的贡献最大。例如，2020 年，总电力的 62% 来自燃煤发电；到 2060 年，这一份额将降至 11.5%，而太阳能和风能发电的贡献将分别增至 36% 和 25%。生物能源的份额也将翻一番，从 2% 增至 4%。剩余的非化石燃料电力将来自传统的水电和核能（见图 12-1）。

能源系统的这种转变伴随着中国经济结构的变化。化石燃料和能源密集型行业将大幅收缩，而非化石燃料能源行业将蓬勃发展。

尽管 Feng 等（2021）的模拟预测了重大的结构变化，但碳中和对宏观经济的影响是温和的。到 2060 年，中国的实际 GDP 将比基准情景低约 1.4%。换言之，从 2020 年到 2060 年间，如果采取气候行动，中国的真实 GDP 将以 3.56% 的年增长率增长，而不采取气候行动的情况下为 3.61%。

中国能源结构的巨大变化意味着其化石燃料进口将发生重大变化。中国对煤炭、原油和天然气的进口需求将大幅下降。到 2050 年，中国的煤炭进口将比基准情景减少近 60%，天然气进口将减少 47% 以上，石油进口将减少近 35%。到 2060 年，中国煤炭和天然气的进口将减少 60% 以上，石油出口将减少近 50%（见图 12-2）。

然而，中国对铁矿石和有色金属的进口需求可能不会下降那么多或根本不会下降。通过碳中和行动，中国的投资将保持强劲。钢铁冶炼行业将其大部分产出出售给建筑业，而建筑业又将其大部分产量出售给从事投资的公司。由于建筑业的产量仅略有下降，钢铁冶炼业的产量也仅略有损失（2050 年为 -0.96%，2060 年为 -0.85%）（见图 12-3a）。由于钢铁冶炼业是中国最大的铁矿石用户，铁矿石行业也将略有损失。与此同时，由于碳排放价格导致国内价格水平上升，国内生产的铁矿石价格上涨。因此，中国对更多进口铁矿石的需求存在价格诱导的替代效应。我们的模拟结果显示，到 2050 年，与 BAU 情景相比，国内铁矿石产量将下降 3.56%，而进口仅下降 0.11%（见图 12-3a 和 12-3b）。到 2060 年，国内铁矿石产量

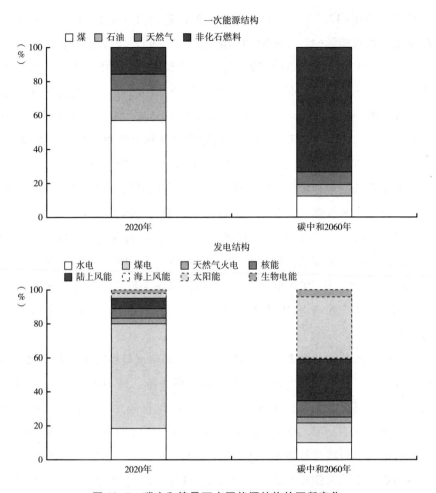

**图 12-1　碳中和情景下中国能源结构的不断变化**

数据来源：CHINAGEM-E 碳中和模拟结果（Feng et al.，2021）。

将下降 3.07%（见图 12-3a），而铁矿石进口将比 BAU 情景（见图 12-3b）高 0.04%。

进口有色金属矿石也有类似的情况。作为有色金属的主要下游产业，有色金属冶炼（2050 年为 -1.64%，2060 年为 -0.94%）几乎不受碳中和的影响（见图 12-4a）。相对于 BAU 情景（见图 12-4b），碳税迫使国内有色金属矿产量下降（2050 年下降 -3.31%，2060 年下降 -2.69%），进

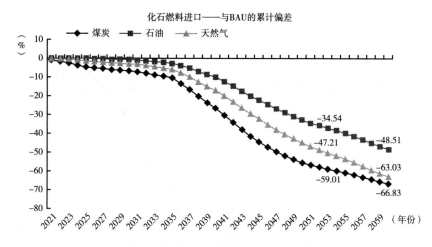

**图 12-2　中国化石燃料的进口大幅下降**

数据来源：CHINAGEM-E 碳中和模拟结果（Feng et al.，2021）。

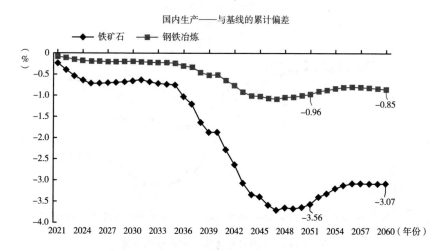

**图 12-3a　中国铁矿石产量的下降**

口增加（2050 年上升 1.2%，2060 年上升 2.85%）。

　　在这项研究中，我们假设澳大利亚对中国的出口份额将保持在 2019 年的水平。使用表 12-1 中所示的 2019 年份额，以及使用 CHINAGEM-E 模型从 CNS 模拟的进口需求变化，我们计算了 2023 年至 2050 年中国对

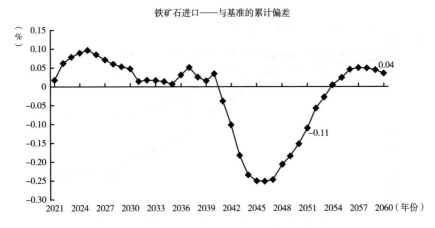

图 12-3b　中国对铁矿石的进口需求

数据来源：CHINAGEM-E 碳中和模拟结果（Feng et al.，2021）。

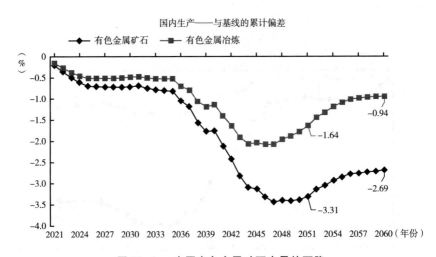

图 12-4a　中国有色金属矿石产量的下降

四种澳大利亚产品的进口需求的年度变化。然后将这些变化转化为对澳大利亚的出口需求冲击，并在 VURM 模型中作为相应出口需求时间表的变化来实施。

　　我们必须指出，在这项研究中，我们只使用了 Feng 等人（2021）的核心政策情景 CNS 的结果，该情景有 14 种替代情景。然而，我们正在调

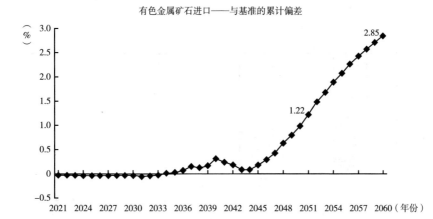

图 12-4b　中国对有色金属矿石的进口需求增加

数据来源：CHINAGEM-E 碳中和模拟结果（Feng et al.，2021）。

查的澳大利亚能源产品——煤炭、天然气、铁矿石和有色金属——的进口需求变化结果在这 14 种情况下与 CNS 中的情况非常相似。

**2. 中国碳中性转型与澳大利亚化石燃料和矿产出口**

我们的模拟显示，中国追求碳中和将减缓澳大利亚大部分矿业出口的增长（图 12-5）。在 CCNS 中，到 2050 年，澳大利亚的煤炭、液化天然气和铁矿石出口将分别比基本情况（AZES）低 15.9%、18.4% 和 0.14%。有色金属除外，到 2050 年底，其出口将高 0.44%。

中国的碳中和行动导致澳大利亚对煤炭、液化天然气和铁矿石的需求减少，这降低了澳大利亚的贸易条件。图 12-6 显示，在本世纪中叶，澳大利亚在 CCNS 中的贸易条件将比在 AZES 中低 2.92%。

**3. 中国需求变化对澳大利亚宏观经济的影响**

中国碳中和行动改变进口需求对澳大利亚的宏观经济影响微乎其微。图 12-7 显示了实际国内生产总值及其收入构成部分与基本情况（AZES）值的百分比偏差。到 2050 年底，CCNS 的实际 GDP 下降了 0.17%。实际 GDP 下降的主要原因是资本存量增长放缓。图 12-7 显示，CCNS 的股本比 AZES 低 0.43%。这种下降是由于贸易条件的恶化，这对资本、投资和实际 GDP 造成了结构性影响！0 资本增长率降低意味着投资减少（图 12-

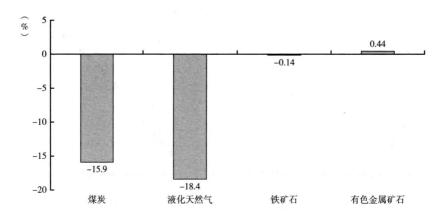

**图 12-5　澳大利亚在 CCNS 的主要化石燃料和矿物出口：
与 AZES 的累积偏差，2050 年**

数据来源：VURM 模拟结果。

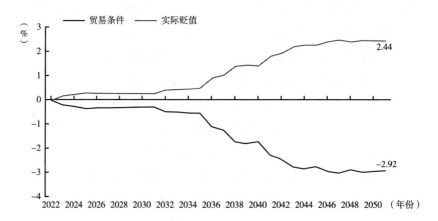

**图 12-6　贸易条件和实际贬值的变化：与 AZES 的累计偏差**

数据来源：VURM 模拟结果。

8 中为 -0.85%）。考虑到固定就业，实际工资率下降（-0.55%，见图 12-7），反映了资本 - 劳动力（K/L）比率的下降以及由此产生的劳动力边际产品的下降。

　　中国碳中和行动对全国实际家庭和政府消费（C+G）的影响大于对实际 GDP 的影响。图 12-8 显示，CCNS 的实际家庭和官方消费比 AZES

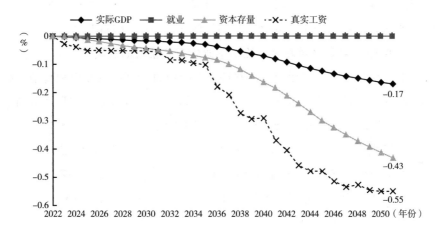

**图 12-7　实际 GDP 和其他宏观变量：与 AZES 的累计偏差**

数据来源：VURM 模拟结果。

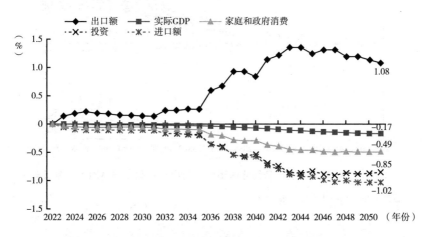

**图 12-8　实际 GDP 及其支出端的组成：与 AZES 的累计偏差**

数据来源：VURM 模拟结果。

低 0.49%。与实际国内生产总值相比，实际消费下降幅度更大的原因是影响家庭收入的贸易条件下降。

实际国内最终需求（C+G+I）相对于实际 GDP（Y）下降更多，导致贸易平衡（进出口）改善。这伴随着澳元的实际贬值和澳大利亚贸易暴露产品竞争力的提高。2050 年，实际汇率比基准值低 2.44%（见图 12-6）。当年，出口增长了 1.08%，进口下降了 1.02%（见图 12-8）。

### 4. 中国需求变化对澳大利亚制造业生产和就业的影响

澳大利亚煤炭、液化天然气和铁矿石行业将受到中国碳中和转型的影响，而有色金属行业将略有受益。同时，如前一小节所述，实际贬值刺激了出口，提高了进口竞争行业在当地市场上的竞争力，因此，出口导向型行业（煤炭、液化天然气和铁矿石除外）和进口竞争行业将受益于中国的碳中和转型。图 12-9 显示了 81 种商品出口与基本情况（AZES）值的百分比偏差。除煤炭和液化天然气外，几乎所有拥有海外市场的商品的出口都有所扩大。

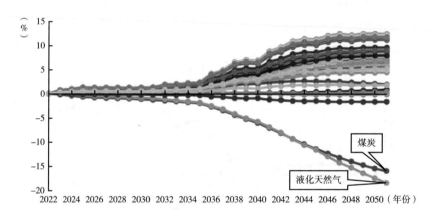

**图 12-9　在 CCNS 中按商品划分的澳大利亚出口变化：与 AZES 的累计偏差**

数据来源：VURM 模拟结果。

表 12-2 显示了模拟期最后一年，即 2050 年，澳大利亚和新西兰标准工业分类（ANZSIC）部门与国民生产和就业基线值的偏差。生产中的百分比偏差显示在第一列中；第二列和第三列与就业有关。首先显示使用小时数的百分比偏差；其次显示了以 1000 为单位的就业人数的绝对变化。请注意，工作时间的变化是就业人数和每人工作时间的综合体现。在我们的建模中，我们考虑了两者。

表 12-2　澳大利亚和新西兰标准工业（ANZSIC）分类：2050 年的生产与就业

| ANZSIC 分类 | 生产百分比偏差 | 就业百分比偏差 | 就业绝对偏差（1000 人） |
|---|---|---|---|
| A. 农业、林业、渔业 | 1.47 | 2.32 | 2.40 |
| B. 采矿 | -3.94 | -4.65 | -6.62 |
| C. 制造 | 2.38 | 2.60 | 2.68 |
| D. 公用设施 | -0.32 | -0.12 | -0.44 |
| E. 施工 | -1.03 | -0.98 | -0.63 |
| F. 批发贸易 | 0.45 | 0.51 | 0.60 |
| G. 零售贸易 | 0.06 | 0.13 | 0.15 |
| H. 住宿 | 0.25 | 0.24 | 0.27 |
| I. 运输 | -0.05 | 0.13 | 0.31 |
| J. 信息媒体 | -0.09 | 0.00 | 0.04 |
| K. 金融服务 | -0.28 | -0.28 | -0.27 |
| L. 租赁服务 | -0.70 | -0.79 | -0.94 |
| M. 专业服务 | 0.07 | 0.12 | 0.11 |
| N. 行政服务 | 0.09 | 0.10 | 0.13 |
| O. 公共管理 | -0.44 | -0.43 | -0.44 |
| P. 体育教育 | -0.03 | -0.02 | -0.04 |
| Q. 健康 | -0.33 | -0.32 | -0.28 |
| R. 艺术和娱乐 | -0.17 | -0.11 | -0.11 |
| S. 其他服务 | -0.37 | -0.35 | -0.28 |
| T. 住宅所有权 | -0.08 | 0.00 | 0.00 |

数据来源：VURM 模拟结果。

大多数行业的生产变化与实际 GDP 一致。在本节中，我们只讨论与实际 GDP 相比变化显著较大的行业。

采矿业（B）遭受的损失最大并不奇怪，因为有色矿石出口的小幅增长无法抵消煤炭和液化天然气的显著下降。采矿业产量大幅下降，就业岗位减少 6620 个，行业总就业岗位减少 4.65%。由于建筑业（E）将其大部分产出出售给投资相关服务，且投资总体相对于其基线水平下降（见图 12-8），建筑业也受到影响。

农业、林业和渔业（A）的出口份额很大。如前一节所述，中国的脱碳降低了澳元的实际价值，从而提高了国际贸易行业的竞争力。因此，农业、林业和渔业（A）的产量预计将增长（1.47%），主要是由于对海外市场的销售额增加。随着产量的增加，就业也在增加（2.32%，即增加2400个工作岗位）。

住宿（H）包括生产酒店、餐厅和食品服务的行业。它也有很大的出口份额，反映了在澳大利亚对外国游客的销售额。随着澳大利亚货币贬值，住宿部门的产量预计将增加（0.25%），主要原因是对海外游客的销售额增加。因此，部门就业预计将增长0.24%，即270个工作岗位。

制造业（C）包括一些出口导向的行业和一些进口竞争的行业。澳元的实际贬值也刺激了制造业的扩张：生产增长2.38%，就业增长2.6%，即2680个工作岗位。

### 5. 中国需求变化对澳大利亚地区发展的影响

昆士兰州（QLD）、西澳大利亚州（WA）、北领地（NT）和澳大利亚首领地（ACT）的实际州生产总值（GSP）相对于基线情景（AZES）有所下降，维多利亚州（VIC）、塔斯马尼亚州（TAS）、南澳大利亚州（SA）和新南威尔士州（NSW）有所上升。图12-10显示了实际GSP与基本情况水平的预计偏差百分比。

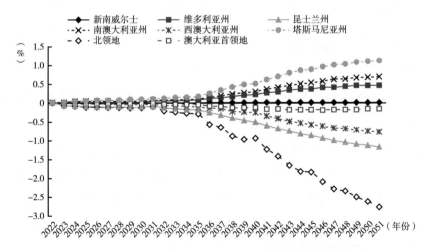

**图 12-10　州实际生产总值：与 AZES 值的累计偏差百分比**

数据来源：VURM 模拟结果。

对实际普惠制的影响模式反映了对行业的影响模式。正如一些行业经历了相对于 AZES 情景的产出增长，而一些行业则经历了产出损失一样，由于行业构成的差异，状态结果也有所不同。

昆士兰拥有大量的煤炭，这是中国脱碳预计将降低其在国民经济中所占份额的主要原因。到 2050 年，昆士兰的实际 GSP 预计将比基准情景低1.18%；就业率下降了 1.07%，相当于减少了 920 个工作岗位。

预计北领地的产量也将收缩，比 2050 年的基准水平（AZES）下降2.77%。对北领地的主要负面影响是天然气开采和液化天然气制造业的大量代表。其就业人数将减少 2.79%，即 2350 人失业。

在西澳大利亚州，尽管天然气和铁矿石开采以及液化天然气制造业降低了其州产量，但其其他矿产的出口将部分抵消负面影响。综合影响是，其实际就业预计将比基线略有下降（下降 0.77%，即减少 670 个工作岗位）。新南威尔士州的产出也将略有下降。

澳大利亚首都地区的经济几乎完全是以服务业为导向的，因此其生产和就业的下降与全国情况一致。

相比之下，塔斯马尼亚州、维多利亚州和南澳大利亚州没有或只有少量的煤炭和液化天然气生产。它们从出口导向型和进口竞争型产业的扩张中略微受益。尽管新南威尔士州的煤炭产量下降，但它将受益于出口导向和进口竞争产业的扩张。综合影响是新南威尔士州的产出将略有增加。

# 五　结论

中国的脱碳将导致其能源和经济结构发生重大变化，这将对澳大利亚的许多行业和商品产生重要影响。本研究应用澳大利亚经济的多区域模型（VURM），探讨了中国不断变化的进口需求对澳大利亚经济的影响。我们的模拟表明，尽管中国能源进口的大幅下降将减少澳大利亚的化石燃料出口，但它将增加澳大利亚的其他出口，包括有色金属的出口，对国民经济的总体影响可以忽略不计。

我们分析的主要结果可以总结如下。第一，到本世纪中叶，与不考虑中国碳中和行动的情况相比，澳大利亚的煤炭和液化天然气出口将分别下降近16%和19%。第二，澳大利亚的铁矿石出口将小幅下降。考虑到中国不会增加废钢的使用并转向绿色钢铁生产的假设，有色金属矿石的出口可能会略有增加。第三，中国对化石燃料的需求下降将导致澳大利亚贸易条件下降，对资本、投资和实际GDP产生负面结构性影响。第四，实际汇率的小幅贬值增加了澳大利亚的竞争力。因此，在本世纪中叶，澳大利亚的出口增加1.08%，进口减少1.02%。第五，中国净零转型对澳大利亚工业的影响是喜忧参半的，化石燃料工业正在亏损，而其他一些行业，尤其是出口导向型行业正在盈利。第六，煤炭和液化天然气行业高度集中的地区，如北领地和昆士兰，受到了不成比例的负面影响。西澳大利亚州其他矿产出口的小幅增长无法完全抵消液化天然气和铁矿石出口下降的负面影响。

本章有几个注意事项。首先，仅通过煤炭、液化天然气、铁矿石和有色金属四种产品的需求变化来模拟中国碳中性转变的影响，未考虑其他产品双向贸易的影响以及澳大利亚经济的反应。我们也没有考虑废钢使用量的增加。如果这些假设发生变化，铁矿石出口可能会进一步下降，对澳大利亚有色金属矿石日益增长的需求也可能发生变化。另一个限制是，尽管澳大利亚可以通过开发关键矿物和氢能从中国和其他地方的脱碳中受益，但当前版本的CHINAGEM-E和VURM模型都没有包括这些新兴产业，这些新兴产业可能会在两国的碳中和转型中发挥重要作用。以钢铁行业为例，在炼钢中用氢气取代焦煤将影响澳大利亚的煤炭出口，但它可能受益于出口与氢气相关的能源密集型产品。通过在炼钢的早期阶段使用氢气加工铁矿石，澳大利亚可以向中国出口更多的加工铁（锭），而不是铁矿石（Garnaut，2019）。第三个限制是，这些结果没有考虑到中国努力实现化石燃料和铁矿石进口来源多样化的影响。我们假设澳大利亚对中国的主要出口份额与2019年的水平相同。未来研究可改进的是，使用全球模型而不是CHINAGEM-E，可以通过全球贸易中的互动来捕捉更细微的影响。

## 参考文献

Adams, P. 2021. *Zero greenhouse gas emissions by 2050: What it means for the Australian economy, industries and regions*. Centre of Policy Studies Working Paper No. G - 324, November. Melbourne: Victoria University.

Adams, P. and J. Dixon. 2015. *The Victoria University Regional Model (VURM): Technical documentation, Version 1. 0*. Centre of Policy Studies Working Paper. Melbourne: Victoria University.

Asian Development Bank (ADB). 2022. *Implementing a Green Recovery in Southeast Asia*. Manila: ADB.

Australian Bureau of Statistics (ABS). 2020. *Australia's Trade in Goods with China in 2020*. [Online]. 3 September. Canberra: ABS. Available from: www. abs. gov. au/ articles/ australias-trade-goods-china-2020#: ~: text = Australianexportsofgoods to, disruptionscausedbyCyclone Damien. &text = Year-on-year%2Cexports, July2020weredown16%25.

Australian Energy Market Operator (AEMO). 2022. 'AEMO Suspends NEM Wholesale Market.' Media release, 15 June. Melbourne: AEMO. Available from: aemo. com. au/ newsroom/ media-release/ aemo-suspends-nem-wholesale-market.

Carley, S. , T. P. Evans, M. Graff and D. M. Konisky. 2018. 'A Framework for Evaluating Geographic Disparities in Energy Transition Vulnerability.' *Nature Energy* 3: 621- 27. doi. org/10. 1038/s41560-018-0142-z.

Chen, G. , T. Wiedmann, Y. Wang and M. Hadjikakou. 2016. 'Transnational City Carbon Footprint Networks: Exploring Carbon Links between Australian and Chinese Cities.' *Applied Energy* 184 [SI]: 1082-92. doi. org/10. 1016/J. APENERGY. 2016. 08. 053.

Den Elzen, M. , H. Fekete, N. Höhne, A. Admiraal, N. Forsell, A. F. Hof, J. G. J. Olivier, M. Roelfsema and H. van Soest. 2016. 'Greenhouse Gas Emissions from Currentand Enhanced Policies of China until 2030: Can Emissions Peak Before 2030?' *Energy Policy* 89: 224-36. doi. org/10. 1016/j. enpol. 2015. 11. 030.

Department of Foreign Affairs andTrade (DFAT). 2020. *Trade Time Series Data*. [Online]. Canberra: Australian Government. Available from: www. dfat. gov. au/ trade/ resources/ trade-statistics/trade-time-series-data.

Department of Foreign Affairs andTrade (DFAT). 2022a. *China Country Brief*. Canberra: Australian Government. Available from: www. dfat. gov. au/ geo/ china/ china - country-brief.

Department of Foreign Affairs andTrade (DFAT). 2022b. *Trade, Investment and Economic Statistics*. [Online]. Canberra: Australian Government. Available from: www. dfat. gov. au/ trade/resources/trade-statistics/trade-statistics.

Dixon, P. B. and M. T. Rimmer. 2002. *Dynamic General Equilibrium Modelling for*

*Forecasting and Policy: a Practical Guide and Documentation of MONASH*, *Volume 256*. Amsterdam: North – Holland Publishing Company. doi. org/10. 1108/S0573 – 8555 (2001) 256.

East AsiaForum (EAF) Editorial Board. 2020. 'Don't Waste Fiscal Stimulus, Invest It in Mitigating Climate Change.' *East Asia Forum*, 23 March. Available from: www. eastasiaforum. org/2020/03/23/dont – waste – fiscal – stimulus – invest – it – in – mitigating – climate – change/.

Energy Foundation China (EFC) . 2020. *Synthesis Report 2020 on China's Carbon Neutrality: China's New Growth Pathway—From the 14th Five Year Plan to Carbon Neutrality*. Beijing: EFC.

Feng, S. , X. Peng and P. Adams. 2021. *Energy and economic implications of carbon neutrality in China: a dynamic general equilibrium analysis*. Centre of Policy Studies Working Paper No. G-324, August. Melbourne: Victoria University. doi. org/10. 2139/ssrn. 3985229.

Garnaut, R. 2019. *Super-Power: Australia's Low-Carbon Opportunity*. Melbourne: La Trobe University Press.

Gosens, J. andF. Jotzo. 2020. 'How Green is China's Post-COVID – 19 "New Infrastructure" Stimulus Spending?' *East Asia Forum*, 5 May. Available from: www. eastasiaforum. org/2020/ 05/05/how – green – is – chinas – post – covid – 19 – new – infrastructure – stimulus – spending/.

Government of thePeople's Republic of China (PRC) . 2021. 'Opinions of the Central Committee of the Communist Party of China and the State Council on Completely and Accurately Implementing the New Development Concept and Doing a Good Job on Carbon Peak and Carbon Neutrality [关于完整准确全面贯彻新发展理念做好碳达峰碳中和工作的意见] .' *Xinhua News Agency*, [Beijing], 24 October. Available from: www. gov. cn/zhengce/2021-10/24/content_ 5644613. htm.

GreenpeaceEast Asia, 2022. Plans for new coal plants in China rebound, with 8. 63 GW approved in the first quarter of 2022. Available from: www. greenpeace. org/eastasia/press/7488/plans – for – new – coal – plants – in – china – rebound – with – 8 – 63 – gw – approved – in – the – first – quarter – of – 2022/.

He, J. , Z. Li, X. Zhang, H. Wang, W. Dong, S. Chang, X. Ou, S. Guo, Z. Tian, A. Gu, F. Teng, X. Yang, S. Chen, M. Yao, Z. Yuan, L. Zhou and X. Zhao. 2020. 'Comprehensive Report on China's Long-Term Low-Carbon Development Strategies and Pathways.' *Chinese Journal of Population, Resources and Environment* 18 (4): 263 – 95. doi. org/10. 1016/j. cjpre. 2021. 04. 004.

He, K. 2022. Carbon Neutrality and Green, High Quality Development, Presentation to 2022 Seashell Finance Digital Economy Summit, August 3, 2022, Beijing.

Huang, R. , G. Chen, G. Lv, A. Malik, X. Shi and X. Xie. 2020. 'The Effect of Technology Spillover on CO2 Emissions Embodied in China-Australia Trade.' *Energy Policy* 144: 111544. doi. org/10. 1016/j. enpol. 2020. 111544.

International Energy Agency (IEA). 2020. *Sustainable Recovery*. World Energy Outlook Special Report, June. Paris: IEA. Available from: www. iea. org/reports/ sustainable-recovery.

Jayanthakumaran, K. and Y. Liu. 2016. 'Bi-Lateral CO2 Emissions Embodied in Australia-China Trade.' *Energy Policy* 92: 205-13. doi. org/10. 1016/J. ENPOL. 2016. 02. 011.

Kemp, J., M. McCowage and F. Wang. 2021. 'Towards Net Zero: Implications for Australia of Energy Policies in East Asia.' *Reserve Bank of Australia Bulletin*, September: 30-40. Available from: www. rba. gov. au/publications/bulletin/2021/sep/pdf/bulletin - 2021-09. pdf.

Laurenceson, J. and M. Zhou. 2020. *COVID-19 and the Australia-China Relationship's Zombie Economic Idea*. Sydney: Australia-China Relations Institute, University of Technology Sydney. Available from: www. australiachinarelations. org/sites/default/files/ 20200507% 20Australia - China% 20Relations% 20Institute% 20report _ COVID - 19% 20and% 20the% 20Australia - China% 20relationship% E2% 80% 99s% 20zombie% 20 economic% 20idea _ James% 20Laurenceson% 20Michael% 20Zhou. pdf.

Liu, Y., B. Meng, K. Hubacek, J. Xue, K. Feng and Y. Gao. 2016. ' "Made in China": A Reevaluation of Embodied CO2 Emissions in Chinese Exports using Firm Heterogeneity Information.' *Applied Energy* 184: 1106-13. doi. org/10. 1016/j. apenergy. 2016. 06. 088.

Meng, J., Z. Mi, D. Guan, J. Li, S. Tao, Y. Li, K. Feng, J. Liu, Z. Liu, X. Wang, Q. Zhang and S. J. Davis. 2018. 'The Rise of South-South Trade and its Effect on Global CO2 Emissions.' *Nature Communications* 9 (1871). doi. org/10. 1038/s41467 - 018-04337-y.

Morgan, R. E., R. Cui, M. Bindl, N. Hultman, K. Mathur, H. McJeon, G. Iyer, J. Song and A. Zhao. 2022. 'Quantifying the Regional Stranded Asset Risks from New Coal Plants under 1. 5°C.' *Environmental Research Letters* 17 (2). doi. org/10. 1088/ 1748-9326/ac4ec2.

National Energy Administration (NEA). 2022. 'The National Energy Administration Remobilised and Rearranged thePower Supply during the Peak Summer Season.' [In Chinese]. Media release, July. Beijing: NEA.

Peng, X. forthcoming. *CHINAGEM: A Dynamic General Equilibrium Model of China—Theory, Data and Applications*. Berlin: Springer.

Shi, X. 2022. 'China's Changing Climate Action Roadmap.' *East Asia Forum*, 11 May. Available from: www. eastasiaforum. org/2022/05/11/chinas - changing - climate - action-roadmap/.

Shi, X., T. S. Cheong and M. Zhou. 2021a. 'COVID-19 and Global Supply Chain Configuration: Economic and Emissions Impacts of Australia-China Trade Disruptions.' *Frontiers in Public Health* 9: 1-13. doi. org/10. 3389/fpubh. 2021. 752481.

Shi, X., Y. Sun and Y. Shen. 2021b. 'China's Ambitious Energy Transition Plans.' *Science* 373 (6551): 170. doi. org/10. 1126/science. abj8773.

Shi, X. , K. Wang, Y. Shen, Y. Sheng and Y. Zhang. 2020. 'A Permit Trading Scheme for Facilitating Energy Transition: a Case Study of Coal Capacity Control in China. ' *Journal of Cleaner Production* 256: 120472. doi. org/10. 1016/j. jclepro. 2020. 120472.

Shi, X. and M. Yang. 2022. 'China's Coal Phase-Out Faces a Rocky and Winding Road. ' *Oxford Energy Forum*131: 9-12.

Stern, N. and C. Xie. 2022. 'China's New Growth Story: Linking the 14th Five-Year Plan with the 2060 Carbon Neutrality Pledge. ' *Journal of Chinese Economic and Business Studies*: 1-21. doi. org/10. 1080/14765284. 2022. 2073172.

Tan, H. , A. Sun and H. Lau. 2013. 'CO2 Embodiment in China-Australia Trade: The Drivers and Implications. ' *Energy Policy* 61: 1212 - 20. doi. org/10. 1016/J. ENPOL. 2013. 06. 048.

Tan, W. 2021. 'China Restricted Imports from Australia. Now Australia is Selling Elsewhere. ' *CNBC*, [Englewood Cliffs, NJ], 2 June. Available from: www. cnbc. com/ 2021/06/03/ australia-finds-new-markets-for-coal-barley-amid-china-trade-fight. html.

Tian, K. , Y. Zhang, Y. Li, X. Ming, S. Jiang, H. Duan, C. Yang and S. Wang. 2022. 'Regional Trade Agreement Burdens Global Carbon Emissions Mitigation. ' *Nature Communications* 13: 408. doi. org/10. 1038/s41467-022-28004-5.

United Nations (UN). 2021. *Transforming Extractive Industries for Sustainable Development*. Policy Brief, May. New York, NY: UN. Available from: www. un. org/ sites/un2. un. org/ files/sg_ policy_ brief_ extractives. pdf.

Wang, S. , Y. Zhao and T. Wiedmann. 2019. 'Carbon Emissions Embodied in China-Australia Trade: a Scenario Analysis Based on Input-Output Analysis and Panel Regression Models. ' *Journal of Cleaner Production* 220: 721 - 31. doi. org/10. 1016/ J. JCLEPRO. 2019. 02. 071.

Wang, Y. , D. Wang and X. Shi. 2022. 'Exploring the Multidimensional Effects of China's Coal De-Capacity Policy: A Regression Discontinuity Design. ' *Resources Policy* 75: 102504. doi. org/10. 1016/j. resourpol. 2021. 102504.

Watts, J. 2009. 'China Sets First Targets to Curb World's Largest Carbon Footprint. ' *The Guardian*, [London], 26 November. Available from: www. theguardian. com/ environment/2009/nov/26/china-targets-cut-carbon-footprint.

Xiang, H. , Y. Kuang and C. Li. 2017. 'Impact of the China-Australia FTA on Global Coal Production and Trade. ' *Journal of Policy Modeling* 39 (1): 65-78. doi. org/ 10. 1016/J. JPOLMOD. 2017. 01. 001.

Xinhua. 2021. 'Resolution of the CPC Central Committee on the Major Achievements and Historical Experience of the Party over the Past Century. ' *Xinhua*, November 16 2021.

Yang, J. , Y. Zhao, J. Cao and C. P. Nielsen. 2021. 'Co-Benefits of Carbon and Pollution Control Policies on Air Quality and Health till 2030 in China. ' *Environment International* 152: 106482. doi. org/10. 1016/j. envint. 2021. 106482.

You, X. 2021. 'China Issues New "Single-Game" Instructions to Guide its Climate

Action. ' *Carbon Brief*, ［London］, 4 August. Available from： www. carbonbrief. org/china-issues-new-single-game-instructions-to-guide-its-climate-action/.

Yu, S. , S. Zheng, X. Li and L. Li. 2018. 'China Can Peak its Energy-Related Carbon Emissions before 2025： Evidence from Industry Restructuring. ' *Energy Economics* 73： 91-107. doi. org/10. 1016/j. eneco. 2018. 05. 012.

Zheng, H. , M. Song and Z. Shen. 2021. 'The Evolution of Renewable Energy and its Impact on Carbon Reduction in China. ' *Energy* 237： 121639. doi. org/10. 1016/ j. energy. 2021. 121639.

附表 12.1　VURM 模型中的行业列表（2019 年版）

| 1 Sheep Cattle | 绵羊和肉牛 |
|---|---|
| 2 Grains | 谷物 |
| 3 Dairy Cattle | 奶牛 |
| 4 Other Crops | 其他作物 |
| 5 SugarCane | 甘蔗 |
| 6 Cotton | 原棉和轧棉 |
| 7 OtherAg | 其他农业 |
| 8 FishHuntTrap | 渔业、狩猎 |
| 9 Forestry | 林业和伐木 |
| 10 AgSrv | 农业服务 |
| 11 Coal | 煤炭开采 |
| 12 Oil | 石油开采 |
| 13 GAS | 天然气开采 |
| 14 LNG | 液化天然气生产 |
| 15 IronOre | 铁矿石开采 |
| 16 OthNonFeOre | 有色金属矿开采 |
| 17 NonMetMins | 非金属矿开采 |
| 18 MiningSrv | 勘探和采矿支持服务 |
| 19 MeatProds | 肉制品 |
| 20 DairyProds | 乳制品 |
| 21 SugarManuf | 精制糖加工 |
| 22 OthFoodProds | 其他食品 |
| 23 DrinkProds | 饮料和烟草 |
| 24 TCF | 纺织品、服装和鞋类 |
| 25 WoodProds | 木制品 |
| 26 PaperProds | 纸浆和纸制品 |
| 27 PetrolRefine | 炼油 |
| 28 OtherChems | 其他化学产品 |
| 29 NonMetCement | 非金属矿产品 |
| 30 IronSteel | 钢铁制造 |
| 31 Alumina | 氧化铝冶炼 |
| 32 Aluminium | 铝精炼 |
| 33 OtherMetals | 其他有色金属 |
| 34 MotorVehicle | 机动车及其零部件 |

| 35 OtherTranEgp | 其他运输设备 |
| 36 OtherMan | 其他制造业 |
| 37 ElecCoal | 发电:煤炭 |
| 38 ElecGas | 发电:天然气 |
| 39 ElecHydro | 发电:水力 |
| 40 ElecOther | 发电:非水力可再生能源 |
| 41 ElecSupply | 电力供应 |
| 42 GasSupply | 天然气供应 |
| 43 WaterSupply | 给排水 |
| 44 ResidBuildng | 住宅建设 |
| 45 NonResBld | 非住宅建筑 |
| 46 CvlEngCnstct | 土木工程 |
| 47 ConstrucSrvc | 施工服务 |
| 48 WholeTrade | 批发贸易服务 |
| 49 RetailTrade | 零售贸易服务 |
| 50 Accommodation | 住宿 |
| 51 Restaurant | 餐饮 |
| 52 RoadFreight | 公路货运 |
| 53 RoadPassng | 公路客运 |
| 54 RailFreight | 铁路货运 |
| 55 RailPass | 铁路客运 |
| 56 AirTrans | 航空运输 |
| 57 OthTrans | 水路和其他运输 |
| 58 Commun | 通信 |
| 59 BankFinance | 银行 |
| 60 Insurance | 保险 |
| 61 Superann | 养老 |
| 62 RentHire | 非房地产租赁 |
| 63 OwnerDwellng | 住宅交易 |
| 64 RealEstateSr | 房地产商业 |
| 65 LegalSrv | 法律 |
| 66 ProfSciTech | 专业、科学和技术 |
| 67 AdminSupport | 其他商业 |
| 68 PubAdminReg | 公共行政 |
| 69 Defence | 国防 |

| 70 PreSchool | 学前教育 |
|---|---|
| 71 PrimSchool | 小学教育 |
| 72 SecdrySchool | 中学教育 |
| 73 TechVocOthEd | 职业教育 |
| 74 TertiaryEdu | 高等教育 |
| 75 HealthSrv | 医疗保健 |
| 76 ResidCare | 家政护理 |
| 77 ChildCareSrv | 儿童保育 |
| 78 OthSocAsst | 其他护理 |
| 79 ArtsRecreate | 艺术和娱乐 |
| 80 Gambling | 博彩业 |
| 81 OtherSrv | 其他服务 |

# 第13章
# 合作、冲突与对华出口

Vishesh Agarwal　Jane Golley　仇曒晔

## 一　引言

在过去 40 年中，中国融入全球经济为中国及其贸易和投资伙伴带来了巨大的经济利益。作为这一全球化进程的主要受益者之一，中国的财富以惊人的速度增长，从一个贫穷的发展中国家转变为全球经济超级大国。随着实力日益强大，中国表现出越来越有能力和意愿使用贸易政策等经济工具来实现其更广泛的外交政策目标，即现在通常所说的地缘经济（Blackwill & Harris, 2016; Baru, 2013）。

中国当然不是第一个借重经济政策的大国，几个世纪以来，这种方式一直是国际关系的一个特征（Davis et al., 2019）。在某些情况下，贸易关系是国家之间友谊的纽带的证明（Hirschman, 1980: 7），而在另一些情况下，贸易是在"依赖、影响甚至支配"的思想下发生的（Hirschman, 1980: 13）。无论双边关系中更强大的相对力量是否会发挥这种力量来产生双赢的效果，过去的贸易模式已被证明在各种情况下反映了政治关系（Long, 2008），例如，贸易在友谊纽带加强时活跃，在冲突时收缩。然而，也有人观察到，近几十年来，国家之间政治关系的大多数变化都是温和和短暂的，对相关国家之间的贸易影响有限（Heilmann，2016；Du et al.，2017）。

有充分的理论理由预计政治冲击对贸易结果的影响是小而短暂的。Du 等（2017：212）将贸易和冲突之间的动态描述为具有帕累托完美平衡的无限重复博弈（即没有任何参与者有偏离其战略的动机），其中双边关系由健康的贸易和和平的政治关系组成。在这种情况下，政治关系中的适度冲击被理解为意外偏离平衡，参与者有动机解决争端、回到早期贸易与和平的帕累托最优组合。

在本章中，我们要问的是，2001~2020 年，政治关系中的适度冲击（以下简称政治冲击）在多大程度上影响了澳大利亚、印度、日本和美国对中国的出口？在此期间，中国与这些贸易伙伴频繁发生政治合作和政治冲突。这为量化政治冲击对向中国出口的影响提供了必要条件。我们选择这四个国家的部分原因是，2017 年，这四个国家恢复了 2007 年启动的四方安全对话，该对话涉及高级别政治和军事合作。一些人认为，这是为了确保中国不会利用其不断增长的经济实力作为工具来实现其印太地区的外交政策目标（Medcalf，2020），而另一些人则称之为"遏制"（Raby，2020：138）。无论是哪种情况，这似乎表明，四国与中国的双边关系将迎来一个不那么有合作性、更具对抗性的时期。

这四个国家与中国政治冲突的驱动因素各不相同。日本和印度与中国有着历史上的边界争端，这些争端与复杂的历史联系在一起。相比之下，美中关系相对历史较短，在过去十年中迅速演变，发展为大国竞争的关系。这种竞争反过来又使澳大利亚和中国之间的关系恶化，两国关系已达到 1972 年建交以来的最低点（Raby，2020）。反过来，这些不同双边政治关系的变化对四国各自的出口产生了不同的影响。

在一项相关研究中，Agarwal 和 Golley（2022）发现，恶化的政治关系仅在 1998~2018 年对印度对中国的出口总额增长产生了短期和长期影响；对于澳大利亚、日本和美国来说，没有发现政治关系对贸易的影响。按五年周期细分，他们发现 1998~2002 年政治关系对印度和日本的长期影响（两年）是显著的，而在所有其他五年周期中，政治关系对四个国家的贸易都没有显著影响。Golley 等（2022）在 2001~2020 年进行了一项类似的研究，重点关注中澳关系，没有发现政治关系对澳大利亚对华出口总额增长的长期影响。这两项研究还进行了按产品分类的分析，并报告了跨部门和跨时期的异质性的短期影响。

本章通过从军事行为体的角度构建政治关系指数（PRI），并分析对该指数对四国出口增长的影响，扩展了政治关系对对华出口影响的分析，超越了我们之前对政府行为体视角的关注。以下两个结果揭示了军事冲击对出口增长的长期影响（澳大利亚是 2001~2020 年，印度是 2016~2020 年），我们还将军事政治关系的综合指数分解为单独的合作和冲突影响，该指数将合作和冲突事件综合在一起。结果表明，四国与中国的政治关系和贸易以不同的方式相连（或不相连）；要理解这种复杂的政治与贸易关系，不存在一刀切的方式。

本章的其余部分结构如下。先总结了中国不断崛起的经济实力及其与四国不断变化的贸易关系，然后介绍了一系列双边政治和军事 PRI，这些 PRI 是使用全球事件、语言和语气数据库（GDELT）构建的。在讨论主要结果之前，我们描述了用于确定政治冲击对四国对华出口的动态影响的经验模型。结论部分总结了我们的主要发现。

## 二 衡量与中国的双边贸易和政治关系

图 13-1 显示了中国利用贸易政策能力不断增强的三个重要趋势。首先，纵轴上是一个国家与中国的贸易额在其贸易总额中所占的比重。这一指标反映了伙伴国与中国贸易关系的脆弱性（Gasiorowski, 1986; Mansfield & Pollins, 2009）。2000~2020 年，四国的这一比重都出现了上升，这意味着它们与中国的贸易占比有所增加。增幅最大的是澳大利亚，中国在其贸易总额中的占比从 2000 年的 6.6% 增长到 2020 年的 34%（增长了近 4 倍）。美国对华贸易的占比从 2000 年的 6% 上升到 2020 年的近 15%，但仍远低于澳大利亚。

其次，横轴显示了每个国家与中国的贸易额占其 GDP 的比重。这一指标反映了伙伴国与中国贸易关系的敏感性（Gasiorowski，1986；Mansfield & Pollins，2009）。2000~2020年，四国都在图中右移，这意味着与中国的贸易额在GDP中所占的比重有所增加。澳大利亚仍是增长最快的，与中国贸易与GDP的比率从2000年的约2%上升到2020年的11%。

最后，图中圆圈的大小，反映了每个国家的GDP与中国GDP的相对变化。相对经济规模变化最大的是日本，从2000年的中国的4倍多到2020年的不到中国经济规模的一半。美国的相对经济规模也下降到原来的1/6，从2000年的8.5倍下降到2020年的1.4倍。印度的相对经济规模下降幅度较小，过去20年中的经济增长速度与中国相当。

这些事实都表明，中国没有在政治关系恶化时利用经济手段"惩罚"伙伴国家，也没有证明中国在政治关系改善时利用这些手段"奖励"伙伴国家。相反，关键是，随着相对经济实力的增强和作为贸易伙伴的重要性的提高，中国使用经济杠杆的能力（如果它选择使用的话）随着时间的推移显著增强，其中最突出的是对澳大利亚。

与贸易流量等客观可量化的经济指标不同，国家之间的政治关系很难定义和衡量。以下分析中，中国和四国的原始政治事件数据来自GDELT。GDELT使用自动机器编码系统，根据涉及的参与者和记录的事件，对11家全球新闻媒体的每日事件报告进行分类，被认为是最全面的事件数据集（Leetaru & Schrodt，2013）。这些事件是根据戈尔茨坦评分进行索引的，评分范围是从-10（表示极端敌意）到+10（表示极端合作）。例如，在冲突的情况下，使用武力将比驱逐一个国家的外交官或口头谴责更严重，而在合作的情况下，签署条约将比外交谈判更有分量。

我们只关注国家行为者，它们可以分为政府和军事行为者。表13-1显示了各种样本的戈尔茨坦分数范围，包括合作事件（戈尔茨坦得分为正）和冲突事件（戈尔茨坦得分为负）。例如，最严重的冲突事件被认为是军事攻击、冲突或袭击，戈尔茨坦得分为-10（最低的分数），而扩大经济援助是合作事件的一个例子，分数为7.4。合作事件和冲突事件被聚合起来，以月度的频率构建双边政治关系的两个指标：政府PRI和军事PRI。

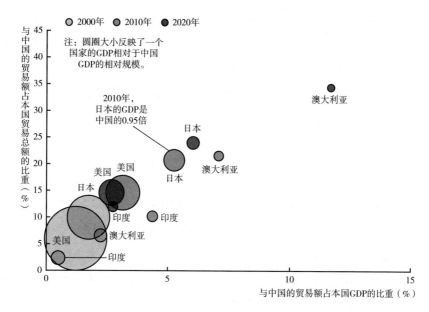

**图 13-1　2000～2020 年中国与四国的相对经济增长和贸易情况**

数据来源：CEIC 数据库和作者的计算。

表 13-1　各类事件的戈尔茨坦得分

| 事件 | 戈尔茨坦得分 |
| --- | --- |
| 军事攻击、冲突、袭击 | -10 |
| 武装力量动员、演习、展示，军事集结 | -7.6 |
| 断绝外交关系 | -7.0 |
| 取消或推迟计划的活动 | -2.2 |
| 敦促或建议采取行动 | -0.1 |
| 解释或说明政策 | 0 |
| 屈服、撤退、撤离 | 0.6 |
| 给予特权、外交承认、事实上的关系 | 5.4 |
| 达成实质性协议 | 6.5 |
| 扩大经济援助：赠予、购买、出售、贷款、借款 | 7.4 |
| 扩大军事援助 | 8.3 |

数据来源：GDELT。

以这种方式构建的 PRI 包括国家行为者之间发生的与贸易有关的事件，如签署自由贸易协定或对某些商品征收关税。为了消除此类贸易相关事件的影响，我们使用以下回归的残差（公式 13.1）来构建过滤了贸易事件的 PRI。由于对所有后续数据和分析都进行了贸易过滤，因此我们将其简称为 PRI。

$$\log(PRI_{j,m}) \;=\; \alpha_0 \;+\; \alpha_1\!\left(\frac{\#\,trade_{j,m}}{\#events_{j,m}}\right) \;+\; \varepsilon_{j,m} \qquad\qquad 公式 13.1$$

在公式 13.1 中，$PRI_{j,m}$ 是国家 $j$ 对中国的 PRI 度量（经贸易过滤），时点是 $m$ 月，$\#\,trade_{j,m}$ 是事件描述中出现 "贸易" 一词的事件总数。$\#events_{j,m}$ 是中国和 $j$ 国在月份 $m$ 记录的事件总数。$\varepsilon_{j,m}$ 是国家 $j$ 在 $m$ 月的残差。通过将给定月份报告的事件总数与贸易事件数进行归一化，可以消除 PRI 的名义影响，如季节性规律和媒体报道增加。

图 13-2 从四国的角度展示了 2000～2020 年政治关系的长期趋势，2000 年四个国家与中国的政治关系指数为 100。指数化可以将图表解释为特定贸易伙伴政治关系的变化。例如，2001～2012 年，中印政治关系的贸易过滤后的月平均戈尔茨坦得分增加了约 9 点，随后，到 2020 年，这一数字迅速下降，接近 2001 年的水平。同样，中澳这一得分在 2001～2014 年增加了约 5 点，随后在 2015～2020 年下降了 13 点。

这些长期趋势显示，澳大利亚、印度和美国的指数呈倒 U 形，政治关系在不同年份达到顶峰：美国在 2008～2009 年全球金融危机前后，印度在 2012 年，澳大利亚在 2014 年。中日关系在 2012 年后趋于稳定，而自 2015 年以来，中美政治关系指数一直持续下降，2020 年，世界上最大的两个经济体之间的政治关系指数远低于 2001 年的水平。中澳和中印关系的下滑也值得注意。

图 13-2 所示的长期趋势是平滑后的数据，掩盖了支撑数据的重大事件。这些事件在图 13-3 中可以明显看出，图 13-3 显示了四个国家的平均年度政府 PRI 和军事 PRI。从中可以明显看出的一点是，与军事 PRI 相比，所有国家的政府 PRI 都有更大的波动。总的来说，图

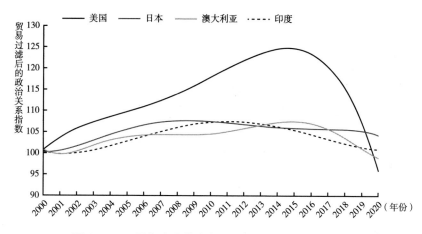

**图 13-2 四国与中国的政治关系指数（2001~2020 年）**

数据来源：CEIC 数据库和作者计算。

13-2 所示的近年来的政治关系指数下降趋势似乎主要是由政府间的关系恶化所推动的。然而，这些年度数据掩盖了具有短期影响的事件。

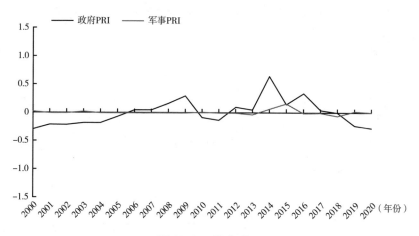

**图 13-3a 澳大利亚**

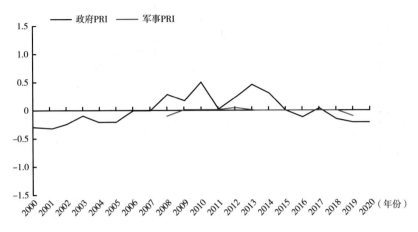

图 13-3b  印度

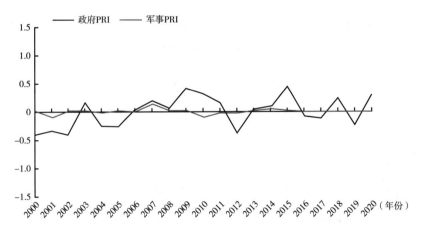

图 13-3c  日本

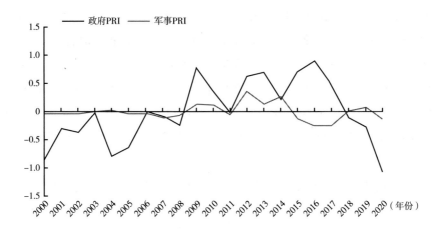

**图 13-3d 美国**

**图 13-3 四国与中国的平均年度政府 PRI 和军事 PRI（2001～2020）**

数据来源：作者使用 GDELT 数据计算。

## 三 实证模型、数据和结果

大多数量化政治因素对贸易影响的实证研究都是在引力模型的背景下进行的（Anderson & van Wincoop，2003；Du et al.，2017：218）。本章中的实证研究遵循 Du 等（2017）以及 Agarwal 和 Golley（2022）的方法，将贸易的引力模型置于向量自回归（VAR）框架内。该框架的灵活性允许对贸易和政治关系以及相关的协变量进行内生处理（Du et al.，2017：218）。此外，VAR 框架允许量化政治冲击对贸易的动态影响，即持续数月的短期影响和持续数年的长期影响，从而能够对冲击的动态影响进行推断。形式上，估计的模型为公式 13.2 和公式 13.3。

$$x_{j,m} = \alpha_0 + \sum_{l=1}^{n} A_{j,i}(x_{j,m-i}) + e_{j,m} \qquad \text{公式 13.2}$$

$$x_{j,m} = (\Delta ex_{j,m}, \Delta PRI_{j,m}, \Delta y_{j,m}, \Delta y_{j,m}, \Delta reer_{j,m})' \qquad \text{公式 13.3}$$

在这些公式中，下标 j 代表国家（澳大利亚、印度、日本和美国），m 代表月份（2001 年 1 月至 2020 年 12 月）。列向量 $x_{j,m}$ 包含：（1）在 m

月 j 国对中国出口的百分比变化；（2）在 m 月，过滤了 PRI 影响的 j 国对中国出口的百分比变化；（3）在 m 月，中国工业生产指数的百分比变化；（4）在 m 月，j 国工业生产指数的百分比变化；（5）在 m 月，j 国实际有效汇率与中国实际有效汇率之比的百分比变化。贸易数据来自 CEIC 数据库，政治事件数据来自 GDELT。如前一节所述，国际投资头寸数据来自世界银行综合经济监测和经合组织统计数据库，实际有效汇率数据来自 Bruegel 数据库。

模型中的 A 是包含 VAR 模型系数的 5x5 矩阵，$E[ee']$ 是同期误差项的 5x5 方差-协方差矩阵。滞后阶数 n 是使用 Schwarz 信息选择准则来选择的。在差分中估计模型是必要的，因为 PRI 数据序列是非平稳的，但在一阶差分中是平稳的。所有其他数据系列也被发现是一阶平稳的。如 Sims（1980）所述，VAR 模型的估计需要关于系统变量之间同期冲击的因果顺序的先验假设。我们认为政治冲击是最具外生性的，其次是贸易冲击、出口冲击和工业生产冲击。这些冲击可以被解释为：一个外生的政治冲突是由中国发起的；在一个月的滞后期内，中国通过改变贸易条件（以实际有效汇率衡量）进行报复；随后，贸易条件的变化影响了贸易，进而导致两国消费的变化。

该模型是使用月度而非年度汇总数据进行估计的，因为政治冲击往往是短暂的，因此在此类研究中汇总年度数据可能会导致对政治冲击对贸易影响的程度和时间做出不恰当的推断（Du et al.，2017；Agarwal，2022；Agarwal & Golley，2022）。

政治冲击对中国出口的动态影响可以使用正交脉冲响应函数（OIF）来测量，该函数是使用公式 13.2. 中的 VAR 模型生成的。OIF 是在关于冲击因果顺序的假设下，从误差方差-协方差矩阵的 Choleski 分解推导出的。它们说明了系统中一个变量对所有其他变量的冲击而引起的随时间的变化（Sims，1980；Du et al.，2017）。

我们在这里的主要兴趣是，OIF 是否揭示了政治冲击对四个国家对中国出口增长的重大短期和长期影响。我们假设了 PRI 的正向冲击（可以解释为合作的增加或冲突的减少），并可以确定四种先验的可能性。

（1）PRI 的正向冲击没有显著的短期或长期影响（这表明政治和贸易无关，我们称之为"全球化假说"）。

（2）正向的冲击具有积极的显著短期和长期影响。这可以被解释为政治合作的增加导致更快的出口增长，或者冲突的增加导致更低的出口增长率（政治影响贸易的假设）。

（3）PRI 的正向冲击只会对出口增长产生短期的影响，这与意外偏差假设预期一致。

（4）从短期和长期来看，PRI 的正向冲击将对出口增长产生负面影响。这可以被解释为政治合作的增加导致出口增长率下降，或者冲突的增加导致出口增长率上升。

虽然最后一种可能性听起来可能违反直觉，但在下面和其他地方的结果中，我们提供了与这一假设一致的证据。简言之，其背后的逻辑是，当政治关系恶化时（无论是在政府还是军事领域），有可能的是，从事贸易的官员和/或公司的幕后努力不仅弥补了政治恶化的负面影响，还可能在出口增长的程度上过度补偿，我们称之为"双重下降"假说。如果对出口的影响只在短期内很明显，那么这一假设就成为意外偏差假设的一个子集。如果有证据与这一假设一致，那么从长远来看，这将挑战政治影响贸易的主流观念背后的逻辑。在下文中，我们根据所使用的指数、所分析的时期和所涉及的国家，找到了支持每一种假设的证据。

## （一）结果：2001~2020 年

图 13-4 显示了 2001~2020 年四国对中国出口增长的政府 PRI 的与一个标准差正向冲击相关的 OIF。虚线显示了使用自举方法的 90% 置信区间。我们举例说明了正向冲击的结果，指出负向冲击产生的出口影响大小相同，但方向相反。对于所有四个国家来说，这表明政治冲击对出口增长没有短期影响。尽管有这一发现，但请注意，冲击影响的动态模式确实因国家而异，这是意料之中的，因为每个国家不同行业的产业结构和企业的合同期限存在差异，而对这些差异并没有明确建模（Du et al.，2017：219）。

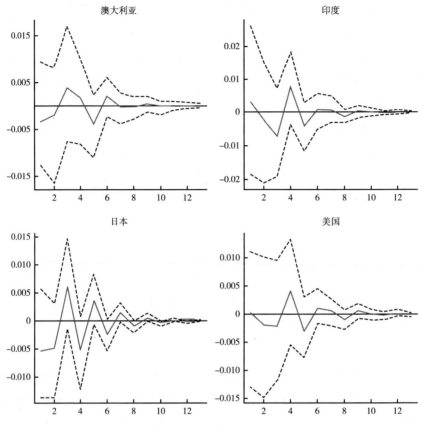

**图 13-4  政府 PRI 冲击对对华出口增长的短期影响（2001~2020）**

数据来源：作者计算。

作为显示结果的另一种方式，表 13-2 显示了政府 PRI 和军事 PRI 的一个标准差的正向冲击对每个国家出口增长的影响，其中显著影响以粗体显示。8 个月后则没有发现显著影响。政府 PRI 冲击的结果证实了图13-5所示的结果：这种冲击对四个国家的出口增长都没有短期影响。关于军事 PRI，我们看到在第 1 个月，其对澳大利亚和美国产生了显著的正向影响，在一个标准差的正向冲击（即合作增加）之后，美国对中国的出口增长率增加了 1.85 个百分点。相反，这可以被解释为在负向冲击（即冲突加剧）之后出口增长率下降 1.85 个百分点。

然后，我们计算了 VAR 模型在两年时间范围内隐含的 2001~2020 年 PRI 冲击对出口增长的累积长期影响。表 13-2 的最后一列显示了结果，证实了在政府 PRI 受到冲击后，任何国家都不会受到长期影响（与上述第一个全球化假设一致）。就军事 PRI 而言，澳大利亚和中国的长期效应显著，军事 PRI 中的一个标准差正冲击与冲击两年后出口增长 0.49% 有关。同样，这可以被解释为合作的增加推动出口增长，或者冲突的增加导致出口增长下降。这与第二个假设是一致的。

表 13-2　政府 PRI 和军事 PRI 冲击对对华出口增长率的影响

单位：百分点

| 国家 | 短期效应 | | | | | | | | 长期效应 |
|---|---|---|---|---|---|---|---|---|---|
| | 冲击之后的月度 | | | | | | | | |
| | 1 | 2 | 3 | 4 | 5 | 6 | 7 | 8 | |
| 政府 PRI | | | | | | | | | |
| 澳大利亚 | -0.34 | -0.21 | 0.38 | 0.17 | -0.39 | 0.20 | -0.03 | -0.04 | -0.23 |
| 印度 | 0.57 | -0.12 | -0.05 | 0.07 | -0.04 | 0.02 | -0.01 | 0.00 | 0.44 |
| 日本 | -0.53 | -0.47 | 0.62 | -0.52 | 0.37 | -0.24 | 0.15 | -0.09 | -0.68 |
| 美国 | 0.02 | -0.20 | -0.22 | 0.41 | -0.32 | 0.10 | 0.06 | -0.10 | -0.21 |
| 军事 PRI | | | | | | | | | |
| 澳大利亚 | 0.74 | 0.30 | 0.52 | -0.80 | 0.67 | -0.13 | -0.29 | 0.31 | 0.49 |
| 印度 | n. a. | n. a. | n. a. | n. a. | n. a. | n. a. | n. a. | n. a. | n. a. |
| 日本 | 0.56 | -0.35 | 0.01 | 0.07 | -0.05 | 0.04 | -0.01 | -0.03 | 0.26 |
| 美国 | 1.85 | -1.29 | -0.14 | 0.82 | -0.63 | 0.22 | 0.05 | -0.11 | 0.01 |

注：n. a. 表示数据不可得，因为印度军事 PRI 数据从 2008 年开始才推出。

数据来源：作者计算。

## （二）结果：2016~2020 年

接下来，我们将重点放在 2016~2020 年，部分是为了看看中国近年来的行为是否随着其不断增长的经济实力而发生了变化，有可能出现中国与四个国家的冲突加剧或者至少合作下降的情况。如表 13-3 所示，对于

澳大利亚，在这一子周期内没有发现政府 PRI 或军事 PRI 的短期或长期
影响。对于日本，政府 PRI 的显著短期影响始于正向冲击，但总体而言没
有长期影响。对美国来说，在军事 PRI 冲击后，出口增长出现了相对较大
的正向变化，但很快就恢复，没有证据表明会产生长期影响。因此，对澳
大利亚来说，没有证据表明（恶化的）政治关系与贸易之间存在关系，而
美国和日本的结果与意外偏差假设一致。

表 13-3　政府 PRI 和军事 PRI 冲击对对华出口增长率的影响

单位：百分点

| 国家 | 短期效应 | | | | | | | | | 长期效应 |
|---|---|---|---|---|---|---|---|---|---|---|
| | 冲击之后的月度 | | | | | | | | | |
| | 1 | 2 | 3 | 4 | 5 | 6 | 7 | 8 | 9 | |
| 政府 PRI | | | | | | | | | | |
| 澳大利亚 | 0.94 | -0.17 | -0.49 | 0.67 | -0.51 | 0.27 | -0.09 | 0.00 | 0.02 | 0.01 |
| 印度 | -0.24 | -2.13 | 1.28 | -0.68 | 0.38 | -0.23 | 0.14 | -0.08 | 0.04 | -0.02 |
| 日本 | -0.47 | -1.13 | 1.79 | -1.83 | 1.57 | -1.21 | 0.87 | -0.59 | 0.38 | -0.01 |
| 美国 | 1.53 | 0.85 | -0.70 | 0.36 | -0.12 | 0.03 | 0.00 | 0.00 | 0.00 | 0.02 |
| 军事 PRI | | | | | | | | | | |
| 澳大利亚 | -1.22 | 0.17 | 0.36 | -0.39 | 0.24 | -0.10 | 0.03 | 0.01 | -0.01 | -0.01 |
| 印度 | -5.13 | -3.58 | 2.30 | -0.88 | 0.28 | -0.08 | 0.02 | -0.01 | 0.00 | -0.07 |
| 日本 | 1.27 | -0.11 | -0.65 | 0.39 | 0.16 | -0.49 | 0.49 | -0.25 | -0.04 | 0.01 |
| 美国 | 2.06 | -2.08 | 1.35 | -0.85 | 0.49 | -0.29 | 0.16 | -0.09 | 0.05 | 0.01 |

数据来源：作者计算。

印度的结果是最令人惊讶的。在 2016~2020 年，政府 PRI 冲击没有
产生显著影响，军事 PRI 冲击带来了较大的短期负向影响以及一定的长
期影响（尽管不显著）。

## 四　冲突与合作

在本节中，我们揭示了印度 2016~2020 年受到军事 PRI 正向冲击

后，对华出口增长率受到的长期影响。2017 年恢复的四方安全会谈呼吁四个成员国之间的高级别军事合作，所以将这一时期更广泛地解释为中印双边政治关系恶化时期是有道理的。在这里，我们试图研究这一负系数产生的原因：是对合作的冲击、对冲突的冲击，还是两者都有？为了做到这一点，我们创建了两个独立的合作和冲突指数，分别使用正的和负的戈尔茨坦得分计算印度军事行为者的影响，表 13-4 展示了分析的结果。

请注意，根据上述假设二（政治影响贸易的假设）和假设三（意外偏差假设），先验预期是，政治合作的减少将导致出口增长率下降，冲突也将增加。在合作的情况下，解释这里的结果仍然很简单：正的短期和长期系数与假设二一致，而正的短期系数仅与假设三一致。然而，相反，我们发现第 3 个月出现了系数-2.25（即军事 PRI 的一个标准差正向冲击导致出口增长率下降 2.25 个百分点），这与我们的假设二一致：合作减少与出口增长增加有关。

解释 PRI 的冲击需要更加小心，因为 PRI 的正向冲击意味着冲突的减少。在这种情况下，出口增长率的负系数（正如我们在第 3 个月发现的那样）意味着冲突的减少与出口增长率的降低有关；或者相反（更关键的是，考虑到所涉时期），冲突的增加与出口增长率的增加有关。这也与上述假设二一致。

综合来看，表 13-4 中的结果表明，军事 PRI 冲击的负向长期影响是由合作指数和冲突指数共同驱动的，这两个指数的影响都与主流预期相悖，即更多的合作将导致更低的出口增长率。我们不想夸大这一发现，因为这两个指数都没有显著的长期影响，而且当它们结合在一起时，长期影响更小。然而，这确实表明，政治关系和贸易之间的关系远非简单明了，我们应该对意想不到的事情持开放态度。

#### 表 13-4　军事 PRI 冲击对印度对华出口增长率的影响

单位：百分点

| 军事 PRI | | 短期效应 | | | | | | | | | 长期效应 |
|---|---|---|---|---|---|---|---|---|---|---|---|
| | | 冲击之后的月度 | | | | | | | | | |
| 时间 | 指数 | 1 | 2 | 3 | 4 | 5 | 6 | 7 | 8 | 9 | |
| 2016~2020 | 合作 | 4.83 | 2.69 | -2.25 | 1.17 | -0.53 | 0.24 | -0.11 | 0.05 | -6.07 | 4.83 |
| | 冲突 | -5.10 | -3.33 | 2.42 | -1.06 | 0.39 | -0.14 | 0.05 | -0.02 | -6.87 | -5.10 |

数据来源：作者计算。

## 五　结论

一些新的实证文献研究了政治关系中的适度冲击对贸易结果的影响。关于这种政治贸易关系的证据通常可以分为三类：发现只有在短期内，当友谊纽带（或政治合作）加强时贸易才会加强的证据（这表明偶然偏离了帕累托最优平衡），或者从短期和长期来看，政治都对贸易有着显著的影响；发现贸易在冲突时期（短期和/或长期）减弱；没有发现政治关系以上述两种方式影响贸易。本章对这些实证文献做出了一些补充，还有一些与迄今为止文献中的发现相反的发现。

首先，我们使用两种政治冲击指标估计了 2001~2020 年政治冲击对四国对华出口增长的动态影响。分析表明，在此期间，政府 PRI 冲击对这四个国家的任何一个的对华出口增长都没有显著的短期或长期影响。相比之下，有证据表明，在澳大利亚和美国的军事 PRI 冲击后，短期内产生了微小的正向影响，澳大利亚还受到了长期的正向影响。对于日本和印度，政府 PRI 和军事 PRI 冲击的短期和长期影响都不显著。

然后，我们将重点放在 2016~2020 年，在这段时间里，四国与中国的政治关系都出现了恶化趋势（尽管程度不同）。在这一时期，对于政府 PRI 来说，没有任何国家表现出统计上显著的短期或长期影响。对于军事 PRI 来说，美国对中国的出口增长被证明与正冲击正相关，尽管短期和长期效应在统计上都不显著。

我们进一步分析了印度的结果，将 PRI 分解为独立的合作指数和冲突指数。我们的发现与假设二一致，这表明，从短期和长期来看，冲突加剧的时期实际上可能出口增长率反而上升。我们并不试图声称这些结果提供了支持某一假设的具体证据。相反，正如我们在一篇关注中澳关系的文章中详细介绍的那样（Golley et al.，2022），我们认为，当高层政治或军事关系恶化时，经济领域会产生一种保护机制。这里的关键是，贸易绝大多数是由主要出于经济考虑（如利润、成本和质量）的公司进行的。反过来，这些考虑反映了生产互补性和购买力的跨国差异。这些经济基本面不仅可能在这些行为者和那些专注于地缘政治的政策制定者之间造成差异，还可能进一步确保在政治关系下滑的情况下加强贸易联系。

本章提供的证据不允许我们明确回答这个问题，但确实使我们得出结论：政治和贸易之间的关系远非简单明了，各种可能性取决于政治关系的性质和定义，以及定义这些关系的参与者（政府或军事）、各国公司和家庭在这些关系受到冲击后的不同反应。中国有机会成为一个负责任、包容和合作的全球大国。正如习近平主席 2022 年在达沃斯论坛上强调的那样，合作是使经济全球化更加开放、包容、惠及所有人的最佳途径，而冲突并不能解决问题，只会带来灾难性的后果。对本章研究的四国来说，在未来几年里，尽可能找到推进合作和减少冲突的方法，可以使贸易保持或重回帕累托占优组合。

**参考文献**

Agarwal, V. 2022. 'The effects of political shocks on international trade: evidence from China and major partners, 1998 - 2018.' PhD thesis. The Australian National University, Canberra. doi. org/10. 25911/DZSH-DA40.

Agarwal, V. and J. Golley. 2022. 'Do Political Relations Affect Exports to China? Evidence from the "Quad".' *The World Economy* 45 (9): 2882-901. doi. org/10. 1111/twec. 13252.

Anderson, J. E. and E. van Wincoop. 2003. 'Gravity with Gravitas: A Solution to the

Border Puzzle. ' *American Economic Review* 93（1）：170 - 92. doi. org/10. 1257/00028280332145 5214.

Baru, S. 2012. ' Geo-Economics andStrategy. ' *Survival* 54（3）：47-58. doi. org/10. 1080/003 96338. 2012. 690978.

Baru, S. 2013. ' India and the World：A Geoeconomics Perspective. ' *Economic and Political Weekly*：37-41.

Blackwill, R. D. and J. M. Harris. 2016. *War by Other Means*. Cambridge, MA：Harvard University Press. doi. org/10. 4159/9780674545960.

Brautigam, D. 2020. 'A Critical Look at Chinese "Debt-Trap Diplomacy"：The Rise of a Meme. ' *Area Development and Policy*5（1）：1-14. doi. org/10. 1080/23792949. 2019. 1689828.

Bräutigam, D. and T. Xiaoyang. 2012. ' Economic Statecraft in China's New Overseas Special Economic Zones：Soft Power, Business or Resource Security?' *International Affairs* 88（4）：799-816. doi. org/10. 1111/j. 1468-2346. 2012. 01102. x.

Chubb, A. 2021. ' The Sino-Indian Border Crisis：Chinese Perceptions ofIndian Nationalism. ' In *Crisis：The China Story Yearbook 2020*. ANU Press, Canberra：222-237. doi. org/10. 22459/CSY. 2021. 08.

Dalzell, S. , J. Snape and T. D. Landgrafft. 2020. ' Tonnes of Australian Lobsters Stuck in Chinese Airports amid Trade Tensions. ' *ABC News*, 2 November. Available from：www. abc. net. au/news/2020-11-02/australian-lobster-exports-caught-in-china-trade-tensions/ 12837700.

Davis, C. L. , A. Fuchs and K. Johnson. 2019. ' State Control and the Effects of Foreign Relations on Bilateral Trade. ' *Journal of Conflict Resolution* 63（2）：405 - 38. doi. org/10. 1177/0022002717739087.

Du, Y. , J. Ju, C. D. Ramirez and X. Yao. 2017. ' Bilateral Trade and Shocks in Political Relations：Evidence from China and Some of its Major Trading Partners, 1990-2013. ' *Journal of International Economics*, 108：211-25. doi. org/10. 1016/j. jinteco. 2017. 07. 002.

Ferguson, V. 2020. ' China Sours on Australia's Wine. ' *The Interpreter*, 1 September. Available from：www. lowyinstitute. org/the-interpreter/china-sours-australia-s-wine.

Gasiorowski, M. J. 1986. ' Economic Interdependence and International Conflict：Some Cross-National Evidence. ' *International Studies Quarterly* 30（1）：23 - 38. doi. org/10. 2307/2600435.

Golley, J. , V. Agarwal, J. Laurenceson and T. Qiu. 2022. ' For Better or Worse, in Sickness and in Health：Australia-China Political Relations and Trade. ' *China Economic Journal*：1-20. doi. org/10. 1080/17538963. 2022. 2117180.

Heilmann, K. 2016. 'Does Political Conflict Hurt Trade? Evidence from Consumer Boycotts. ' *Journal of International Economics*99：179-91. doi. org/10. 1016/j. jinteco. 2015. 11. 008.

Hirschman, A. O. 1980 ［1945］. *National Power and the Structure of Foreign Trade*. Berkeley, CA：University of California Press.

Jones, L. and S. Hameiri. 2020. *Debunking the myth of ' debt-trap diplomacy'：How recipient countries shape China's Belt and Road Initiative.* Asia-Pacific Programme Research Paper. London: Chatham House.

Leetaru, K. and P. A. Schrodt. 2013. 'GDELT: Global Data on Events, Location, and Tone, 1979−2012.' *ISA Annual Convention* 2 (4): 1−49.

Lim, D. and V. Ferguson. 2020. 'In Beef over Barley, Chinese Economic Coercion Cuts against the Grain.' *The Interpreter*, 13 May. Available from: www. lowyinstitute. org/ the−interpreter/beef−over−barley−chinese−economic−coercion−cuts−against−grain.

Long, A. G. 2008. 'Bilateral Trade in the Shadow of Armed Conflict.' *International Studies Quarterly* 52 (1): 81−101. doi. org/10. 1111/j. 1468−2478. 2007. 00492. x.

Mansfield, E. D. and B. M. Pollins (eds). 2009. *Economic Interdependence and International Conflict: New Perspectives on an Enduring Debate.* Ann Arbor, MI: University of Michigan Press.

Medcalf, R. 2020. *Contest for the Indo-Pacific: Why China Won't Map the Future.* Melbourne: Black Inc.

Pfaff, B. 2008. 'VAR, SVAR and SVEC Models: Implementation within R Package Vars.' *Journal of Statistical Software* 27 (4): 1−32. doi. org/10. 18637/jss. v027. i04.

Raby, G. 2020. *China's Grand Strategy and Australia's Future in the New Global Order.* Melbourne: Melbourne University Press.

Ratha, K. C. 2020. 'Deciphering the Doklam Standoff: The Context of the Contest.' *Jadavpur Journal of International Relations* 24 (2): 196−215. doi. org/10. 1177/0973598420939685.

Roy, K. 2021. 'Focusing on India's Look East Policy: India-China Relationship from 1947 to 2020.' *International Area Studies Review* 24 (2): 79 − 96. doi. org/10. 1177/22338659211018324.

Sims, C. A. 1980. 'Macroeconomics and Reality.' *Econometrica: Journal of the Econometric Society*: 1−48. doi. org/10. 2307/1912017.

VanGrieken, B. J. and J. Kantorowicz. 2021. 'DebunkingMythsaboutChina: TheDeterminants of China's Official Financing in the Pacific.' *Geopolitics* 26 (3): 861 − 88. doi. org/ 10. 1080/ 14650045. 2019. 1654459.

Xi, Jinping. 2022. 'President Xi Jinping's Message to the Davos Agenda in Full.' World Economic Forum, Davos, Switzerland, 17 January. Available from: www. weforum. org/ agenda/2022/01/address − chinese − president − xi − jinping − 2022 − world − economic−forum−virtual−session/.

# 第 14 章
# 全球化时代的国际技术竞争

胡永泰

## 一 引言

当今世界国家间的竞争分为地缘、技术、经济三类。为了全世界的安定繁荣，各国应着力提供有利于保障良性竞争、促进合作的制度公共品。中国和美国作为大国，也应管控分歧，确保技术竞争的风险不溢出到不溢出到其他领域。

正如后文将展示的那样，经济、地缘和技术三种竞争类型的制度安排可以成为中美合作的基础，以协调全球公共产品的供应，并确保实现《2030 年发展议程》中的联合国 17 项可持续发展目标，以及《巴黎气候协定》中提出的全球气温上升控制在 1.5 摄氏度以内的目标。我们的分析指出，将技术竞争视为零和博弈是错误的。当对这个过程加以限制和干预，这个过程可以产生双赢的结果，经济竞争也适用于这一结论。

## 二 技术竞争的加剧

中国自 1978 年以来一直保持很快的经济增长，不过到了 2021 年，中国在技术上仍落后于美国。因此，中国在继续 1978 年开始的经济改革开放进程的同时，积极寻求提高技术能力是很自然的，充分发挥市场在资源配置中的决定性作用就是重组经济资源的措施。

"十三五"规划（2016~2020 年）和"十四五"规划（2021~2025 年）为技术升级提供了蓝图，中国期待在 10 个领域取得突破，并支持一系列特定技术领域，为各个行业设定了市场占有率目标。中国希望在价值链的各环节处于领先地位，例如，在半导体领域，中国寻求建立覆盖设计、操作系统、制造、封装、测试、设备和材料各环节的具有全球竞争力的行业。

图 14-1 列举了中国的 10 个新兴高科技产业（航空航天、高性能计算机、机器人以及能源装备等）。这些高科技行业产品的本地化率很高。中国农业机械的本土化率将超过 90%，高性能计算机、高科技海事船舶、电动汽车、电池和发动机的本土化率将超过 80%。

Feigenbaum（2018）认为，如果要让市场起决定性作用，那么从定义上讲，国家必须有所不为，尤其是要为内外资提供一致的竞争环境。一般认为，在中国的技术现代化进程中，希望中国成为其产品市场的外国高科技企业的利益与希望通过提升在全球价值链中的位置来获得更高利润的中国企业的利益之间存在冲突。但是中外资企业之间的利益不存在冲突，"幼稚行业"的假设被证明是不真实的。虽然中国的近邻日本和韩国的发展经验支持新兴产业保护，但拉丁美洲和东南亚经济体的经验是，新兴产业很少能够发展成熟，不当的干预和其他问题使这些国家陷入中等收入陷阱。

2018 年，一些中国企业提出希望为量子计算、人工智能、物联网和绿色技术等新兴技术制定全球标准，此时外国对中国产业政策的担忧进一步加剧。但中国的政府、企业对此有很多共识，正如人们常说的"三流企业做产品，二流企业做技术，一流企业定标准"。根据这种思路，中国大多数企业目前并不在世界的第一梯队。按照中国的产业政策，中国企业正在向第二梯队迈进。制定标准的一个主要好处是能够以突出自身优势的方式影响行业和市场，然而更基本的问题是许可费：科技行业的大多数专

**图 14-1　中国的 10 个典型新兴高科技产业**

有标准都是由外国公司制定的，中国是世界上第二大许可费支付国。

中国的产业政策可以给中国高科技企业提供暂时的保护，为它们提供向世界其他地方学习的机会。此举引起了一些外国企业的担忧（Gargeyas，2021）。其结果是，美国企业和美国社会开始关注中国技术发展对美国未来经济繁荣、技术创新的影响。担忧的原因是中国的技术进步发生在特定的背景之下，有自身的特点。

第一个特点是中国正在以惊人的速度缩小与美国的发展差距。表 14-1A 显示，1990~2021 年，中美之间的发展差距缩小了 16.8 个百分点，而印度和巴西与美国的发展差距分别缩小了 1.7 个百分点和-0.1 个百分点。1990 年，巴西和印度的生活水平都高于中国，但 2021 年中国的生活水平远高于两国。

第二个特点是中国深度参与世界经济。在对外经济互动方面，表 14-1B 显示，中国在全球出口中的份额从 1991 年的 1.18%增加到 2021 年的 10.01%，而美国的份额从 22.47%下降到 13.50%。我们对美国和中国出口和 GDP 数据的比较表明，中国和美国在经济上都对全世界有重要影响。

表 14-1　中国的生活水平提升与贸易增长

A 生活水平提升

|  | 美国 | 中国 | 印度 | 巴西 |  |
|---|---|---|---|---|---|
| 中国人均 GDP（美元） |  |  |  |  |  |
| 1990 | 23888.6 | 317.9 | 367.6 | 2622.3 |  |
| 2021 | 69287.5 | 12556.3 | 2277.4 | 7518.8 |  |
| 中国人均 GDP 与美国之比（%） |  |  |  |  |  |
| 1990 |  | 1.3 | 1.5 | 11.0 |  |
| 2021 |  | 18.1 | 3.3 | 10.9 |  |
| 1990-2021 年中美发展差距的缩小程度（百分点） |  |  |  |  |  |
|  |  | 16.8 | 1.7 | -0.1 |  |

B 占全世界出口总额比重（%）

| 年份 | 美国 | 中国内地 | 中国香港 | 印度 | 巴西 |
|---|---|---|---|---|---|
| 1990 | 22.47 | 1.18 | 2.15 | 0.52 | 0.40 |
| 2020 | 13.50 | 10.01 | 3.42 | 1.72 | 0.91 |

注：发展差距用人均 GDP 衡量。
资料来源：世界银行。

第三个特点是中国拥有世界级的高科技产品生产能力。尽管自 2017 年以来，美国大力遏制华为等中国高科技企业，但华为仍然是世界领先的 5G 公司。在 2021 年提交的 277500 项国际专利中，中国以 69540 项专利合作条约（PCT）申请数位居榜首，其次是美国（59570 项）、日本（50260 项）、韩国（20678 项）和德国（17322 项）。2022 年，华为连续第五年专利合作条约申请数居全球首位，随后是美国高通公司（申请数为 3931 项）、韩国三星电子（3041 项）、LG 电子（2855 项）、日本三菱电机公司（2673 项）（法新社，2022）。在过去十年中，中国公司申请了约 75% 的全球人工智能专利和 40% 的 6G 专利，而美国公司申请的 6G 专利数仅占 35%。（Sworn&Harjani，2022）

Sworn 和 Harjani（2022）认为，中国申请的专利比美国多并不一定表明中国赢得了技术竞赛。他们认为美国的创新质量高于中国，因此将继续赚取更多的技术租金。不过美国主流企业界并不认可这种对中国技术能力的怀疑。美国高科技企业家不仅呼吁国家干预以确保美国在人工智能竞赛中获胜，而且建议国家为全面的产业政策提供大规模资金，以支持公私合作进行技术创新。2022 年 8 月 9 日，美国总统拜登签署了《2022 年半导体生产有益激励法案》和《2022 年科学法案》，其中包括多项承诺：投资 547 亿美元用于美国半导体研发、制造和劳动力发展以及无线技术的推广和应用，为制造半导体和相关设备的资本支出提供 25% 的投资税收抵免等。2022 年 10 月，美国制定额外的贸易和投资法规，以落实对中国的技术遏制（Mozur et al.，2022）。这些新规定预计将对快速增长的中国超级计算机和数据中心市场带来重要影响。

## 三　管控技术竞争的溢出效应

中美在经济、技术和地缘方面的三种竞争有自我强化的作用。当地缘竞争以贸易壁垒的形式蔓延到经济领域时，可能会出现一个自我强化的升级过程。当竞争升温到一定程度时，全球供应链将重新配置，以减少相互的依赖。其结果是，双方的经济福利水平都会降低。这种最终的次优结果可能是任何一方在一开始都意想不到的。

如何才能阻止对经济全球化的损害以及巩固合作的机制？我们对这个问题的回答是必须对三种类型的竞争——经济、技术和地缘——进行细分，以阻止竞争从一个领域向另两个领域的溢出。

地缘竞争应该通过外交手段而不是经济手段来解决，技术竞争与经济竞争也应分开。世界各国政府和经济学家必须承认，每个国家都有权通过向特定的经济活动提供国家支持来促进本国企业在价值链上向上移动，促进可持续的经济发展是政府的职责。美国有大量的科学促进计划、创新激励措施和国防采购实践，以激励新技术发展。WTO 应召开一次国际会议，通过一项关于使用产业政策的国际条约，涵盖国家对任何国内产业的最大支持规模和持续时间等问题。与拒绝外国学生签证和限制高科技产品出口等行为相比，增强自己的技术创新能力是赢得技术竞争的更有效途径。对于一个国家来说，加强其境内的知识生成机制要比阻碍其境外的知识产生机制容易得多。

一个国家提高其在技术竞争中的影响力的最佳方式是对研究型大学进行更多投资，为私营部门进行研发提供更多激励，提供更多资金来加强各级教育，并使该国作为外国人才更具吸引力的移民目的地。

如何促使中国和美国采取这些明智的接触规则？信任显然是两国达成持久共识的先决条件，而当信任以互利为基础时，信任就更容易实现。我们认为，其他亚太国家可以在提供达成这样一项共识所需的信任方面发挥重要作用。韩国、日本、澳大利亚和新西兰既与美国关系密切，也是中国的重要经济伙伴。它们和亚太地区的其他国家一样，将从中美两国关系的改善中受益良多，而不仅仅是旁观者。

# 四　第三方在管控竞争方面的作用

我们的建议是，亚太地区国家应参考欧盟国家的经验，努力深化区域一体化。1909 年，Norman Angel（1913）预测，全欧洲范围的战争不再可能，因为没有国际贸易任何国家都无法生存。1914 年 8 月开始的战端可以被视为对这一假说的反驳。但德国的康拉德·阿登纳、意大利的阿尔西德·德·加斯佩里和法国的罗伯特·舒曼认为，1914 年的欧洲经济一体化程度还不足以使军国主义完全失去吸引力。他们推动了 1957 年《罗马条约》的达成，该条约建立了欧洲经济共同体，并最终促使欧盟、欧盟委员会、欧洲议会和欧洲央行等越来越多的超国家机构的诞生。

深度区域经济一体化一旦达成，一个有共同利益的亚太地区——让我们称之为太平洋-亚洲联盟（PAU）——将对国际事务发挥更大影响力。PAU 的规模将足以在改善中美关系方面发出有说服力的声音，可以通过与多边机构（主要是联合国及其下属机构）合作，帮助建立合理的国际合作机制。此外，PAU 将促进有益的经济全球化的扩大，以代替大型跨国公司推动的全球化议程，例如，将不受限制的资本流动和避税天堂视为市场经济的黄金标准。

最近，美国支持婴儿配方奶粉制造商压制世界卫生组织及其成员国为促进母乳喂养而开展的公共卫生宣传活动，这是有选择地利用自由贸易原则以服务于西方企业的一个令人震惊的例子。2018 年，在世界卫生组织的会议上，美国政府官员试图淡化相关决议的影响，要求 WTO 删除报告中呼吁政府保护、促进和支持母乳喂养的内容，删除了呼吁政策制定者限制推广许多专家认为可能对幼儿产生有害影响的食品的相关内容。（Jacobs，2018）当厄瓜多尔开始执行世界卫生组织决议时，美国驻该国大使提出，如果不放弃执行该决议，"华盛顿将采取惩罚性贸易措施，并撤回关键的军事援助"，导致厄瓜多尔政府推翻了其促进母乳喂养的决定（Jacobs，2018）。

美国和西欧国家政府努力使其公司的产品在外国市场上得到监管豁免，将其垄断地位扩大到外国市场，这就是它们在国际贸易领域宣扬极端自由化市场政策的原因。高度发达国家的贸易谈判代表经常为其本国寡头企业的利益服务，他们反对发展中经济体的政府补贴和监管，并坚持要求发展中国家对寡头企业拥有的知识产权实施严格而持久的保护。在贸易协定中选择性地使用自由市场政策构成了经济霸凌。

更直接的现实意义是，PAU 可以促进各国在全球公共产品供应方面的合作，如维持多边自由贸易、向发展中国家提供足够的发展援助等，这将加速实现联合国可持续发展目标和气候变化目标。中美两国在联合国可持续发展框架基础上的成功合作将建立有效管控各类竞争所需的信任。建议的第一步是在 RCEP-CPTPP 和印太经济框架中涉及的国家和经济体之间建立一个合作框架，组建太平洋-亚洲联盟（PAU），第二步是 PAU 与联合国合作，在国际组织框架内为实现良性的国际技术竞争和中美关系改善发挥积极作用。

# 参考文献

Agence France-Presse（AFP）. 2022. 'Global Patent Filings Surged to Record High in 2021, Up 23% from Singapore: UN Report. ' *Straits Times*, [Singapore], 11 February. Available from: www. straitstimes. com/business/economy/global-patent-filings-surged-to-record-high-in-2021-up-23-from-singapore-un-report.

Angell, Norman. 1913. *The Great Illusion: A Study of the Relation of Military Power to National Advantage.* 4th rev. edn. New York, NY: G. P. Putnam's & Sons. Available from: www. gutenberg. org/files/38535/38535-h/38535-h. htm.

BBC. 2003. 'Bush Hails "Sheriff" Australia. ' *BBC News*, 16 October. Available from: news. bbc. co. uk/2/hi/asia-pacific/3196524. stm.

Buchan, Patrick Gerard and Benjamin Rimland. 2020. 'Defining the Diamond: The Past, Present, and Future of the Quadrilateral Security Dialogue', *CSIS Briefs*, 16 March. Available from: www. csis. org/analysis/defining-diamond-past-present-and-future-quadrilateral-security-dialogue.

Clark, Don and Ana Swanson. 2022. 'U. S. Restricts Sales of Sophisticated Chips to China and Russia. ' *The New York Times*, 31 August. Available from: www. nytimes. com/2022/08/31/ technology/gpu-chips-china-russia. html #: ~: text = The% 20Biden% 20administration% 20 has% 20imposed, performance% 20computing% 20and% 20artificial% 20intelligence.

Feldstein, Martin. 1997. 'The Political Economy of the European Economic and Monetary Union: Political Sources of an Economic Liability. ' *Journal of Economic Perspectives* 11 （4）: 23-42. doi. org/10. 1257/jep. 11. 4. 23.

Feldstein, Martin. 2012. 'The Failure of the Euro: The Little Currency that Couldn't. ' *Foreign Affairs*, January-February. Available from: www. foreignaffairs. com/articles/europe/2012-01-01/failure-euro.

Friedman, Milton. 1997. 'The Euro: Monetary Unity to Political Disunity?' *Project Syndicate*, [Prague], 28 August. Available from: www. project-syndicate. org/commentary/the-euro--monetary-unity-to-political-disunity.

Huang, Cary. 2013. 'Party's Third Plenum Pledges "Decisive Role" for Markets in China's Economy. ' *South China Morning Post*, [Hong Kong], 12 November. Available from: www. scmp. com/news/china/article/1354411/chinas-leadership-approves-key-reform-package-close-third-plenum.

Jacobs, Andrew. 2018. 'Opposition to Breast-Feeding Resolution by U. S. Stuns World Health Officials.' *The New York Times*, 8 July. Available from: www. nytimes. com/2018/07/08/health/world-health-breastfeeding-ecuador-trump. html.

Joselow, Maxine. 2022. '5 Things to Know about the Suspension of U. S. -China Climate Talks.' The *Washington Post*, 24 August. Available from: www. washingtonpost. com/politics/2022/08/24/5-things-know-about-suspension-us-china-climate-talks/.

Koty, Alexander Chipman. 2020. 'What is the China Standards 2035 Plan and How Will it Impact Emerging Industries?' *China Briefing*, 2 July. Hong Kong: Dezan Shira & Associates. Available from: www. china-briefing. com/news/what-is-china-standards-2035-plan-how-will-it-impact-emerging-technologies-what-is-link-made-in-china-2025-goals/.

Liu, Tao and Wing Thye Woo. 2018. 'Understanding the US-China Trade War', *China Economic Journal* 11 (3): 319-340.

Lo, Kinling. 2022. 'White House Confirms China Has Stopped Anti-Drug Cooperation.' *South China Morning Post*, [Hong Kong], 29 September. Available from: scmp. com/news/ china/diplomacy/article/3194183/white-house-confirms-china-has-stopped-cooperating-anti-drug.

Magnier, Mark. 2022. 'US Seeks to Reassure Pacific Island Nations with US $ 810 Million Package.' *South China Morning Post*, [Hong Kong], 29 September. Available from: www. scmp. com/news/china/diplomacy/article/3194307/us-seeks-reassure-pacific-island-nations-us810-million-package.

Morgan Stanley Research. 2021. *China Standards 2035: Poised to Reshape a Multipolar World.* Global Technology, 6 May. New York, NY: Morgan Stanley. Available from: advisor. morganstanley. com/the-elrod-runyan-group/documents/field/e/el/elrod-%26-runyan-group/Artificial%20Intelligence. pdf.

Mozur, Paul, Ana Swanson and Edward Wong. 2022. 'U. S. Said to Plan New Limits on China's A. I. and Supercomputing Firms.' *The New York Times*, 3 October. Available from: www. nytimes. com/2022/10/03/business/us-limits-chinas-supercomputing. html.

National Security Commission on Artificial Intelligence (NSCAI). 2021. *National Security Commission on Artificial Intelligence: Final Report.* 1 March. Washington, DC: NSCAI. Available from: www. nscai. gov/wp-content/uploads/2021/03/Full-Report-Digital-1. pdf.

North Atlantic Treat Organization (NATO). 2022. *NATO 2022 Strategic Concept.* 29 June. Available from: www. nato. int/nato_ static_ fl2014/assets/pdf/2022/6/pdf/ 290622-strategic-concept. pdf.

Pan, Esther. 2006. 'Australia's Security Role in the Pacific.' *Backgrounder*, 18 June.

New York, NY: Council for Foreign Relations. Available from: www. cfr. org/backgrounder/australias-security-role-pacific.

Pelley, Scott. 2022. 'President Joe Biden: The 2022 60 Minutes Interview. ' *60 Minutes*, [CBS News], 18 September. Available from: www. cbsnews. com/news/president-joe-biden-60-minutes-interview-transcript-2022-09-18/.

Special Competitiveness Studies Project (SCSP). 2022. *Mid-Decade Challenges to National Competitiveness*. 12 September. Arlington, VA: SCSP. Available from: www. scsp. ai/wp-content/uploads/2022/09/SCSP-Mid-Decade-Challenges-to-National-Competitiveness. pdf.

Swanson, Ana. 2020. 'U. S. Delivers Another Blow to Huawei with New Tech Restrictions. ' *The New York Times*, 15 May. Available from: www. nytimes. com/2020/05/15/business/economy/commerce-department-huawei. html.

Swenson, Deborah and Wing Thye Woo. 2019. 'The Politics and Economics of the US-China Trade War', *Asian Economic Papers* 18 (3).

Sworn, Hannah Elyse and Manoj Harjani. 2022. 'US-China Economic Competition Rests on Intellectual Property. ' *East Asia Forum*, 29 June. Available from: www. eastasiaforum. org/2022/06/29/us-china-economic-competition-rests-on-intellectual-property/#: ~: text = In%202021%2C%20China%20was%20the, per%20cent%20of%20the%20latter.

Trivedi, Anjani. 2020. 'China Is Winning the Trillion-Dollar 5G War. ' *The Washington Post*, 13 July. Available from: www. washingtonpost. com/business/china-is-winning-the-trillion-dollar-5g-war/2020/07/12/876cb2f6-c493-11ea-a825-8722004e4150 _ story. html.

White House. 2022. 'Background Press Call on President Biden's Call with President Xi Jinping of the People's Republic of China', *Press Briefings*, 28 July.

Wikipedia. 2022. 'Made in China 2025. ' *Wikipedia*. Available from: en. wikipedia. org/wiki/Made_ in_ China_ 2025.

Woo, Wing Thye. 2008. 'Understanding the Sources of Friction in U. S. -China Trade Relations: The Exchange Rate Debate Diverts Attention Away from Optimum Adjustment', *Asian Economic Papers* 7 (3).

Zhang, Erchi, Qu Yunxu, Peng Qinqin and Han Wei. 2021. 'Rescuing China's Would-Be Chipmaking Champion. ' *Nikkei Asia Weekly*, [Tokyo], 7 September. Available from: asia. nikkei. com/Spotlight/Caixin/Rescuing-China-s-would-be-chipmaking-champion.

图书在版编目（CIP）数据

中国经济发展的新阶段：机会与选择／宋立刚，周
伊晓主编；陈三攀译 . --北京：社会科学文献出版社，
2024.10（2025.6 重印）
（"中国经济前沿"丛书）
书名原文：CHINA'S TRANSITION TO A NEW PHASE
OF DEVELOPMENT
ISBN 978-7-5228-3428-3

Ⅰ.①中…　Ⅱ.①宋…　②周…　③陈…　Ⅲ.①中国经
济-经济发展-研究　Ⅳ.①F124

中国国家版本馆 CIP 数据核字（2024）第 063630 号

"中国经济前沿"丛书
## 中国经济发展的新阶段：机会与选择

主　　编／宋立刚　周伊晓
译　　者／陈三攀

出 版 人／冀祥德
责任编辑／恽　薇　武广汉
责任印制／岳　阳

出　　版／社会科学文献出版社·经济与管理分社（010）59367226
　　　　　　地址：北京市北三环中路甲 29 号院华龙大厦　邮编：100029
　　　　　　网址：www. ssap. com. cn
发　　行／社会科学文献出版社（010）59367028
印　　装／唐山玺诚印务有限公司

规　　格／开　本：787mm×1092mm　1/16
　　　　　　印　张：18.25　字　数：280 千字
版　　次／2024 年 10 月第 1 版　2025 年 6 月第 2 次印刷
书　　号／ISBN 978-7-5228-3428-3
定　　价／89.00 元

读者服务电话：4008918866